Modelle der Informationsvermittlung

Wirtschaftswissenschaftliche Beiträge

Fortsetzung auf Seite 321

Ralph Schmidt

Modelle der Informationsvermittlung

Analyse und Bewertung eines
experimentellen Programms

Unter Mitarbeit von
Christine Wellems

Mit 20 Abbildungen

Physica-Verlag

Ein Unternehmen
des Springer-Verlags

Reihenherausgeber
Werner A. Müller

Autoren
Professor Dr. Ralph Schmidt
Forschungsagentur : rais
Werderstraße 52
D-2000 Hamburg 13

Das dieser Studie zugrundeliegende Untersuchungsprojekt „Flankierende Unterstützung sowie Aus- und Bewertung des Modellversuchs Informationsvermittlung" wurde im Auftrag des Bundesministers für Forschung und Technologie (BMFT) vom Fraunhofer-Institut für Systemtechnik und Innovationsforschung (ISI) durchgeführt.

ISBN 978-3-7908-0633-5

CIP-Titelaufnahme der Deutschen Bibliothek
Schmidt, Ralph:
Modelle der Informationsvermittlung : Analyse und Bewertung
eines experimentellen Programms / Ralph Schmidt. Unter
Mitarb. von Christine Wellems. - Heidelberg : Physica-Verl.,
1992
(Wirtschaftswissenschaftliche Beiträge ; 71)
ISBN 978-3-7908-0633-5   ISBN 978-3-642-51524-8 (eBook)
DOI 10.1007/978-3-642-51524-8
NE: GT

7120/7130-543210 - Gedruckt auf säurefreiem Papier

Inhalt

Vorbemerkung

Die vorliegende explorative Studie bilanziert die Zielsetzungen, Resultate und Bewertungen des vom Bundesminister für Forschung und Technologie (BMFT) geförderten Modellversuchs Informationsvermittlung. In den Jahren 1986 bis 1990 wurden vom Fraunhofer-Institut für Systemtechnik und Innovationsforschung (ISI) 134 am Modellversuch beteiligte Informationsvermittlungsstellen in privaten Dienstleistungsunternehmen, in wirtschaftsnah arbeitenden Einrichtungen und in Forschungsinstitutionen untersucht. Der abschließende Forschungsbericht stellt den experimentellen Ansatz der Fördermaßnahme heraus, erläutert die gewählten quantitativen und qualitativen Analyseverfahren sowie die empirische Methode der teilnehmenden Beobachtung, beschreibt den Verlauf des Modellversuchs von der Implementierung über die flankierenden Maßnahmen bis zur Endauswertung und präsentiert die Ergebnisse aller Analysen.

Wesentlich zum Entstehen und Gelingen des Modellversuchs Informationsvermittlung hat Herr Gerhard Bräunling, Leiter der Abteilung Innovation im ISI, beigetragen. Allen anderen Mitarbeitern im ISI, die auf die eine oder andere Weise am Projekt beteiligt waren, hier ein herzliches Dankeschön. Das Projekt-Team am ISI, das die Erstellung dieser Studie mit großem persönlichen Einsatz vorbereitet und ermöglicht hat, bestand aus Gabriele Küchlin, Julia Laub, Ralph Schmidt, Markus Schroll, Ingrid Thomalla und Christine Wellems. Allen Team-Mitmitgliedern sei an dieser Stelle noch einmal herzlich für ihre engagierte Mitarbeit gedankt. Dr. Christine Wellems fällt das Verdienst zu, die Erarbeitung der IVS-Studie bis zur Fertigstellung im Sommer 1991 mit konstruktiven Ideen, kritischen Kommentaren und wertvollen Anregungen begleitet zu haben. Nicht zuletzt gebührt ein besonderer Dank jenen Informationsvermittlern und Informationsvermittlerinnen, ohne deren freundliche und hilfreiche Mitwirkung der Modellversuch nicht möglich gewesen wäre.

1 Zielsetzung, Aufgabenstellung und Methoden

Ziel der Maßnahmen, die im Rahmen des Fachinformationsprogramms 1985-88 von der Bundesregierung umrissen worden sind, war es unter anderem, den Austausch von Fachinformationen zwischen Forschung und Wirtschaft nachhaltig zu intensivieren. Auf diese Weise sollte der Technologie-Transfer angeregt und damit das Innovationspotential der Wirtschaft gestärkt werden [BMFT 1985, S. 17]. Vor dem Hintergrund dieser Zielsetzung entwickelte sich der vom Bundesminister für Forschung und Technologie (BMFT) geförderte Modellversuch Informationsvermittlung zu einem wertvollen Instrument, mit dessen Hilfe der Transfer von Fachinformation aus Datenbanken im Bereich privater Dienstleistungsunternehmen erprobt und das privatwirtschaftliche Angebot an Dienstleistungen zur online-gestützten Informationsvermittlung angeregt werden konnte.

Der im Jahr 1986 eingeleitete und im Jahr 1989 beendete Modellversuch Informationsvermittlung ging von folgenden Annahmen aus, die zum Teil auf Beobachtungen, zum Teil auf Partialuntersuchungen, zum Teil auf Vermutungen basierten [vgl. BRÄUNLING / HEMBERGER / TRAXEL 1984, S. 38-40]:

1. Online-Fachinformation spielt für die Informationsversorgung der Wirtschaft, insbesondere von technologie-orientierten Industriefirmen, eine wichtige Rolle, deren Bedeutung mit der qualitativen und quantitativen Verbesserung des Online-Fachinformationsangebots zunimmt.

2. Die Einstellung, daß die Nutzung von Online-Datenbanken in der Regel ein vergleichsweise effizienter, dabei kostengünstiger und qualitativ ergiebiger Weg der Informationsbeschaffung ist, hat sich in der Wirtschaft vermutlich aufgrund fehlender positiver Erfahrungen oder Beispiele noch nicht durchgesetzt.

3. Der Betrieb einer eigenen Online-Informationsvermittlungsstelle (IVS) ist mit vergleichsweise erheblichen Fixkosten (insbesondere für die Beschäftigung qualifizierter Rechercheure) verbunden, so daß eine wirtschaftliche Qualitäts- oder Produktivitätsverbesserung meist eine Mindestauslastung - abhängig von der fachlichen Breite - voraussetzt, die gerade bei kleinen und mittleren Industriebetrieben häufig nicht gegeben ist.

4. Die Innovationsfähigkeit von kleinen und mittleren Betrieben, die insgesamt für eine Volkswirtschaft von großer Bedeutung sind, wird zunehmend durch die Verfügbarkeit von innovationsorientierten Dienstleistungen (insbesondere in den Bereichen Entwicklung, Beratung, Qualifizierung) unterstützt, die entweder als infrastrukturelle Dienstleistungen von wirtschaftsnahen oder öffentlichen Einrichtungen oder auf kommerzieller Basis von privaten Dienstleistungsunternehmen angeboten werden.

5. Die Anbieter innovationsorientierter Dienstleistungen können Online-Fachinformationen auf zweierlei Weise nutzen:

- zur Verbesserung der Qualität sowie zur Steigerung der Produktivität ihrer bestehenden Dienstleistungen;

- zur Diversifikation ihres bestehenden Leistungsangebots, indem die Vermittlung von Online-Information als eigenständige Dienstleistung für Dritte angeboten wird.

6. Die qualitative und quantitative Entwicklung des Online-Fachinformationsangebots sowie die Entwicklung des Umfangs und der Richtung des Bedarfs bzw. der Nachfrage nach Online-Diensten bzw. Online-Informationsdienstleistungen wird unterschiedlich eingeschätzt und bewertet.

Inwieweit diese Annahmen, Beobachtungen und Vermutung durch die im Modellversuch gewonnenen Erfahrungen und Ergebnisse bestätigt, relativiert oder widerlegt werden konnten, wird in der vorliegenden Studie des Fraunhofer-Instituts für Systemtechnik und Innovationsforschung (ISI), das den Ver-

such wissenschaftlich flankiert und ausgewertet hat, zusammenfassend darge-
gestellt. Dabei wird die Absicht verfolgt, die Programmziele, die angewandten
Untersuchungs- und Bewertungsmethoden sowie die wichtigsten empirischen
Ergebnisse und daraus abzuleitenden Schlußfolgerungen darzustellen und zu
erläutern.

1.1 Zielsetzung und Erkenntnisinteresse

Nach Aussage der öffentlichen Bekanntmachung vom 30.12.1985 [BMFT 1986]
verfolgte der 1986 eingeleitete und im Jahre 1989 abgeschlossene Modellversuch Informationsvermittlung im einzelnen die Ziele,

- die Nachfrage nach elektronisch gespeicherter Fachinformation in bibliographischen Informationssystemen, in Volltextdatenbanken und Faktensammlungen auszuweiten;
- die Nutzung von Online-Informationen aus den Bereichen Naturwissenschaft
  und Technik vor allem im Bereich privater Dienstleistungsunternehmen, bei
  öffentlichen und nicht-kommerziellen Organisationen, die industrienahe
  Dienstleistungen anbieten, sowie bei Forschungsinstituten zu erhöhen;
- die Qualität bestehender innovationsorientierter Dienstleistungen zu verbessern oder die Vermittlung von Fachinformation als eigenständige Dienstleistung an Dritte zu intensivieren;
- kleinen und mittleren Unternehmen den Zugang zu Online-Datenbanken zu
  ermöglichen und
- fachliche, sektorale oder regionale Defizite auf dem Gebiet der Informationsvermittlung auszugleichen.

Dabei sollte der Modellversuch zur qualifizierten Ausweitung der Nachfrage
nach Online-Fachinformation aus den Bereichen Naturwissenschaft und Technik

beitragen und die Informationsnutzung in Wissenschaft und Wirtschaft, insbesondere bei kleinen und mittleren Unternehmen fördern. Gleichzeitig sollten fachliche, sektorale und regionale Defizite in der Versorgung mit Online-Fachinformation ausgeglichen und abgebaut werden.

In diesem Zusammenhang ging es nicht vorrangig darum, die Existenzgründung selbständiger Informationsvermittlungsstellen, sogenannter Information Broker, anzuregen. Vielmehr bestand das Ziel des Modellversuchs vorrangig darin, private Dienstleistungsunternehmen zur Ausweitung ihres vorhandenen Dienstleistungsangebotes zu stimulieren. Zusätzlich angebotene Online-Recherchen sollten unter anderem die Produktivität vorhandener Dienstleistungen verbessern helfen und bei entsprechender Nachfrage auch als selbständige Dienstleistung Dritten gegen Entgelt angeboten werden.

Dazu wurden aus Mitteln des Modellversuchs Zuwendungen für den Auf- oder Ausbau einer IVS vergeben, und zwar für zusätzliche Personalausgaben bis zu 75 TDM im Jahr, zusätzliche Sachausgaben für Betriebsmittel, Schulungsbedarf und Marketingmaßnahmen bis zu 25 TDM im Jahr sowie für die Beschaffung der benötigten informationstechnischen Ausrüstung bis zu 20 TDM im Jahr. Zuschüsse wurden für drei Jahre gewährt, wobei im ersten Jahr der Förderung 75 %, im zweiten Jahr 50 % und im dritten Jahr 25 % der zuwendungsfähigen Ausgaben bis zu einer Obergrenze von 360 TDM der Projektkosten vom BMFT übernommen wurden.

Die indirekt-spezifischen Förderziele des Modellversuchs wurden durch experimentelle Förderkomponenten und Aspekte eines Demonstrationsprogramms ergänzt. Der Modellversuch war im wesentlichen als Stimulierungs- und Förderprogramm angelegt, das zugleich (für die öffentliche Hand) als Experimentier- und (für die geförderten Modellvorhaben) als Lernprogramm verstanden werden kann. Deshalb wurde die Entwicklung der geförderten IVS auch daraufhin untersucht, ob die Modellvorhaben zur bedarfsgerechten Erschließung neuer Träger- und Nutzergruppen beitragen konnten und ob sich durch Kombination der Informationsvermittlung mit anderen Dienstleistungen neue, effektive Formen der Innovationsunterstützung entwickelt haben. Schließlich sollte die gezielte Verbreitung der Ergebnisse aus dem Modellversuch gegebenenfalls auch den Aufbau weiterer Informationsvermittlungsstellen bei den untersuchten Zielgruppen stimulieren.

Die hauptsächlichen Zielsetzungen bei der wissenschaftlichen Auswertung des Modellversuchs können im wesentlichen durch folgende Fragenkomplexe charakterisiert werden:

- Wie lassen sich Aspekte der Akzeptanz, der Wirkung und der Zielerreichung der Fördermaßnahme "Modellversuch Informationsvermittlung" definieren, beschreiben und bewerten?

- Wie lassen sich Maßstäbe für die erfolgreiche und sinnvolle Durchführung der Informationsvermittlungstätigkeit bei den einzelnen Modellvorhaben aufstellen. Kurz: Was sind die Erfolgskriterien einer IVS?

- Nach welchen Kriterien können die sehr unterschiedlichen Modellvorhaben typisiert und bewertet werden?

- Welche IVS-Modelle arbeiten in welcher fachlichen, sektoralen und regionalen Umgebung besonders erfolgreich?

- Welche Erkenntnisse lassen sich am Ende des Modellversuchs aus den gewonnenen Resultaten, Erfahrungen und Einschätzungen gewinnen und welche Empfehlungen lassen sich für die zukünftige Gestaltung der Informationsvermittlung ableiten?

Der BMFT-Modellversuch Informationsvermittlung bot somit in seiner Mehrfachfunktion als Stimulierungs-, Förder-, Lern- und Experimentierprogramm optimale Voraussetzungen für eine informationswissenschaftliche Analyse von Bedarfs- und Angebotsstrukturen im Bereich der innovationsunterstützenden Informationsdienstleistung.

1.2 Der experimentelle Charakter der Maßnahme

Ein forschungs- oder technologiepolitisches Förderprogramm hat in der Regel zum Ziel, bekannte und eingrenzbare Schwachstellen, Engpässe oder Hürden in finanzieller, qualifikatorischer oder wissensmäßiger Hinsicht im betrieblichen Entwicklungs- oder Innovationsprozeß durch eine gezielte ("präzis dosierte") finanzielle Unterstützung geeigneter betrieblicher FuE-Projekte zu überwinden. Entscheidungskriterien für die öffentliche Hand sind bei der direkten Projektförderung vor allem das Entwicklungsniveau, das technologische Potential der geförderten Einrichtung mit dem allgemeinen Ziel des Nachweises der technischen Machbarkeit bzw. der technischen Erprobung und bei der sogenannten indirekt spezifischen Förderung die breitenwirksame Überwindung temporärer sektoraler oder technikspezifischer Engpässe.

Im Gegensatz dazu ist ein forschungs- und technologiepolitisch orientierter Modellversuch dadurch gekennzeichnet, daß die geförderten Vorhaben den Kriterien des "Modellhaften" genügen, wobei zwei Fälle unterschieden werden müssen:

- Wesentliche Entwicklungsrichtungen und Wirkungszusammenhänge bei technisch-organisatorischen Lösungen sind nicht oder nur unzureichend bekannt oder bewertbar. Die Modellvorhaben sind im wesentlichen als experimentelle Vorhaben zu verstehen, die dazu dienen, daß systematisch Kenntnisse und Erfahrungen gesammelt werden, um bedarfsgerechte und wirksame staatliche öffentliche Unterstützungsleistungen und private Dienstleistungen zu entwickeln und zu erproben (sogenannte experimentelle Vorhaben). Hierzu bedarf es eines "experimentellen Designs", d. h. der Einbeziehung unterschiedlicher Lösungswege, Institutionen, Promotoren und Kooperationsformen in den Modellversuch.

- Davon sind Modellvorhaben zu unterscheiden, bei denen die "optimalen Lösungswege" im Prinzip bekannt sind. Ziel der Modellvorhaben ist es, die Wirtschaftlichkeit bzw. Vermarktbarkeit neuer technisch-organisatorischer Lösungen nachzuweisen und deren Diffusion durch geeignete Mechanismen rasch- und breitenwirksam zu unterstützen (Demonstrationsvorhaben).

Die im Rahmen des Modellversuchs Informationsvermittlung geförderten Modellvorhaben hatten aus den genannten Gründen sowohl

- experimentellen Charakter, worunter insbesondere Versuche zur bedarfsgerechten Erschließung neuer Träger- und Nutzergruppen oder die Kombination von Informationsvermittlung mit anderen Dienstleistungen fallen, oder
- Demonstrationscharakter, was insbesondere bei der Errichtung von Online-Informationsvermittlungsstellen bei etablierten privaten oder nicht-kommerziellen Einrichtungen für organisationsinterne Anwendungszwecke vermutet werden konnte.

Versucht man, die Ziele des Modellversuchs Informationsvermittlung für diese beiden konzeptionellen Komponenten zusammenzufassen, so hatte die experimentellen Förderkomponente zum Ziel,

- systematisch Informationen und Kenntnisse über die Struktur und Entwicklung der von der Zielgruppe nachgefragten Online-Information, insbesondere nach Online-Fachinformation aus Naturwissenschaft und Technik, zu gewinnen und zu analysieren;
- systematisch Erfahrungen über den Aufbau bedarfsgerechter Online-Informationsdienstleistungen für organisationsinterne Anwender und als eigenständige Dienstleistung für Kunden zu sammeln und zu bewerten;
- systematisch Informationen und Erfahrungen zu sammeln über Anwendungsbereiche für die erfolgreiche Nutzung von Online-Fachinformationen und über Anwendungsbereiche, in denen Online-Fachinformationen eine geringe Bedeutung bei der Informationsvermittlung besitzt.

Die Demonstrations-Komponente hatte zum Ziel,

- durch zielgerichtete Verbreitung der Ergebnisse aus den Pilotvorhaben den Aufbau von weiteren Online-Vermittlungsstellen bei den Zielgruppen zu stimulieren und zu unterstützen sowie
- nachzuweisen, unter welchen Voraussetzungen Online-Informationsvermittlungs-Dienstleistungen profitabel oder breitenwirksam arbeiten können.

Zusätzlich beinhaltete das Konzept des Modellversuchs Informationsvermittlung eine weitere, umfassendere Zielsetzung.

Die indirekt-spezifische Förderkomponente hatte zum Ziel,

- die Nachfrage nach elektronisch gespeicherten Fachinformationen in Volltext-, Fakten- und Literaturhinweisbanken (Online-Fachinformation) auszuweiten, indem Anreize gegeben werden, um
- die Nutzung naturwissenschaftlicher und technischer Online-Fachinformation vor allem durch private Dienstleistungsunternehmen, durch öffentliche und nicht-kommerzielle Organisationen, die industrienahe Dienstleistungen anbieten, sowie durch Forschungsinstitute auszuweiten, was dazu dient,
- die Qualität oder Produktivität bestehender innovationsorientierter Dienstleistungen zu verbessern oder Fachinformation als eigenständige Dienstleistung an Dritte zu vertreiben, so daß ein Betrag dazu geleistet wird,
- kleinen und mittleren Unternehmen den Zugang zu diesen Datenbanken zu ermöglichen und
- fachliche, sektorale oder regionale Defizite auf dem Gebiet der Informationsvermittlung auszugleichen.

Da der Modellversuch Informationsvermittlung als experimentell angelegtes Programm der indirekt-spezifischen Förderung mit Demonstrationscharakter somit eine Vielzahl von Funktionen und Zielen erfüllen sollte, wurde bei der Gestaltung der programm-begleitenden Maßnahmen besonderer Wert auf eine intensive Beobachtung, Steuerung und Evaluierung des Modellversuchs gelegt.

1.3 Flankierende Maßnahmen und Bewertungskonzept

Die Mehrfachzielsetzung des Modellversuchs erforderte eine systematische Kontrolle, d. h. Beobachtung und Bewertung der Entwicklung und der Ergebnisse des Modellversuchs insgesamt sowie der einzelnen Modellvorhaben. Hierzu stand dem BMFT das ISI für flankierende Analyse- und Bewertungsaufgaben zur Verfügung.

Das ISI unterstützte den Bundesminister für Forschung und Technologie (BMFT) bei der Sammlung, Auswertung, Bewertung und Verbreitung der im Rahmen des Modellversuchs Informationsvermittlung gewonnenen Ergebnisse und Erfahrungen sowie bei dessen Durchführung, Steuerung und Weiterentwicklung. Die wesentlichen Aufgaben der flankierenden Analyse und Unterstützung der geförderten Vermittlungsstellen bezogen sich auf:

- die Entwicklung der geförderten Informationsvermittlungsstellen in ihrem betrieblichen bzw. organisatorischen Umfeld;
- die Ergebnisse und Wirkungen des Modellversuchs sowohl im Hinblick auf die geförderten Informationsvermittlungsstellen als auch im Hinblick auf die Nachfrage nach elektronisch gespeicherter Fachinformation;
- die Akzeptanz und die Nutzung der vermittelten Fachinformationen;
- den Stellenwert der Informationsvermittlungsstellen im Hinblick auf regionale, fachliche oder sektorale Defizite auf dem Gebiet der Informationsvermittlung.

Zur Durchführung des Modellversuchs wurde ein abgestimmtes Förderinstrumentarium entwickelt, das durch flankierende Maßnahmen ergänzt wurde. Bei der Ausgestaltung des Förderinstrumentariums wurde berücksichtigt, daß Hemmschwellen bei der Einrichtung einer IVS nicht nur im finanziellen Bereich liegen. Daher wurden im Rahmen des Modellversuchs neben finanziellen

Unterstützungsleistungen weitere flankierende Maßnahmen zur Qualifizierung der Mitarbeiter einer IVS, zum Marketing und zur effizienten Organisation einer IVS angeboten. Folgende flankierende Maßnahmen dienten der Unterstützung der geförderten Modellvorhaben:

- Damit der Modellversuch zu einer breitenwirksamen Mobilisierung bezüglich der Nutzung von Online-Recherchen beitragen konnte, wurden die im Modellversuch gewonnenen Informationen und Erfahrungen unter anderem durch Informationsbriefe, Publikationen in Fachzeitschriften, Statusseminare, Experten-Workshops, Fachveranstaltungen, Vorträge und Expertengespräche problemgerecht aufbereitet und verbreitet.

- Die Organisation und Durchführung von regelmäßigen Erfahrungsaustauschrunden und die Vermittlung geeigneter Aus- und Weiterbildungsangebote dienten der fachlichen Qualifizierung der geförderten Informationsvermittler.

- Durch die Vermittlung und Bereitstellung geeigneter Marketinginstrumente wurden die IVS bei Maßnahmen zur Marktanalyse und Nutzerakquisition, bei der Auswahl und Ausgestaltung von Marketingkonzepten und Werbestrategien und bei der Ausarbeitung eines zielgruppen-spezifischen und bedarfsgerechten Angebotsprofils unterstützt.

- Die begleitende wissenschaftliche Aus- und Bewertung des Modellversuchs hatte zum Ziel, eine problem- und zielgruppenorientierte, flankierende Unterstützung der einzelnen Modellvorhaben zu ermöglichen und übertragbare und verbreitbare Ergebnisse aus dem Modellversuch systematisch zu erfassen und aufzubereiten. Damit sollte einerseits Interessenten an einer IVS eine Informations- und Entscheidungsgrundlage gegeben werden, unter welchen Bedingungen sich eine IVS wirtschaftlich trägt, und andererseits sollte aufgezeigt werden, welche Ansatzpunkte für eine Weiterentwicklung der Fachinformationspolitik in diesem Bereich bestehen.

Insbesondere der letzte Aufgabenbereich ist bei einem Modellversuch im Vergleich zu einem Fachprogramm von besonderer Bedeutung, da

- andere Träger zum Aufbau entsprechender Informationsvermittlungsstellen motiviert werden können, indem potentiellen Anbietern derartiger Leistungen durch modellhafte Demonstrationsvorhaben der Qualitätsgewinn online-gestützter Informationsbeschaffung und -vermittlung nahegebracht werden kann;

- potentielle Nachfrager nach online-gestützter Informationsvermittlung die modellhaft geförderten Dienstleistungen nur dann akzeptieren und nutzen, wenn sie davon überzeugt werden können, daß die Nutzeffekte im Vergleich mit den traditionellen Wegen der Informationsbeschaffung besonders günstig sind.

Das Gesamtkonzept der flankierenden Maßnahmen zur Unterstützung der IVS war auch deshalb besonders wichtig, weil in diesem Zusammenhang kritische Entwicklungen im Verlauf des Modellversuchs frühzeitig entdeckt, diagnostiziert und gegebenenfalls korrigiert werden konnten. Außerdem bot die Betreuung der Stellen - genauso wie der Erfahrungsaustausch und die Interviews mit den Informationsvermittlern - die Möglichkeit zur teilnehmenden Beobachtung im Modellversuch und zur individuellen Beratung und Einschätzung der einzelnen Modellvorhaben.

1.4 Planung und Ablauf der Projektarbeiten

Die gesamte Laufzeit des Modellversuchs dauerte von der Ausschreibung im Januar 1986 (Datum vom 30. Dezember 1985) bis zur Fertigstellung der zusammenfassenden Studie im Juli 1991 insgesamt fünfeinhalb Jahre. Davon entfielen auf die Vorbereitungsphase für die Bewertung, Auswahl und Bewilligung der

Anträge ca. 6 Monate, auf die Durchführungsphase, während der die Modell-vorhaben Förderung in Anspruch nehmen konnten, etwas mehr als drei Jahre und für die Auswertungsphase noch einmal ein Jahr.

Aus der Sicht des ISI, das für die Durchführung der flankierenden Maßnahmen und für die begleitende Auswertung zuständig war, ergab sich eine Grob-gliederung des Modellversuchs in mehrere thematische Abschnitte, in denen einzelne Teilaufgaben, Fragestellungen oder Interessenfelder schwerpunktmäßig bearbeitet wurden (vgl. Abb. 1).

1. Abschnitt (1. Halbjahr 1986): Beteiligung bei der Bewertung und Auswahl der Anträge sowie Vorbereitung der empirischen Untersuchungen während des 1. Halbjahres 1986.

2. Abschnitt (2. Halbjahr 1986): Erster schriftlicher, telefonischer und an-läßlich von ersten Erfahrungsaustauschrunden persönlicher Kontakt zu den be-teiligten IVS. Die intensiven Kontaktmaßnahmen dienten dazu, möglichst rasch ein ausreichendes Vertrauensverhältnis zu den IVS aufzubauen, um die Zusam-menarbeit zwischen Modellvorhaben und ISI und damit auch die Bereitschaft der Stellen zur Mitwirkung bei der Datenerhebung zu verbessern. Dabei kam den ersten Veranstaltungen mit den IVS die Funktion zu, zu einem möglichst frühen Zeitpunkt

- den Repräsentanten der Vermittlungsstellen die Zielsetzungen, Konzeptio-nen und Organisationsstrukturen des Modellversuchs darzustellen und zu erläutern;

- den Teilnehmern am Modellversuch die Möglichkeit zu geben, rasch und unmittelbar diejenigen geförderten IVS kennenzulernen, die in räumlicher, sektoraler oder fachlicher Nähe angesiedelt waren;

- den neuen Informationsvermittlern Gelegenheit zum Informations- und Er-fahrungsaustausch zu technischen, methodischen, administrativen und or-ganisatorischen Aspekten der Informationsvermittlungstätigkeit zu geben;

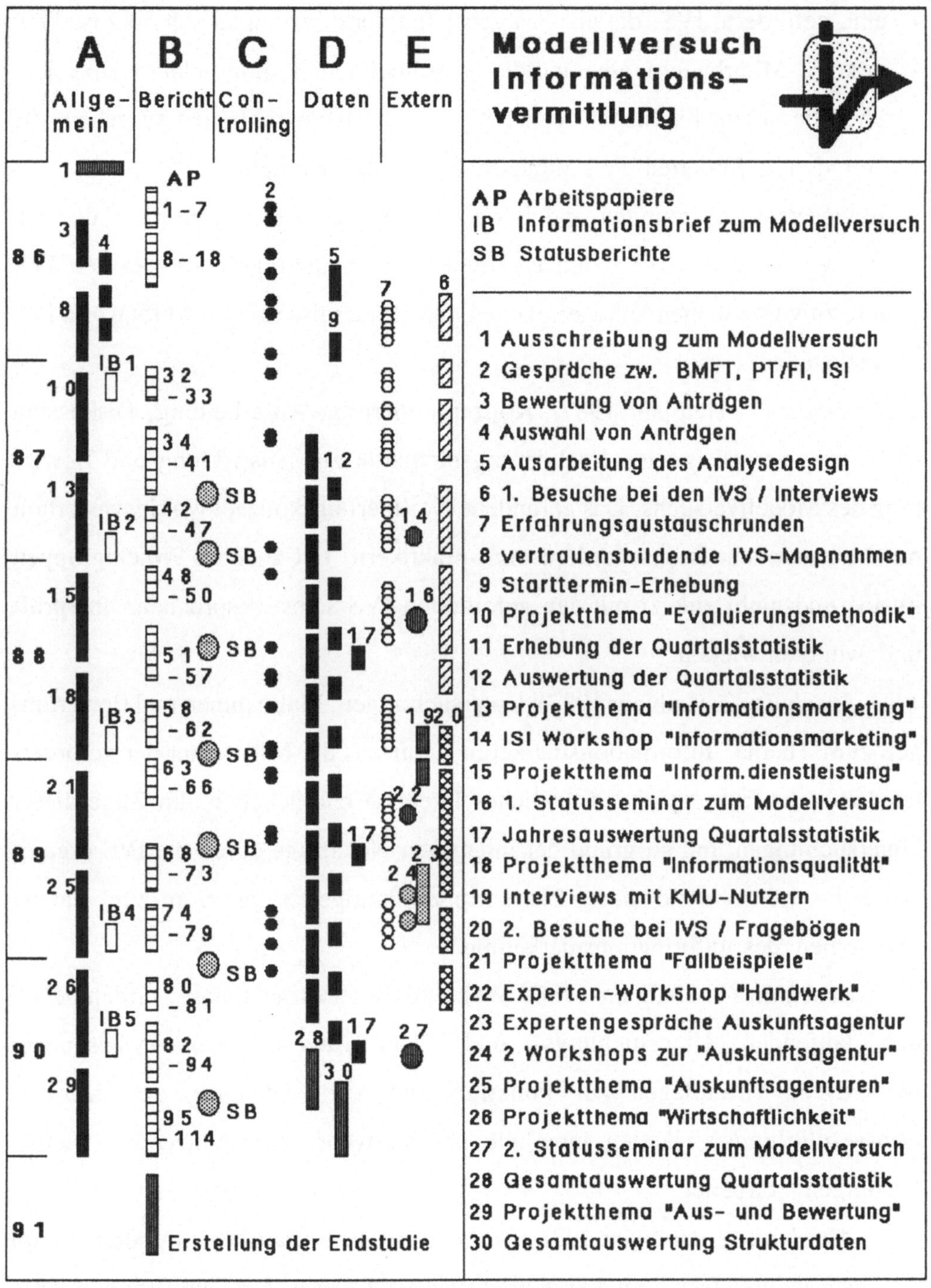

Abb. 1: Zeit- und Arbeitsübersicht im Modellversuch

- eine geförderte IVS, die als Gastgeber fungierte, exemplarisch vorzustellen;

- den ISI-Mitarbeitern eine möglichst schnelle und unmittelbare Übersicht über die unterschiedlichen Konzeptionen und Konstruktionen zu geben, die von den geförderten IVS modellhaft verfolgt wurden;

- sowie erste Schätzungen und Beobachtungen zum technisch-methodischen Wissensstand der IVS, zum erwarteten Unterstützungsbedarf bei den IVS und zu vorhandenen Schwierigkeiten und Hindernissen beim Aufbau von IVS anzustellen.

3. Abschnitt (1. Halbjahr 1987): Konzeptionierung, Ausarbeitung, Diskussion und Test einer geeigneten Evaluierungsmethodik zur Auswertung und Bewertung des Modellversuchs. Das gefundene Evaluierungskonzept wurde wiederholt mit Informationswissenschaftlern und -praktikern, mit anderen Projektgruppen im ISI und nicht zuletzt mit den geförderten IVS selbst besprochen, überprüft und weiterentwickelt.

4. Abschnitt (2. Halbjahr 1987): Untersuchungen, Maßnahmen und Bewertungen zum Thema "Informationsmarketing", für das die Mitarbeiter der geförderten IVS sehr früh ein nachdrückliches Interesse entwickelten. Im Zuge dieser Untersuchungen und aufgrund der intensiven Nachfrage durch die IVS organisierte das ISI während dieser Phase ein zweitägiges Symposium zum Thema "Strategien des Informationsmarketings".

5. Abschnitt (1. Halbjahr 1988): Während dieser Projektphase wurden neben den laufenden Untersuchungs- und Flankierungsaufgaben insbesondere theoretische Grundlagen zur Funktion und zur Bedeutung der Informationsvermittlungstätigkeiten innerhalb der innovationsunterstützenden Dienstleistungen erarbeitet.

6. Abschnitt (2. Halbjahr 1988): Auf den Erfahrungsaustauschrunden und im Rahmen anderer Fachkontakte wurden während dieser Zeit schwerpunktmäßig Fragen zu Inhalten und zur Qualität von Informationsdiensten bearbeitet.

7. Abschnitt (1. Halbjahr 1989): Die Erhebung und Ausarbeitung von Fallbeispielen zur Veranschaulichung der verschiedenen IVS-Funktionen im Modellversuch bestimmte diesen Projektabschnitt. Zwölf der gesammelten Fallbeispiele konnten später im Informationsbrief zum Modellversuch Nr. 4 veröffentlicht werden.

8. Abschnitt (2. Halbjahr 1989): Als Konkretisierung und Weiterentwicklung der inzwischen erzielten Ergebnisse und Erfahrungen aus dem Modellversuch wurde in diesem Halbjahr ein nachfrageorientiertes Konzept zur Informationsversorgung kleiner und mittlerer Unternehmen auf der Basis von Auskunftsdiensten entwickelt und in zwei Expertenworkshops diskutiert.

9. Abschnitt (1. Halbjahr 1990): Im letzten inhaltlichen Themenschwerpunkt wurden insbesondere Fragen zur Wirtschaftlichkeit und zur Preisgestaltung von Informationsdienstleistungen analysiert und Möglichkeiten des Preismarketings weiterentwickelt.

10. Abschnitt (2. Halbjahr 1990): Das gesamte Projektjahr 1990 diente dazu, alle Ergebnisse aus dem Modellversuch systematisch auszuwerten, zu interpretieren und in einer durch Register erschlossenen Sammlung von über 100 Arbeitspapieren zu fixieren.

11. Abschnitt (1. Halbjahr 1991): Zusammenfassung aller Arbeitsergebnisse und Bewertungen aus dem Modellversuch in der vorliegenden Studie. Dieser letzte Projektabschnitt wurde im Auftrag des ISI von der Forschungsagentur für Informationsstrategie : rais bearbeitet.

1.5 Datenerhebung und -auswertung

Die wissenschaftliche Auswertung und Bewertung des Modellversuchs Informationsvermittlung durch das ISI erforderte ein umfassendes und integriertes

Analysekonzept, das die folgenden Erhebungs- und Auswertungskomponenten beinhaltete (s. Abb. 2):

- qualitative Bestandsaufnahme, Strukturuntersuchung und systematische Typisierung der am Modellversuch beteiligten Informationsvermittlungsstellen;

- beobachtende und bewertende Analyse zur innerbetrieblichen bzw. externen Vermittlungsfunktion der beteiligten Stellen, zur internen Arbeitsorganisation und zum Marketingkonzept der IVS sowie zur Entwicklung und Bedeutung der angebotenen Informationsdienstleistungen im Kontext informationsbezogener Bedarfsstrukturen;

- Erfassung und Bewertung von technischen, organisatorischen und methodischen Wissensdefiziten bei den geförderten Stellen sowie Ermittlung von Problemfeldern im Bereich der praktischen Informationsvermittlungstätigkeit;

- Analyse der bestehenden und sich entwickelnden Nutzerstrukturen bei den geförderten IVS sowie Untersuchung und Beurteilung der Akzeptanz bei den Informationsnutzern für die angebotenen Informationsdienstleistungen;

- quantitative und qualitative Analyse und Bewertung der angebotenen und nachgefragten Informationsdienstleistungen, der Entwicklung des Rechercheaufkommens und der Nutzung von Online-Informationsdiensten durch die IVS.

Realistische und signifikante Ergebnisse aus den Auswertungen zum Modellversuch konnten deshalb erzielt werden, weil das zugrundegelegte Analysekonzept folgende Bedingungen erfüllte:

- es nutzte unterschiedlichste Erhebungsmethoden und Analyseverfahren für Informationen aus dem Modellversuch, um umfassende Aussagen zum Verlauf, zur Wirkung und zum Erfolg des Modellversuchs machen zu können [vgl. SCHÄUBLE 1982];

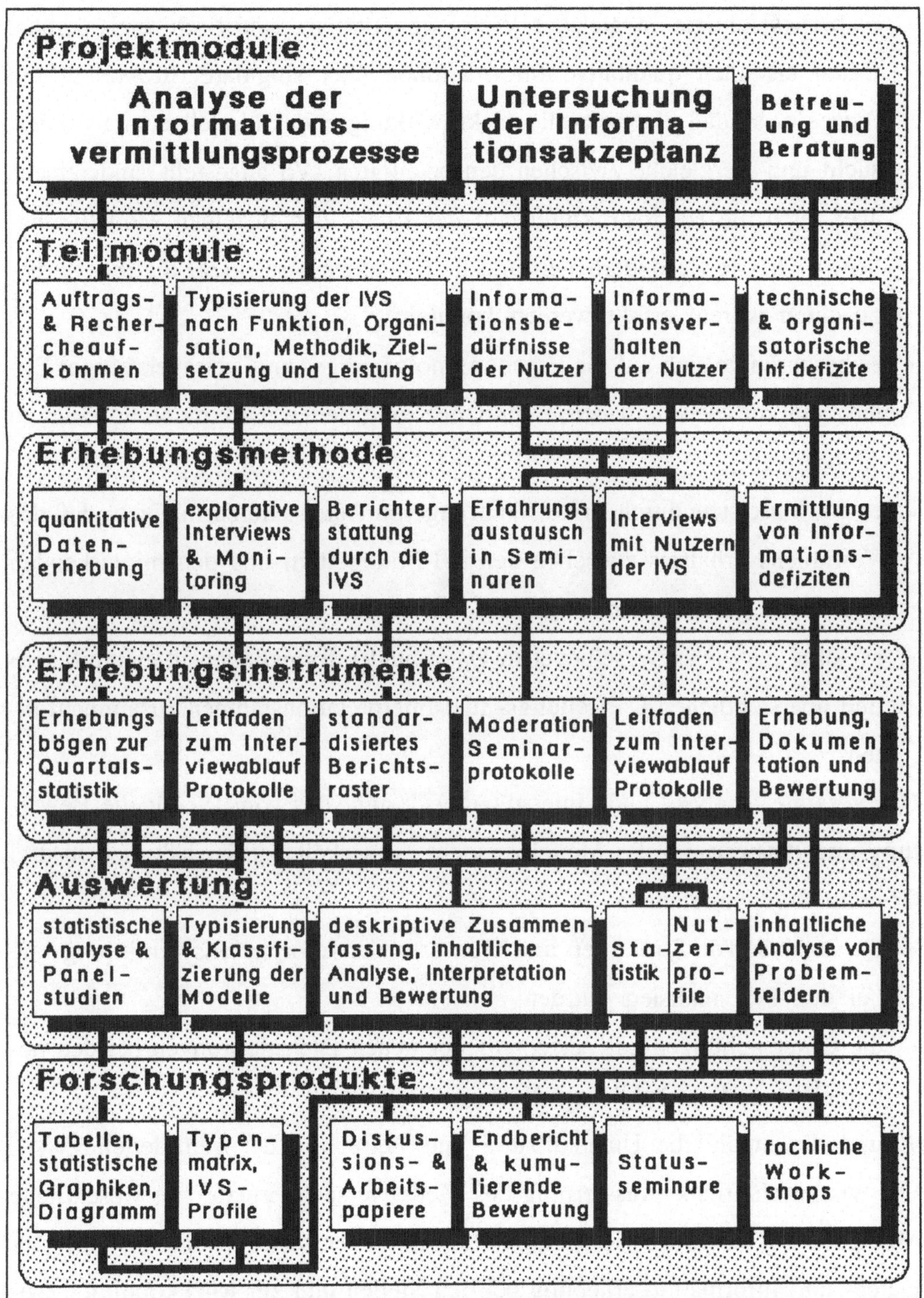

Abb. 2: Analysedesign im Modellversuch Informationsvermittlung

- es berücksichtigte in gleicher Weise quantitative, statistisch analysierbare Daten als auch qualitative Informationen über singuläre Strukturen und Prozesse, so daß einerseits die Makrowirkungen des Modellversuchs untersucht und Vergleiche zwischen den beteiligten IVS angestellt, andererseits aber auch die Mikrostrukturen auf der Ebene der einzelnen Modellvorhaben, d. h. die Besonderheiten und individuellen Strategien, die hier zu beobachten waren, erfaßt werden konnten;

- es beschränkte sich auf die Erhebung notwendiger und aussagekräftiger Daten, um die Auskunftsbereitschaft der geförderten IVS nicht unnötig zu strapazieren;

- es gewährleistete durch strikte Wahrung von Datenschutzprinzipien, daß das Vertrauensverhältnis zwischen den ISI-Mitarbeitern und den mitwirkenden IVS nicht gestört werden konnte;

- es sollte die vielen verschiedenen Daten und Informationen in einem klaren und übersichtlichen Darstellungs- und Interpretationsrahmen zusammenführen.

Das gesamte Analyse- und Unterstützungsdesign, das vom ISI für die Bewertung und Auswertung des Modellversuchs entwickelt wurde, läßt sich in drei Grundmodule unterteilen:

- die Analyse von Strukturen und Prozessen der Informationsvermittlung, die bei den IVS realisiert wurden;

- die Untersuchungen zur Akzeptanz der neuen Dienstleistungen bei den potentiellen und tatsächlichen Nutzern;

- und die inhaltliche Unterstützung und Betreuung der geförderten IVS.

Die wissenschaftliche Auswertung des Modellversuchs nutzte vier wesentliche Methoden zur fachlichen Kommunikation zwischen den IVS und dem ISI, zur Daten- und Informationserhebung bei den Stellen und zur Rückkopplung zwischen den geförderten Modellvorhaben und zur Projektbegleitung:

- die Quartalsstatistik - eine vierteljährlich zu erstellende Übersicht zum Rechercheaufkommen und zur Struktur von Informationsrecherchen bei den IVS;

- die Halbjahresberichte - halbjährlich von den Stellen einzureichende, nach einem vorgegebenen Gliederungsschema zu erstellende Berichte über den Verlauf und die Entwicklung der Informationsvermittlungsarbeit;

- die Erfahrungsaustauschrunden - Veranstaltungen mit fachlich oder regional organisierten Gruppen der Informationsvermittler, die im wesentlichen die Funktion hatten, Erfahrungen aus der Arbeit der IVS und Ideen zur Verbesserung der Informationsvermittlung auszutauschen, über neue Entwicklungen und Erkenntnisse aus dem Modellversuch und seinem Umfeld zu informieren und gegebenenfalls Kontakte und Kooperationen zwischen den Informationsvermittlern anzuregen und zu fördern;

- die Besuche - hierbei handelte es sich um vertrauliche Gespräche mit den Informationsvermittlern, die vor allem dazu dienten, Einschätzungen des jeweiligen Vorhabens, seiner Erfolgsaussichten und der besonderen Verhältnisse bzw. Schwierigkeiten bei der Arbeit der jeweiligen IVS zu gewinnen.

Zur Untersuchung der Struktur und der Zusammensetzung der im Modellvorhaben geförderten IVS mußten die Stellen zunächst nach einheitlichen Merkmalen charakterisiert und beschrieben werden. Bei der Bestandsaufnahme der geförderten IVS bzw. bei der Erfassung der Ausgangslage konnte dabei auf die bereits ermittelten und gespeicherten Daten aus den Anträgen zurückgegriffen werden. Diese Grunddaten wurden um zusätzliche Beschreibungsdaten ergänzt, die während eines ersten Informationsgesprächs mit den Stellen in einem standardisierten Interview erhoben worden waren. Das Verfahren eines ersten explorativen Interviews wies den Vorteil auf,

- daß die Mitarbeiter der geförderten IVS von der Aufgabe befreit wurden, standardisierte Erhebungsbögen ausfüllen zu müssen,

- daß die erforderlichen Angaben von den ISI-Mitarbeitern in richtiger und geeigneter Form erhoben werden konnten (Dolmetscherfunktion bei Fragen),
- daß das Problem des Erstkontakts zu den IVS durch eine formalisierte Gesprächssituation mit Arbeitscharakter entschärft werden konnte,
- und daß von vornherein Mißverständnisse bezüglich der Auskunftspflicht, der Ziele des Modellvorhabens und der Erhebungsmethodik durch das ISI ausgeräumt und Verfahrensfragen frühzeitig geklärt werden konnten.

Im Gegensatz dazu wurde die formalisierte Berichterstattung zum Rechercheaufkommen allein von den IVS mit Hilfe standardisierter Erfassungsbögen abgewickelt. Bezugseinheit bildete dabei der einzelne Informationsauftrag, der von den Stellen bearbeitet wurde. Die einzelne Anfrage bezog sich wiederum auf ein einzelnes abgrenzbares Themenfeld. Im Rahmen eines Auftrags konnten also definitionsgemäß mehrere Anfragen bearbeitet werden, während im Rahmen einer einzelnen Anfrage mehrere Datenbankabfragen zum gleichen Thema in mehreren Datenbanken erfolgen konnten.

Das Design des Erhebungsbogens sollte sich nur auf quantifizierbare Aussagen beschränken. Dadurch war gewährleistet, daß die Auftragsstatistik für den IVS-Mitarbeiter übersichtlich und handhabbar blieb, daß von den IVS monatlich nur ein Erfassungsbogen ausgefüllt werden mußte, auf dem die Angaben als Strichlisten oder Summenwerte eingetragen wurden, und daß die Erfassung der Statistikdaten auf ADV-Träger des ISI erleichtert wurde.

Die schriftliche Berichterstattung durch die am Modellversuch beteiligten IVS wurde über die folgenden Berichtmedien abgewickelt, für die vom ISI im einzelnen formalisierte Erhebungsbögen oder standardisierte Berichtsschemata vorbereitet worden waren:

- formalisierter Erhebungsbogen für die Anfragestatistik, in dem Art und Umfang der im Rahmen der Informationsvermittlung bearbeiteten Informationsrecherchen registriert wurden;

- Erhebungsbogen für die Anfrageformulierungen, in dem Fragestellungen und Rechercheinhalte zu den Anfragen festgehalten wurden;

- standardisierte Gliederung für die Halbjahresberichte, in denen die IVS über organisatorische, technische und funktionale Entwicklungen bei der Durchführung ihrer Informationsvermittlungstätigkeit Auskunft geben sollten.

Während die Erhebungsbögen für die Anfragestatistik und für die Anfrageformulierung von den Stellen jeweils für einen Berichtsmonat ausgefüllt und nach einem Kalenderquartal an das ISI zurückgeschickt werden sollten, mußten die nicht-formalisierten Berichte der Stellen nach einem Kalenderhalbjahr an das ISI zurückgesandt werden.

Für die Auswertung und Evaluation der erhobenen Daten und Informationen wurden sowohl deskriptiv-statistische als auch qualitativ-interpretatorische Analyseverfahren genutzt, um der Vielschichtigkeit der im Modellversuch zu untersuchenden Fragestellungen gerecht werden zu können.

1.6 Zur Methode der teilnehmenden Beobachtung

Der Modellversuch Informationsvermittlung wurde als Stimulierungs- und Lernprogramm angelegt, das zum Ziel hatte, zeitlich befristet die Nachfrage und Nutzung von Online-Fachinformation insbesondere bei Anbietern innovationsorientierter Dienstleistungen zu verstärken und mit Hilfe informationswissenschaftlicher sowie evaluationsmethodischer Forschung Kenntnisse und Erfahrungen über den Bedarf von Industrie- und Dienstleistungsunternehmen an Informationsvermittlungsdiensten zu gewinnen. Die allgemeine Konzeption und die konkrete Ausgestaltung des Modellversuchs Informationsvermittlung hatte somit die Aufgabe, insbesondere durch Verknüpfung der Elemente eines indirekt spezifischen Förderprogramms mit Elementen eines experimentellen Programms und eines Demonstrationsprogramms

- die verschiedenen Zielsetzungen und Konzepte zu integrieren, die vor allem auf eine temporäre Nachfrageunterstützung bei der ausgewählten Zielgruppe orientiert waren,

- durch die Erprobung bedarfsgerechter und wirksamer Förderinstrumente neue Kenntnisse und Erfahrungen zur Nutzung und Akzeptanz von Online-Fachinformation zu gewinnen und

- gegebenenfalls andere potentielle Träger zu motivieren, sich von den in den Demonstrationsvorhaben erzielten Nutzeffekten überzeugen zu lassen und diese zu imitieren.

Die Auswertung und Bewertung einer derart komplexen experimentellen Fördermaßnahme hatte sich daher mehrerer, insbesondere auf die Wirkungen des Programms abgestellter Analyseinstrumente bzw. analytischer Methodenkomponenten zu bedienen:

- bei der Fragestellung, inwieweit die Erwartungen der einzelnen Modellvorhaben bezüglich der zu erzielenden Recherchezahlen realisiert werden konnten, kamen Analysekomponenten eines Soll-Ist-Vergleichs zum Tragen;

- weitere Einschätzungen und Auswertungen beobachtbarer Ziel-Maßnahme-Konstellationen fielen in den Bereich der Erfolgskontrolle und Evaluierung;

- zur Beurteilung der Auswirkungen und Effekte des Modellversuchs dienten Methoden der Ex-post-Wirkungsanalyse;

- schließlich erforderte die dynamische Betrachtung von Zielvorgaben und Zielerreichungskriterien in einem experimentellen Modellversuch nicht nur eine laufende, sondern auch eine teilnehmende Beobachtung des begleitenden Wissenschaftlerteams, um Fehlentwicklungen rechtzeitig erkennen sowie nicht beabsichtigten und schädlichen Wirkungen des Programms entgegensteuern zu können.

Zur Methode der teilnehmenden Beobachtung, die vom ISI im Modellversuch Informationsvermittlung eingesetzt wurde, gehörten die explorativen sowie beratenden Intervies mit den beteiligten Akteuren des Programms, die Analyse der statistischen und qualitativen Berichte aus den IVS, die Erfahrungsaustauschrunden, die als Informations- und Diskussionsforen einen wichtigen Stellenwert bei der Feinsteuerung von Meinungen, Haltungen und Strategien der Informationsvermittler einnahmen sowie die individuellen Telefonberatungen mit IVS-Mitarbeitern, über die Informationen und Hilfestellungen weitergegeben und Kontakte zwischen den Vermittlern angeregt werden konnten.

Die ausgeprägte Kooperationsbereitschaft, die dem ISI-Team von den beteiligten IVS-Mitarbeitern entgegengebracht wurde, ist wahrscheinlich auch darauf zurückzuführen, daß das ISI im Modellversuch die Rolle einer zentralen Anlaufstelle für Fragen, Probleme und Bitten übernommen hatte, die im Zusammenhang mit der Informationsvermittlungstätigkeit der IVS entstanden. Darüber hinaus bewirkte die intensive Betreuung der IVS auch, daß die geförderten Stellen regelmäßig über die Situation und den Verlauf des Modellversuchs informiert waren und daß die Auswertungsziele und das Erkenntnisinteresse und damit die Notwendigkeit der ISI-Begleitforschung transparent und einsichtig gemacht werden konnten.

2 Informationsvermittlung als innovationsunterstützende Dienstleistung

Die Beschaffung, Vermittlung und Anwendung fachlicher Informationen ist Bestandteil jeder innovationsunterstützenden Dienstleistung. Eine theoretische Auseinandersetzung mit dem Forschungsgebiet Informationsvermittlung und Informationsdienstleistung, wie sie in dieser Studie angestrebt wird, ist bislang nur selten in Angriff genommen worden [vgl. z. B. HERGET 1991; HÖRING 1980; KUHLEN / FINKE 1988; MÜLLER-MERBACH 1985; NINK 1984]. Einigen Autoren erscheint das Phänomen Informationsvermittlung lediglich als eine Manifestation der marktwirtschaftlich fixierten Informationspraxis, für die theoretische Überlegungen und Begründungen im nachhinein lediglich einen legitimativen Charakter annehmen können [vgl. REUTER 1990; SCHUMACHER 1982; ZELEWSKI 1987].

Aus diesem Grund fordert GEHMACHER [1982, S. 77-78]: "Es sollte zu einer Trennung zwischen Forschung und fundamentalen Theorien der Informationsvermittlung [...] einerseits und der praxisorientierten Markt- und Nutzerforschung andererseits kommen". Im Rahmen dieser Arbeit soll jedoch versucht werden, informationswissenschaftliche Theorie und praxisorientierte Nutzungsforschung zu verbinden.

2.1 Voraussetzungen und Annahmen

In ihrer Grundfunktion dienen Informationsdienstleistungen der Vermittlung von fachlicher Information zwischen Informationsproduzenten, Informationsanbietern und den Endnutzern von Fachinformation [BEYER 1982]. Darüber hinaus sind diesem Vermittlungsprozeß drei zusätzliche Funktionen zuzuweisen, die in einem engen gegenseitigen Wirkungsverbund stehen:

- Fast immer soll die vermittelte Information zu Problemlösungen führen, die ohne Rückgriff auf Informationseinrichtungen nicht zu bewältigen wären;

- Informationsvermittlung fördert sowohl horizontalen als auch vertikalen Informations-, Technologie- oder Wissenstransfer und trägt dadurch zur Entstehung innovativer Prozesse bei;

- Informationsvermittlung ist Teil fachlicher Kommunikationsprozesse und übernimmt eine zentrale Brückenfunktion zwischen unterschiedlichen soziokulturellen Sektoren (Abb 3).

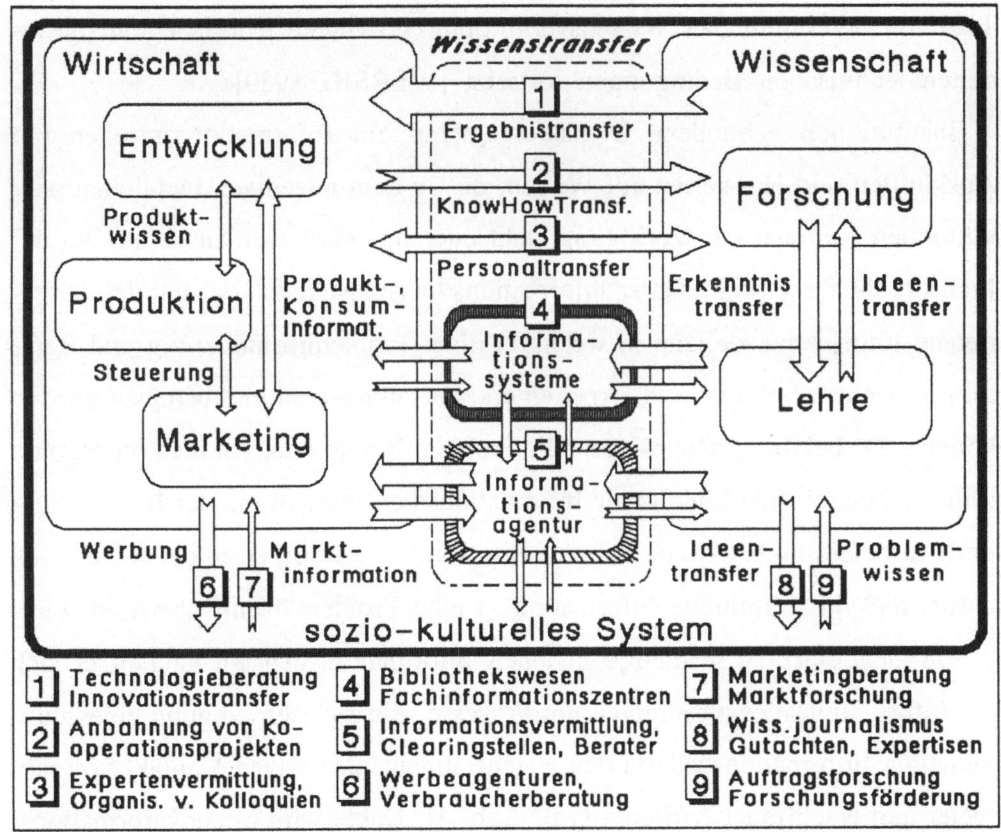

Abb. 3: Informationsvermittlung im Wissenstransfer

Die Terminologie zur Beschreibung funktionaler Informationsdienste erfuhr in den letzten Jahren eine Reihe von Veränderungen. Nachdem der ursprünglich im Bibliotheksbereich verankerte Begriff der Informationsvermittlung auch im privatwirtschaftlichen Dienstleistungssektor Verbreitung fand, nährte bald darauf der aus den USA importierte Begriff 'Informationsmakler' übersteigerte Hoffnungen und Erwartungen auf neue profitträchtige Dienstleistungsnischen [GESCHÄFTSIDEE 1985]. Danach ist das Bild vom technisch versierten Informationsvermittler oder vom online-fixierten Information Broker weitgehend vom Verständnis des beratend wirkenden Informationsunternehmers und Information Consultant abgelöst worden [SEEGER / STRAUCH 1979]. Man sieht die Vermittlung von Fachinformation eher als 'neo-klassischen' Dienst an, der die Tradition herkömmlicher Wissensvermittlungsaktivitäten lediglich unter geänderten technischen Bedingungen fortsetzt [WERSIG 1980].

Institutionell gebundene Dienste reagieren auf Informationsanfragen mit Auskünften und Hinweisen auf Wissen, das in dem jeweiligen fachlichen oder sektoralen Rahmen zur Verfügung steht oder beschafft werden kann. Bei der Inanspruchnahme funktionaler Informationsdienste ist gewährleistet, daß aufgetretene Informationsdefizite in wechselseitiger Problemformulierung und Beratung zwischen Anfrager und Experten erkannt, untersucht und behoben werden können. Da bei dieser Diensteform die Problemlösungsfunktion im Vordergrund steht, begnügen sich funktionale Informationsdienste nicht mit der Beschaffung und Aufbereitung benötigter Information, sondern sie sorgen in der Regel auch dafür, daß die vermittelte Information in eine Problemlösung überführt wird.

Im Gegensatz zu mediengebundenen Informationsdiensten handelt es sich bei Informationsdienstleistungen um Prozesse, die zur Befriedigung eines individuellen Informationsbedarfs den gegenseitigen interaktiven Kontakt von Anbieter und Nachfrager erfordern (vgl. Abb. 4). Dabei wird in der Informationsdienstleistung die Nutzung von Informationsquellen und -medien mit der intel-

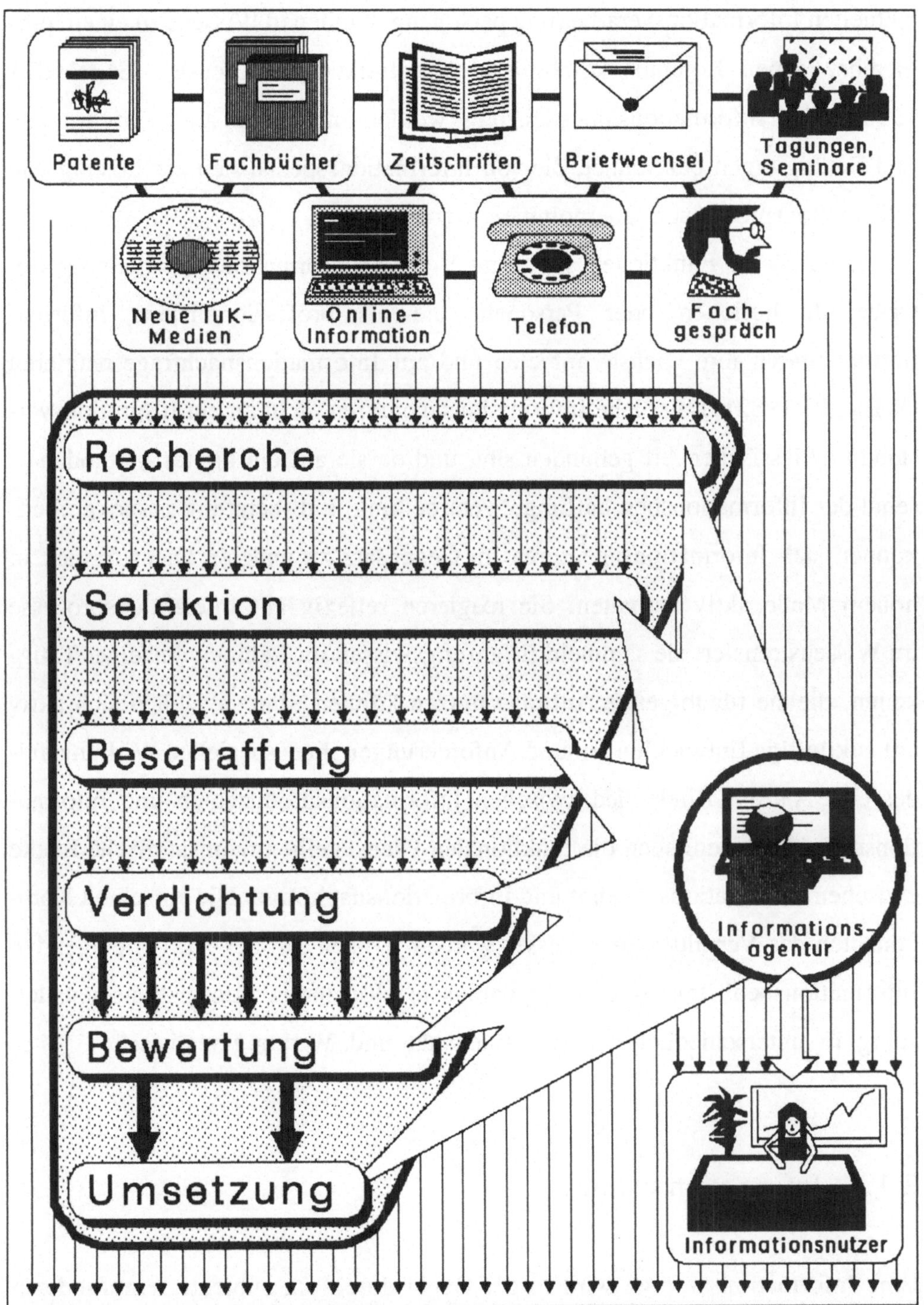

Abb. 4: Funktionen der Informationsdienstleistung

lektuellen Informationsverarbeitung personengebundenen Wissens zu einem problembezogenen Ergebnis kombiniert. Als 'funktionale Dienste' [SCHMIDT 1990d] oder 'Informationsdienstleistung' werden im weiteren alle Verrichtungen und Betätigungen bezeichnet, die von Informationsspezialisten zur Lösung von Informationsproblemen übernommen werden.

Träger dieser Funktionen sind eine Vielzahl informationsvermittelnder Betriebe, Institutionen oder Personen, die als professionalisierte Informationsagenturen ihre Dienste anbieten und auf Informationsnachfrage reagieren [WERSIG 1982]. Da solche Informationsagenturen nicht an ein Institutionsverständnis klassischer Art gebunden sind und da sie auf ein breites Methodenarsenal der Informationsbeschaffung, -verarbeitung und -beratung zurückgreifen, können sich Informationsagenturen im Gegensatz zu anderen Dienstformen in hohem Maße aktiv verhalten. Sie reagieren reflexiv auf Interaktionsprozesse im Wissenstransfer, sie sammeln Erfahrungswissen im Rahmen einzelner Tätigkeiten, die sie für folgende Aufträge nutzen können, und sie stellen sich aktiv auf zukünftige Entwicklungen und Anforderungen ihres speziellen Wirkungsfeldes ein. Als ein Bindeglied zwischen Informationsproduzenten und Informationsrezipienten schließen die funktionalen Dienste eine organisatorische Lücke zwischen Informationsangebot und Informationsnachfrage. Die einzelnen Komponenten des Vermittlungsprozesses werden je nach Art des zu befriedigenden Informationsbedürfnisses und der daraus resultierenden Informationsdienstleistung in unterschiedlicher Form, Intensität und Wirkung realisiert.

2.1.1 Informationsanfrage

Eine Informationsanfrage wird in der Regel durch ein subjektiv empfundenes Wissensdefizit bei dem Nutzer einer Informationsdienstleistung ausgelöst; es steht meist in Zusammenhang mit einem Problem, für dessen Lösung die Nutzung und Verwertung noch nicht bekannten Wissens erforderlich ist. Anders als bei Nachschubproblemen mit Ersatzteilen, Werkstoffen, Maschinen oder Rohprodukten, anders auch als bei Ermittlungsproblemen von Produktionszahlen, Meßwerten, verfahrenstechnischen Daten oder Börsenkursen ist bei echten Informationsproblemen nicht nur unbekannt, welchen Inhalt die gesuchte Information hat, sondern es ist auch oft nicht geklärt, welche Informationen benötigt werden. In den meisten Fällen kann das beim Informationsnachfrager aufgetretene Informationsdefizit nur recht vage und unpräzise benannt werden [vgl. BELKIN 1986].

Dem Anbieter von Informationsdienstleistungen fällt deshalb bereits im Vorfeld der Problemformulierung die Aufgabe zu, nicht nur das Informationsproblem, sondern die Struktur des zugrundeliegenden Problems zu analysieren und auf die informationsbezogenen Komponenten abzubilden. Der Prozeß des gegenseitigen Erklärens und Verständlichmachens eines Informationsproblems ist äußerst vielschichtig und kann je nach Komplexität der Frage in mindestens elf verschiedene Phasen zerlegt werden. Jede dieser Phasen birgt für die Kommunikation zwischen Informationsberater und Klient eigene Hindernisse und wirkt sich daher nachhaltig auch auf die Qualität des Dienstleistungsproduktes aus:

- Informationsbedürfnis des Klienten (was wird benötigt?);
- Informationsbedarf des Klienten (was wird als nötig empfunden?);
- Frageformulierung (was wird gefragt?);
- Frageinhalt (was war gemeint?);
- Interpretation des Beraters (was wird verstanden?);
- Operationalisierung des Informationsproblems (wo wird gesucht?);
- Codierung des Problems (wie wird gesucht?);
- Resultat einer Informationsrecherche (was wird ermittelt?);

- Form der Präsentation (was wird weitergegeben?);
- Interpretation des Klienten (was wird vom Ergebnis verstanden?);
- Transferprodukt (was hat das Ergebnis bewirkt?).

Allein die hier angedeutete Komplexität einer gemeinsamen Problemanalyse von Klient und Berater macht deutlich, daß die beispielhafte Durchführung von Anfrageinterviews oder die optimale Gestaltung von Anfrageformularen dem zugrundeliegenden Problem nicht gerecht wird. Den individuellen Informationsproblemen derjenigen, die sich ratsuchend an Informationsexperten wenden, muß mit individuellen Methoden der Problemanalyse und -interpretation begegnet werden.

Daher ist es selbstverständlich, daß die besondere Beratungsfunktion des Informationsdienstleistenden ein spezielles Vertrauensverhältnis zwischen ihm und dem Klienten voraussetzt. Eine von Vertrauen geprägte Kooperation erscheint auch deshalb unerläßlich, weil in vielen Fällen die Erläuterung von Informationsproblemen der Offenlegung von Betriebs- oder Forschungsgeheimnissen gleichkommt. Die mangelnde Fähigkeit, potentielle Klienten von der Reputation und Seriosität der angebotenen Informationsdienstleistung überzeugen zu können, muß bei manchen gescheiterten Information Brokern als eine der Ursachen dafür gesehen werden, daß Informationsaufträge aus der Industrie ausgeblieben sind.

2.1.2 Informationsbeschaffung

Die Vielfalt der elektronischen wie der konventionellen Informationsmöglichkeiten erfordert von einem qualifizierten Informationsberater ein breites Spektrum fachlichen und informationsmethodischen Wissens, um die gesamte Palette der zur Verfügung stehenden Informationsmöglichkeiten effektiv nutzen zu können. Neben die traditionellen Werkzeuge der Informationsbeschaffung wie bibliothekarische, dokumentarische und informelle Informationsquellen sind heute zunehmend neue Verfahren der elektronischen, computer-gestützten und technisch realisierten Informationsbereitstellung getreten [STRIZICH 1988]. Die zahlreichen und sehr unterschiedlichen Zugangsverfahren zu konventionellen Wissensquellen und modernen Fachinformationsbeständen haben die Informationsbeschaffung in den letzten Jahrzehnten zwar nicht einfacher, wohl aber schneller und effizienter gemacht.

Zur Methodik der umfassenden Informationsrecherche, die als zentraler, wenn auch nicht als wichtigster Teil einer Informationsdienstleistung anzusehen ist, gehört die Kenntnis der Fachinformationsorganisation und des Informationszugangs ebenso wie die Fähigkeit, Informationsretrievalsysteme zu bedienen, effiziente Recherchestrategien zu entwickeln oder problemspezifische Informationen zu identifizieren und zu verarbeiten. Es muß jedoch berücksichtigt werden, daß die Informationsangebote und technischen Dienstleistungen, die heute von Datenbankproduzenten und -hosts bereitgestellt werden, in vielen Fällen nicht den eigentlichen Informationsbedürfnissen der Informationsberater und ihrer Klientel entsprechen. Die ausschließliche Informationsbeschaffung aus Datenbanken ist in der Regel nicht ergiebig genug, um komplexe Informationsprobleme lösen zu helfen.

Nach wie vor nimmt bei der Beschaffung von problemrelevanten Informationen die informelle Anfrage bei Experten, Institutionen und anderen Informationsagenturen für den Informationsberater einen wichtigen Stellenwert in seinem / ihrem Recherchekalkül ein. Auch wenn sich die neuen Möglichkeiten der technischen Informationsbeschaffung als Instrument zur Qualifizierung und Rationalisierung des Informationszugangs gut eignen, so wird deren rein subsidiärer Charakter oft nicht ausreichend erkannt und berücksichtigt [vgl. INFORMATIONSDIENSTLEISTUNG 1990].

2.1.3 Informationsverdichtung

Der Nachweis isolierter Daten, das Auffinden einzelner Fakten, die Recherche nach Referenzen und Primärinformation oder die Beschaffung von Originaldokumenten reichen in der Regel nicht aus, um den Informationsbedarf anfragender Klienten befriedigen zu können. Je nach Art der Anfrage und Vorkenntnis des Klienten müssen recherchierte Daten zu anwendbaren und nützlichen Informationen komprimiert werden. Insbesondere beim Transfer wissenschaftlicher Ergebnisse und fachspezifischer Informationen in stärker anwendungsorientierte Bereiche kann die inhaltliche Verdichtung, die fachsprachliche Übersetzung und die wirkungsbezogene Aufbereitung von Rechercheergebnissen wesentlich zur Erfolgswirkung einer Informationsdienstleistung beitragen.

Der erforderliche Aufbereitungsgrad der Recherche für einen Klienten hängt dabei von mehreren Faktoren ab: die wissenschaftlichen oder fachlichen Vorkenntnisse des Klienten, sein Auffassungsvermögen und seine Rezeptionsbereitschaft, die Zielsetzung und der Verwendungszweck der Recherche sowie die inhaltliche Struktur des zugrundeliegenden Problems sollten bei der Präsentation und Gestaltung des Rechercheergebnisses ebenso berücksichtigt werden wie die ökonomischen Faktoren Arbeitsaufwand für die Dienstleistung, Verfügbarkeit von Informationsressourcen, zeitliche Rahmenbedingungen und Kosten-/ Nutzenkalkulationen. Nach ihrem Komplexitätsgrad und nach ihrer Zielsetzung können funktionale Informationsdienste in drei unterschiedliche, aber nicht eindeutig voneinander abzugrenzende Kategorien unterteilt werden:

Die *synthetische Informationsdienstleistung* stellt die aufgrund einer spezifischen Anfrage recherchierten Daten zu problemorientiert strukturierten Informationssammlungen zusammen. Das Rechercheergebnis ermöglicht dem Nutzer eine systematische Orientierung in dem recherchierten Fachgebiet; eine grundlegende Lösung spezieller Informationsprobleme kann mit einer synthetischen Recherche nicht erreicht, allenfalls vorbereitet werden. Zu den synthetischen datenbank-gestützten Informationsdienstleistungen ist das Information Brokerage oder die online-bezogene Informationsvermittlung zu rechnen [vgl. HUBER 1983; WHITE 1980]. Im konventionellen Informationsbereich werden dokumentarische Auskunftsdienste, bibliothekarische Dienstleistungen oder fachlich bzw. sektoral gebundene Clearing-Stellen dazugezählt. Als neuere Entwicklung im Bereich synthetischer Informationsdienstleistungen ist die Entstehung sogenannter Mehrwert-Informationsdienste (value-added information services) zu beobachten, die mittels formaler und struktureller Transformation von recherchierter Fachinformation ein Informationsprodukt erstellen, das von einer größeren Zielgruppe unmittelbar als Informationsquelle genutzt werden kann [vgl. SCHLIEKER 1988; TAYLOR 1986]. Als Beispiele für synthetische Mehrwert-Informationsdienste können fachjournalistisch aufbereitete Kurzinformationen aus Datenbanken, es können Softwareprodukte mit einem implementierten und regelmäßig aktualisierten Fachinformationsanteil oder auch thematisch selektierte und aktuell zusammengestellte Informationspakete aus Originaltexten, Statistiken, Graphiken und Literaturhinweisen aufgeführt werden.

Die *synoptische Informationsdienstleistung* hat das Ziel, zu einem oft interdisziplinären Forschungsgebiet, zu einer fachübergreifenden Fragestellung oder zu einem spezifischen Verfahrensproblem eine aktuelle Wissensübersicht zu geben, die den anfragenden Wissenschaftler, Techniker oder Manager in die Lage versetzt, anhand einer fachlichen Positionsbestimmung eigene Arbeiten und Zielsetzungen besser dem gegebenen Stand des Wissens anpassen zu können. In Form von Literaturberichten, Fortschrittsberichten, Stand-der-Technik-Übersichten oder thematischen Sachstandsvergleichen bieten komplexe Informationssynopsen ein Orientierungswissen an, mit dem Einzelfragen in einen umfassenderen Sach- und Sinnzusammenhang eingeordnet werden können [RODWELL 1987]. Prädestinierte Anwendungsgebiete für solche Informationsdienste sind beispielsweise der Bereich der Innovationsförderung oder das Technology Assessment [COENEN / PASCHEN 1978].

Die *analytische Informationsvermittlung* verdichtet recherchierte Daten zu Expertisen, thematischen Studien und wissenschaftlichen Analysen, die auf der Grundlage der Fakten- und Literaturlage neue Erkenntnisse und mögliche Problemlösungen formulieren; diese Form der Wissensaufbereitung und -verarbeitung gilt als wichtiges Element im Wissenstransfer und bereitet oft weitere beratungsbezogene Dienstleistungen vor.

2.1.4 Umsetzung und Anwendung

Die Übertragung von Forschungs- und Entwicklungsergebnissen in die Anwendungspraxis ist die eigentliche Funktion jener Informationsdienstleistungen, die in den Bereichen Technologie-, Innovations- und Wissenschaftstransfer angesiedelt sind. Im Gegensatz zu funktionalen Diensten der selektiven Informationsverbreitung, deren Aufgabe mit der Erstellung eines individuell erarbeiteten Informationsergebnisses abgeschlossen ist, zeichnen sich Dienstleistungen im Informationstransfer dadurch aus, daß sie ihre Klienten bei der Umsetzung und Anwendung recherchierter Fachinformation beraten und unterstützen.

Die Übersetzung von Wissensstrukturen von einer Fachsprache in eine andere, die Überführung von Daten, Fakten und Informationen in praxisrelevantes Handlungswissen und die konkrete Hilfestellung zur Anwendung der ermittelten Kenntnisse sind als bestimmende Komponenten der beratungsorientierten Informationsdienstleistung zu sehen [GARVIN 1983]. Unternehmensberatungen, Technologieberater, Mitarbeiter von Innovationsberatungsstellen, Management

Consultants aber auch Patentanwälte und Steuerberater können in diesem Sinne als Informationsdienstleister im Innovationstransfer bezeichnet werden. Der Modellversuch hat unter anderem gezeigt, daß in der Technologie- und Innovationsberatung die systematische Informationsbeschaffung durch Online-Dienste zunehmend genutzt wird, um das bereits bestehende beratungs- und informationsbezogene Dienstleistungsangebot erweitern, rationalisieren und verbessern zu können.

2.2 Das Verhältnis von Innovation und Fachinformation

Die Nutzung fachlicher Information gilt als notwendige Bedingung, aber auch als Funktion innovativen Handelns. In Gewerbe und Industrie werden Fachinformationen als Entscheidungs- und Legitimationsgrundlage für innovative Produkt- und Verfahrensentwicklungen, für Diversifikationsprozesse oder für neue Marketingstrategien benötigt - erfolgreiche Innovationsprozesse im Unternehmen führen wiederum zu einer Ausweitung der Informationsbedürfnisse und zu einer gesteigerten Informationsnutzung [vgl. WOLF / HENSLER 1988].

Innovationsbereitschaft und Innovationsaktivität mittelständischer Wirtschaftsbetriebe sind im wesentlichen eine Funktion der informationellen Kompetenz der Unternehmensleitung sowie der Verfügbarkeit von strategischem Handlungswissen im innerbetrieblichen Entscheidungsprozeß. Eine hohe Akzeptanz und eine intensive Nutzung von naturwissenschaftlich-technischer und von patent- oder wirtschaftsbezogener Fachinformation gelten dabei als wichtige, wenn auch nicht als einzige Voraussetzung für die wettbewerbsorientierte Weiterentwicklung innovativer Unternehmen. Zunehmende Bedeutung für die Unterstützung unternehmerischen Innovationshandelns gewinnt auch die Bereitstellung von betrieblich-technischen Beratungsleistungen, von Hinweisdiensten auf externe Wissensressourcen und von Auskunftsfunktionen zu Fragen der betrieblichen Orientierung in den Bereichen Organisation, Marketing und Management. Es ist abzusehen, daß insbesondere nach Vollendung des EG-Binnenmarktes neben der Beantwortung wissenschaftlich-technischer Fragestellungen verstärkt die Klärung von Informationsproblemen nachgefragt wird, die sich aus den geänderten marktwirtschaftlichen, wirtschaftsrechtlichen, verwaltungstechnischen und betriebsorganisatorischen Rahmenbedingungen ergeben.

Die zu erwartende Intensivierung der europaweiten Zusammenarbeit von wissenschaftlich-technischen Institutionen und beratenden Dienstleistungsunternehmen mit Betrieben aus der mittelständischen Wirtschaft führt jedoch gleichzeitig zu einem größeren Koordinationsbedarf im Hinblick auf Kooperationsanbahnungen und -abwicklungen und zu einem größeren Bedarf an Informationstransferleistungen. Geeignete Maßnahmen zur Unterstützung von Institutionen und Dienstleistungsunternehmen, die die Bereitstellung und den Transfer von innovationsfördernden Informationen übernehmen, können dabei einen wichtigen Beitrag zur rationelleren Abwicklung, zur Beschleunigung und Effizienzsteigerung des Technologietransfers innerhalb Europas leisten.

Untersuchungen der letzten Jahre im Bereich der Fachinformationsversorgung für kleine und mittlere Unternehmen haben erkennen lassen, daß mittelständische Betriebe den bereits bestehenden oder neu etablierten Vermittlungsdiensten für fachliche Information ein geringeres Interesse entgegenbringen als erwartet. Nach wie vor begnügt sich der überwiegende Anteil kleiner und mittlerer Unternehmen sowie der Handwerksbetriebe mit bekannten und bewährten Informationsbeschaffungsstrategien [PIEPER 1986; SZYPERSKI u. a. 1982]. Als Problemursache, warum die direkte Nutzung elektronischer Fachinformation durch kleine und mittlere Unternehmen auf schwer zu überwindende Akzeptanzbarrieren trifft, lassen sich sechs eng miteinander verknüpfte Gründe angeben [vgl. WELLEMS 1990]:

1. Ein Bedarf an elektronisch vermittelter Fachinformation im Bereich der mittelständischen Wirtschaft und des Handwerks ist kaum beobachtbar, weil die bestehenden Informationsmedien und -kanäle in diesem Bereich als ausreichend angesehen werden.

2. Die Situationen, in denen innovative Betriebe ein aktuelles Fachinformationsbedürfnis haben, treten zu selten und zu sporadisch auf, um die Unternehmen an die Nutzung von Informationsvermittlungsdiensten gewöhnen zu können.

3. Die Ergebnisse der Online-Informationsvermittlung können von den Unternehmen oft nicht verwertet werden, da sie wegen der ungeeigneten formalen Gestaltung (EDV-Ausdrucke, bibliographische Nachweise, Datenbankstruktur der Information, Fremdsprache) auf Ablehnung stoßen oder aufgrund unangepaßter inhaltlicher Präsentation (Wissenschaftssprache, fehlender Problembezug) nicht unmittelbar in betriebliche Problemlösungen umgesetzt werden können.

4. Die privaten Anbieter von Informationsdienstleistungen genießen bei den potentiellen Nutzern aus dem KMU-Bereich in der Regel nicht das erforderliche Vertrauen, das den Beratern bei Kammern und Verbänden von den Betrieben entgegengebracht wird.

5. Die Bereitschaft (nicht nur) in der mittelständischen Wirtschaft, die Leistung von Fachinformationsdiensten aufwandsgerecht zu vergüten, ist eher gering, da hier wie in vielen anderen Bereichen auch, der Markt für fachlichen Informationsaustausch traditionellerweise über informationelle Tauschprozesse geregelt wird, bei denen die Steuerung durch Geldmittel kaum eine Rolle spielt.

6. Statt des isolierten Tatsachen- und Faktenwissens, das die derzeitige Fachinformationsvermittlung anzubieten hat, benötigt das innovative Unternehmen zur wettbewerbsorientierten Weiterentwicklung grundlegendes Orientie-

rungswissen, verläßliche Handlungsempfehlungen sowie erfahrungsgeprüfte und bewertete Fachinformationen.

Die Entwicklung und Bewertung zukünftiger Maßnahmen zur Unterstützung unternehmerischer Informationsstrategien sollte aus diesen Gründen intensiver als bisher die beobachtbaren Informationsbedarfsstrukturen im KMU-Bereich berücksichtigen [vgl. KEMMLER / KRÜGER / RASCHKE 1979]. Dabei muß die bedarfsgerechte Gestaltung von innovationsunterstützenden Informationsangeboten stärker in den Vordergrund gestellt werden.

2.3 Online-Information und Fachinformationsversorgung

Technischen Informationssystemen wird in der aktuellen Diskussion um Wissenstransfer, Fachinformationsversorgung und Innovationsförderung in der Regel ein großer Stellenwert beigemessen [vgl. RATZEK 1989]. Die tatsächliche Bedeutung solcher Systeme für die Abwicklung fachlicher Kommunikationsprozesse scheint dabei jedoch ebenso überschätzt zu werden wie die Möglichkeiten, die eine intensivierte Nutzung von Fachinformationssystemen, Faktendatenbanken und computergestützten Wissensspeichern in Zukunft für den Wissenstransfer und die Innovationsförderung bieten können [BRÄUNLING 1982, S. 156].

Zu oft wird übersehen, daß das zur Zeit in online-abrufbaren Datenbanken repräsentierte Fachinformationsangebot nicht auf die Informationsbedürfnisse von Nutzern aus Wirtschaft und Verwaltung zugeschnitten ist. Auch wenn wirtschaftliche, technologische oder organisatorische Schwierigkeiten oft auf Informationsprobleme zurückgeführt werden können, so ist die ausschließliche Nutzung datentechnisch vermittelter Informationsangebote kaum dafür geeignet, die Lösungen der Probleme direkt zu bewirken. Zwei Faktoren sind dafür ausschlaggebend: Zum einen wird oft vergessen, daß Datenbanken lediglich den Informationsrohstoff liefern, der durch intelligente Weiterbearbeitung und problemorientierte Veredelung zu einem Informationsprodukt verarbeitet werden kann, das zur Problemlösung beitragen hilft. Zum anderen entspricht die Qualität, die Vollständigkeit und die Strukturierung des Fachinformationsangebotes bei weitem nicht den Informationsbedürfnissen, die in Industrie, Gewerbe oder Handwerk vorherrschen [vgl. KÜCHLIN / SCHMIDT / THOMALLA 1990; THOMALLA 1991; SAMULOWITZ 1989].

Besser als die Idee des auf wissenschaftliche Ansprüche zugeschnittenen technischen Informationssystems scheint das Konzept der Informationsagentur geeignet, den Ansprüchen des fachübergreifenden und anwendungsorientierten Wissenschaftstransfers gerecht zu werden [WERSIG 1982]: Informationsagenturen im Wissenschaftstransfer können als Unternehmensberatungen oder Gründer- und Technologiezentren auftreten, sie können als Innovationsberatungsstellen oder Technologie-Transferstellen arbeiten, und sie sind in Industrie- und Handelskammern, Wirtschaftsverbänden und berufsständischen Vertretungen angesiedelt. Diesen etablierten Institutionen, Instanzen und Akteuren des Wissenschaftstransfers ist gemeinsam, daß sie über gute und bewährte Kontakte zu institutionellen und informellen Wissens- und Know-how-Quellen aller Art verfügen und (anders als bei der Konsultation eines technischen Informationssystems) ihre Beratungs- und Auskunftsleistungen auf die Bedürfnisse ihrer anfragenden Klienten einstellen.

Im Bereich von Wirtschaft und produzierendem Gewerbe ist hingegen ein Informationsverhalten zu beobachten, das häufig den schriftlichen die mündlichen Formen des Informationsaustauschs vorzieht [vgl. HAUSCHILDT 1989]. Obwohl sich Unternehmen anhand einer verhältnismäßig breiten Palette von Informationsquellen unterrichten, ist bemerkenswert, daß über die verschiedenen Betriebsgrößen und Branchen hinweg die Anstöße zu Entwicklungen

und Anwendungen viel häufiger durch persönliche Kontakte und durch gezielten Personaltransfer ("verkörpertes Wissen" [STREIT 1986, S. 64]) als durch
schriftliche Informationen erfolgen. Hinzu kommt, daß in der Bundesrepublik
das Netz nicht-kommerzieller Beratungs- und Informationsdienstleistungen der
Verbände und Kammern, der öffentlichen Hand und anderer Institutionen so
gut ausgebaut ist, daß der Bedarf für die Nutzung von Datenbankdiensten relativ gering bleibt. Im Geflecht der Kommunikationsbeziehungen, Wissensquellen, Datenkanäle und Informierungsmöglichkeiten, die dem Informationssuchen-
den heute zur Verfügung stehen, übernehmen Datenbanken und Informationssysteme die Funktion beweglicher und selektierender Fenster in die Landschaft
des wissenschaftlich-technischen Wissens [SCHMIDT 1990c] (vgl. Abb. 5).

Schriftlich fixierte Ergebnisse der Wissenschaftsproduktion werden gewissermaßen durch die stark getönten Linsen der Datenbankrepräsentation gebün-

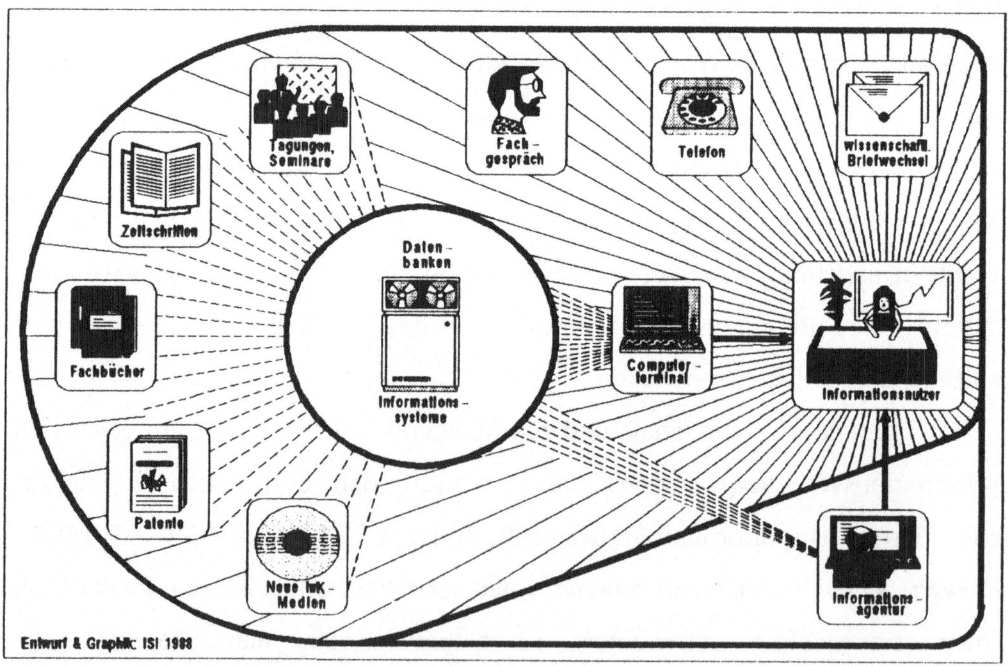

Abb. 5: Informationssysteme im Wissenstransfer

delt und gefiltert; ihre Inhalte können nur als schematische Skizzen der ursprünglichen Texte und Fakten betrachtet werden. Die Fokussierung von Wissensausschnitten im Computerterminal führt oft zu der Fehleinschätzung, die Nutzung von Datenbankinformationen könnte den Gebrauch der dahinterstehenden konventionellen Informationsmittel weitgehend ersetzen. Tatsächlich fehlt den in Datenbanken gespeicherten Daten und Referenzen aber jene Informationsqualität, durch die Daten zu Wissen werden. Diese ergänzenden Hinweise zum Umfeld, zur Einordnung, zur Bewertung, zur Anwendung und zur Qualität von Fachinformation können jedoch über personelle Kommunikation transportiert werden. Gerade der Experte in einer Informationsagentur für Wissenschaftstransfer trägt also entscheidend dazu bei, daß die in Datenbanken recherchierten Informationen in einen sinnvollen Verständnis- und Verwertungszusammenhang gebracht und anwendungsnah präsentiert werden.

Eine intensivere Inanspruchnahme von Datenbanken oder Informationsvermittlern durch innovationsorientierte Firmen in der mittelständischen Wirtschaft erfolgt zur Zeit nicht; der 'information push' der modernen Informationsindustrie trifft auf keinen vergleichbaren 'information pull' bei kleinen und mittleren Unternehmen. Staatliche Innovationspolitik war lange Zeit von der Vorstellung bestimmt, das im Wissenschaftsbereich produzierte und wirtschaftlich anwendbare Wissen bilde eine ungenutzte 'Technologiehalde', so daß es lediglich gezielter Transferanstrengungen bedarf, um "den wissenschaftsinternen Informationsstrom anzuzapfen und innovationsfördernd in die Wirtschaft zu lenken" [STREIT 1986, S. 67]. Die Erfahrungen der letzten Jahre haben aber deutlich gemacht, daß Fachinformation nur ein Faktor unter vielen anderen ist, die in ihrer Gesamtheit die Grundlage und Voraussetzung für innovative Prozesse in Wissenschaft und Wirtschaft bilden.

In dem komplexen Zusammenspiel von ökonomischen Sachzwängen, marktorientierten Einschätzungen, unternehmerischen Entscheidungen und zukunftsweisender Technologieanwendung, die innovative Wirtschaftsentwicklungen ausmachen, kann der Wissenschafts- und Informationstransfer einen bedeutenden Beitrag zur Entwicklung neuer Produkte, neuer Produktionstechniken und neuer Produktionsstrategien leisten. Da wissenschaftliche Information in der Regel jedoch der anwendungsbezogenen Umformung und Interpretation bedarf, stützt sich Wissenschaftstransfer auf Institutionen, die Umsetzung wissenschaftlicher Kenntnisse in wirtschaftliche Problemlösungen beratend begleiten.

Datenbanken und technische Informationssysteme dienen den Beratungsagenturen als unterstützendes Hilfsmittel, mit dem die weltweit zur Verfügung stehenden Ressourcen an wissenschaftlichen Ergebnissen und Erfahrungen problemspezifisch und anwendungsorientiert durchforstet und selektiert werden können. Dabei liefern Datenbanken lediglich die Nachweise wissenschaftlicher Literaturstellen, die wiederum nur mittelbar Hinweise auf die angestrebten Problemlösungen enthalten. Der Vorteil der Datenbanknutzung liegt dabei in der zeitsparenden und im Vergleich mit konventionellen Recherchemethoden kostengünstigen Möglichkeit, Informationen von hoher Aktualität aus einer Vielzahl von Quellen herausfiltern und zusammenstellen zu können.

Trotz der umfassenden Dokumentation wissenschaftlich-technischer Fachinformationen bleibt der Weg von der wissenschaftlichen Idee über die Fachliteratur oder den Personaltransfer bis zur innovativen Lösung anstehender Wirtschaftsprobleme ein langwieriger Prozeß mit vielen Zwischenstationen. "Die Euphorie, Datenbankwissen mache jedes Unternehmen innovativ, klingt ab ..." [WERSIG 1982], und es setzt sich allmählich die Erkenntnis durch, daß technisch vermittelte Fachinformation zwar ein wichtiges und nützliches, aber auch nur ein unterstützendes und begleitendes Hilfsmittel des Wissenschaftstransfers bleiben werden. Deshalb schadet eine zu begeisterte Einschätzung der neuen Möglichkeiten elektronischer Informationsbeschaffung ebenso sehr wie übersteigerte Ressentiments gegenüber der neuen Informationstechnologie.

2.4 Situation der Fachinformation vor dem Modellversuch

Das zunehmend verbesserte Angebot an Literatur-, Volltext- und Faktendatenbanken, in denen elektronisch gespeicherte Fachinformation recherchiert werden kann, hat in den letzten Jahren dazu geführt, daß Institutionen, Organisationen, Unternehmen oder freiberuflich Tätige Dienstleistungen anbieten, die die Beschaffung und Weitergabe solcher Online-Informationen zum Gegenstand haben. Die Zahl der für Wissenschaft und Wirtschaft angebotenen Online-Informationsvermittlungsdienste bzw. -stellen ist in den letzten Jahren stetig gewachsen [vgl. BERNHARDT 1980]. Anfang 1986, also vor Beginn des Modellversuchs Informationsvermittlung, arbeiteten in der Bundesrepublik Deutschland rund 200 solcher Informationsvermittlungsstellen (IVS) (vgl. Abb. 6).

Von insgesamt 212 bestehenden IVS, die 1986 im Rahmen einer ISI-Befragung untersucht wurden, konnten 189 Stellen als öffentlich zugängliche IVS identifiziert werden. Die damals existierenden IVS wurden nach der institutionellen Zugehörigkeit, nach dem Anteil interner und externer Rechercheaufträge und nach der Anzahl der durchgeführten Recherchen pro Jahr gefragt.

Nach der Erhebung von 1986 waren rund die Hälfte (97) der bestehenden IVS im Bereich öffentlicher Forschung und Entwicklung angesiedelt, und ein Drittel der Stellen (60) wurde von wirtschaftsnah arbeitenden Institutionen wie Industrie- und Handelskammern, Verbänden, Wirtschaftsförderungseinrichtungen, Fachinformationszentren oder öffentlichen und nichtkommerziellen Institutionen der Technologie- und Innovationsberatung unterhalten. Nur 16,7 % der zu diesem Zeitpunkt bestehenden IVS zählten zum privaten Dienstleistungsbereich; der überwiegende Teil dieser Gruppe bezeichnete sich damals als Information Broker, also als kleines selbständiges Informationsvermittlungsunternehmen, das im Kundenauftrag in Online-Datenbanken recherchiert.

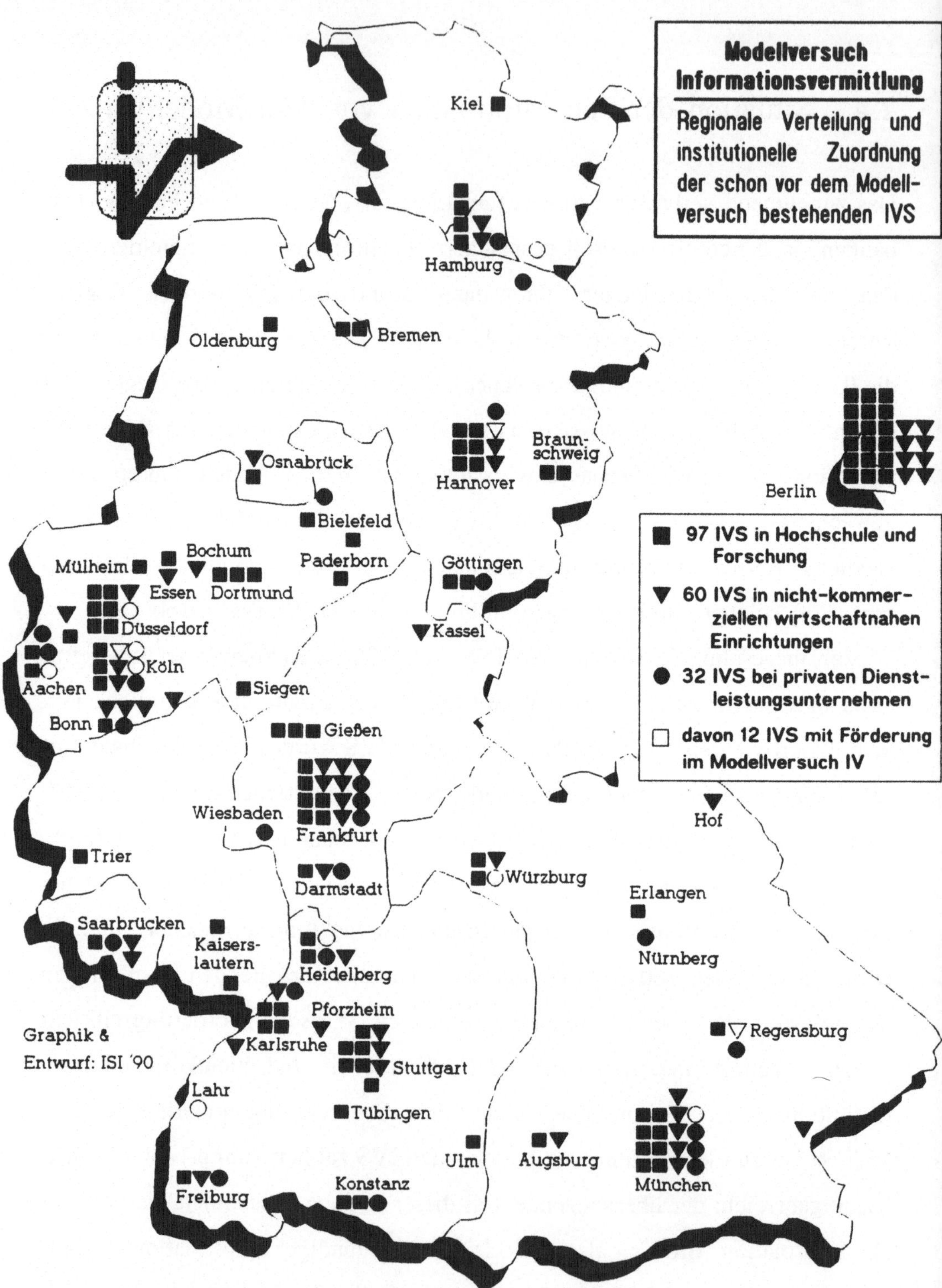

Abb. 6: Verteilung der vor dem Modellversuch bestehenden IVS

Den 157 auswertbaren Antworten der Untersuchungsmenge ließ sich entnehmen, daß 36 % der damals bestehenden IVS überwiegend für interne Zwecke recherchierten und daß 52 % der IVS vorwiegend externen Nachfragern nach Online-Recherchediensten zur Verfügung standen. Der Rest der Stellen bestand aus intern konzipierten IVS bei meist privaten Industrieunternehmen und Forschungsinstitutionen, die in einigen Fällen jedoch auch von externen Anfragern in Anspruch genommen werden konnten.

Von den 157 im Jahre 1986 befragten IVS machten 8 Stellen keine Angaben über die Anzahl der von ihnen durchgeführten Online-Recherchen. Für die übrigen auswertbaren Antworten ergab sich folgende Verteilung:

- 2 IVS (1 %) lagen im Jahr unter 10 Recherchen;
- 41 IVS führten jährlich 11 bis 100 Recherchen durch;
- mit 66 Stellen (44 %) lag der größte Teil bei einem jährlichen Rechercheaufkommen von über 100 und unter 500;
- 23 IVS (16 %) gaben an, zwischen 501 und 1.000 Recherchen im Jahr zu bearbeiten;
- 12 IVS (8 %) lagen bei jährlichen Recherchezahlen zwischen 1.001 und 3.000 und
- 5 Stellen versicherten eine Jahresrecherchezahl über 3.000.

Die zu diesem Zeitpunkt bestehenden Informationsvermittlungsstellen konzentrierten sich im wesentlichen auf Ballungsgebiete und Regionen mit einem dichten Industriebesatz. Nur wenige dieser Stellen waren fachlich spezialisiert (z. B. auf Spezialgebiete der Informationsvermittlung wie Patente, Recht oder Umwelt). Die Befragung von 1986 zeigte weiterhin, daß z. B. Beratungsunternehmen, die produktionsnahe oder innovationsorientierte Dienstleistungen anboten (Ingenieurbüros, private Forschungsinstitute, Patentanwälte, Architekten u. a.), manchmal die Dienste von Informationsvermittlungsstellen nutzten, in der Regel jedoch keine eigene Online-Recherchestation unterhielten.

3 Implementierung

Die vor dem Modellversuch realisierten Förderprogramme der Bundesregierung und der zuständigen Ministerien sahen nur punktuelle Aktivitäten im Bereich der Informationsvermittlung und -beratung vor. Zum Zeitpunkt der Bekanntmachung über die Förderung eines Modellversuchs Informationsvermittlung war für alle Beteiligten offensichtlich, daß mit dem Förderprogramm in eine sensible Diskussion über Zuständigkeiten und Wettbewerbsfragen eingegriffen wurde. Dabei standen nicht in erster Linie die Kompetenzabgrenzungen zwischen Bund und Ländern oder zwischen den einzelnen Bundesressorts zur Debatte, sondern die schon im Vorfeld des Fachinformationsprogramms der Bundesregierung geführte Diskussion über den Wettbewerb zwischen öffentlich geförderten und privat getragenen Informationsvermittlungsstellen. Das damalige (wie das derzeitige) Fachinformationsprogramm sah den Schwerpunkt privater Informationsvermittlung "im Angebot aufbereiteter Recherchen im Rahmen von umfassenden Beratungsdienstleistungen, während öffentlich geförderte Stellen sich auf die Vermittlung von unaufbereiteten Recherchen beschränken und übergreifende Markterschließungsfunktionen übernehmen sollten" [GATH 1987, S.14].

In der Bekanntmachung zum Modellversuch war deutlich gemacht worden, daß die Privatinitiative selbständiger Dienstleistungsunternehmen bei der Vermittlung von Online-Recherchen gestärkt werden sollte. Öffentlich geförderte Einrichtungen wie Kammern, Verbände oder Institutionen des Technologie-Transfers wurden nachrangig genannt. Forschungs- und Hochschulinstitute bildeten im Modellversuch eine dritte Zielgruppe, bei denen sich die Informationsvermittlung nur auf die Versorgung der eigenen Wissenschaftler und Studenten beschränken sollte.

3.1 Bekanntmachung und Mobilisierungseffekte

Mit dem Modellversuch wurden im Bereich staatlicher Fachinformationsförderung völlig neue Erfahrungen gesammelt. Ein ähnliches breitenwirksames Programm dieses Umfangs hatte es vorher nicht gegeben, und deshalb konnten über den zu erwartenden Ausgang und die Wirkungen des Versuchs kaum Voraussagen gemacht werden. Ebenso ungewiß war es, welche und wieviele Institutionen und Unternehmen sich für eine Teilnahme am Modellversuch interessieren würden. Die von Januar bis Mai 1986 terminierte Vorlaufphase zielte deshalb darauf ab, den Modellversuch in breitem Umfang bekannt zu machen, förderberechtigte Interessenten gezielt zur Antragstellung zu motivieren und Antragsteller bei der Abfassung ihrer Förderanträge sowie bei der Klärung von personellen, fachlichen oder technischen Voraussetzungen zu beraten.

Zur Erreichung dieser Ziele wurden folgende Maßnahmen ergriffen:

- Durch Hinweise in Fachzeitschriften und in Verbandspublikationen wurden Industrie- und Handelskammern, Architektenkammern und bestehende Informationsvermittlungsstellen (IVS) auf breiter Basis informiert.

- Durch das ISI wurden zusätzlich folgende Interessentengruppen informiert:
  - ca. 200 chemische Institute der Hochschulen,
  - ca. 180 Fraunhofer- und Max-Planck-Institute,
  - ca. 225 Wirtschaftsverbände,
  - ca. 270 Technologie-Transferstellen und Gründerzentren,
  - ca. 70 Gewerbeaufsichtsämter,
  - ca. 570 private Unternehmensberater,
  - 75 Patentberichterstatter und -auslegestellen,
  - 15 Gewerkschaftseinrichtungen
  - ca. 155 Einrichtungen der Wirtschaftsförderung.

Im Anschluß an die Verbreitung der Bekanntmachung über den Modellversuch in der Fachpresse und nach der gezielten Ansprache von rund 1.700 potentiellen Antragstellern wurden während der Dauer der Ausschreibung rund 400 Interessenten detailliertere Informationen zum Modellversuch zugeschickt. Zuletzt gingen 385 Anträge ein. Während ca. zwei Drittel der Anträge aus dem privatwirtschaftlichen Bereich kamen, verteilte sich der Rest zu etwa gleichen Teilen auf Einrichtungen aus Wissenschaft und Forschung und auf wirtschaftsnah arbeitende Institutionen. Einigen Interessenten mußte von der Antragstellung abgeraten werden, weil sie entweder als produzierende Unternehmen nicht antragsberechtigt waren oder in ihrem Antrag nicht erkennnen ließen, daß sie schwerpunktmäßig nach naturwissenschaftlich-technischen Fachinformationen recherchieren wollten.

Die Verteilung der Anträge auf die drei in der Bekanntmachung hervorgehobenen Kategorien decken in regionaler, institutioneller und fachlicher Hinsicht ein weites Spektrum ab (vgl. Abb. 7), so daß - angesichts beschränkter Haushaltsmittel - die Auswahl der für den Modellversuch am besten qualifizierten Anträge ein aufwendiges Beurteilungsverfahren erforderlich machte. Die hohe Resonanz auf die Bekanntmachung führte zu einigen Modifikationen im Förderkonzept und dazu, daß das Fördervolumen auf 18 Mio. DM aufgestockt wurde (vgl. GATH 1987). Für Hochschulinstitute wurde ein besonderes Förderkonzept entwickelt, in dem der Umfang der Förderung auf ca. die Hälfte der bekanntgegebenen Höchstsätze begrenzt wurde. Damit wurde unter anderem berücksichtigt, daß in Hochschul-IVS kein Bedarf für die Unterstützung umfangreicher Marketingmaßnahmen entsteht. Ein anderes spezifisches Modell wurde für den Patentbereich entwickelt, da erwartet wurde, daß bei Patentanwälten die Online-Recherche die vorherrschend konventionelle Recherchetechnik weitgehend ersetzt. Daher wurden in diesem Bereich finanzielle Zuwendungen auf Fördermittel für Sach- und Investitionsausgaben begrenzt.

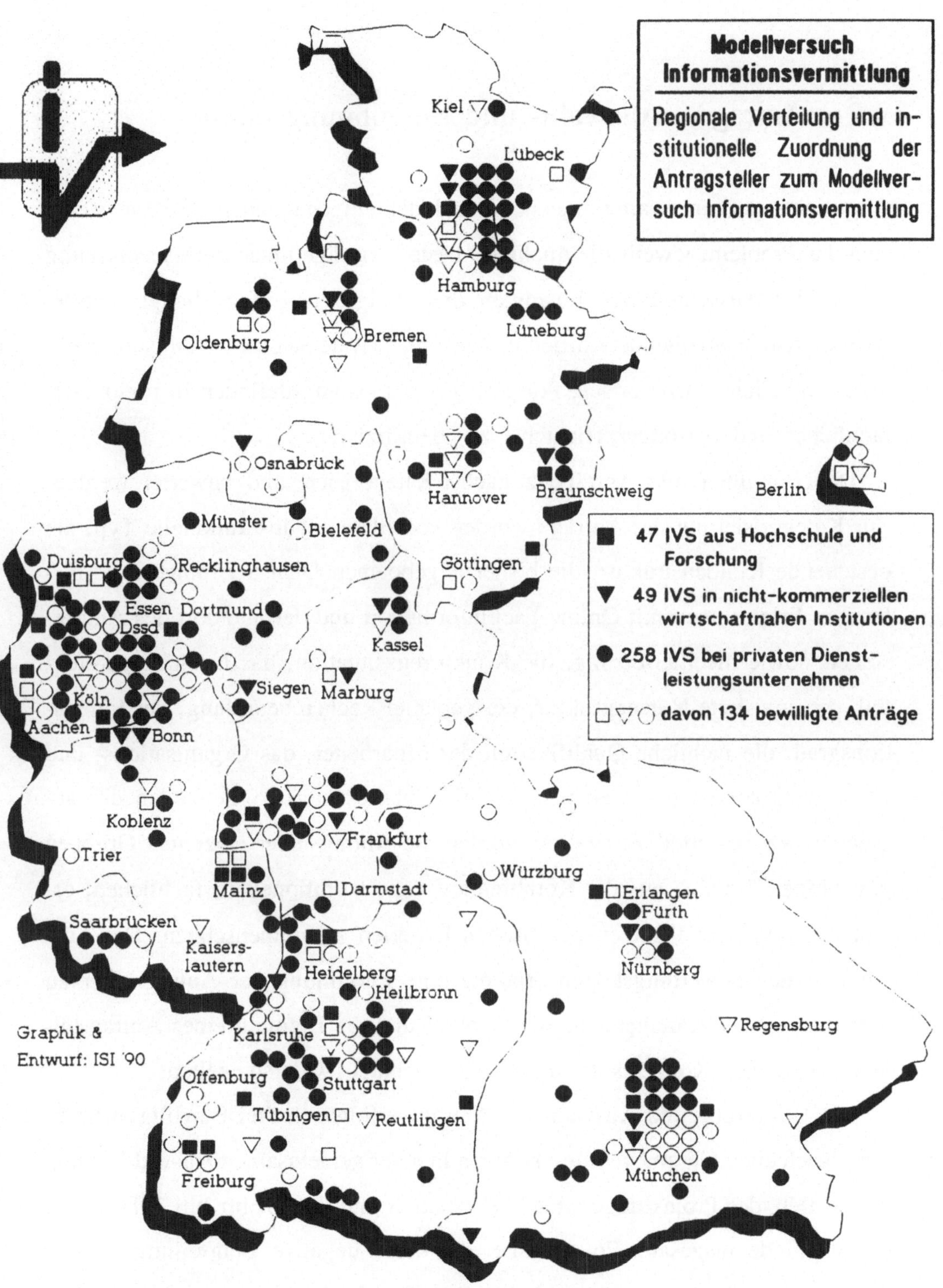

Abb. 7: Regionale Verteilung der Antragsteller

3.2 Antrags-, Auswahl- und Bewilligungsphase

Angesichts der unerwartet hohen Anzahl der eingegangenen Anträge stellte sich das Problem, jeweils die qualitativ besten Anträge unter Berücksichtigung der in der Ausschreibung genannten drei Zielgruppen (Forschungsinstitute, wirtschaftsnah arbeitende Einrichtungen und private Dienstleistungsunternehmen) und Ziele (insbesondere Ausgleich von Leistungsdefiziten in regionaler, fachlicher und sektoraler Hinsicht) zu identifizieren.

Daher mußten alle Anträge zunächst kategorisiert und bewertet werden. Zur Kategorisierung der Anträge wurden vor allem der institutionelle Typ, die bestehende Kundenstruktur, die bisher angebotenen Dienstleistungen, die bisherigen Erfahrungen mit Online-Fachinformation und der Standort des Antragstellers sowie die Zielsetzung, die Konkurrenzsituation, das Nachfragepotential, die anvisierte Nutzerstruktur, der geplante Rechercheumfang, der Innovationsgrad, die fachliche Qualifikation der Mitarbeiter, das Organisations- und Marketingpotential der Stellen sowie die Entwicklungsmöglichkeiten der geplanten IVS bewertet. Zusätzlich wurden die Antragsteller einzelnen Gruppen zugeordnet, die sich aus der Kombination von institutionellen, fachlichen, organisatorischen und nutzer-spezifischen Kriterien zusammensetzten. Die Auswertung der Bewertungsbögen erlaubte eine Zuordnung der Antragsteller zu insgesamt sechs Tranchen, die die Qualität und die Eignung eines Antragstellers und seines Konzepts für den Modellversuch widerspiegelten.

Die Bewertung und Auswahl der Anträge erfolgte in drei Bewilligungsrunden. Nach einer Gesamtsichtung konnten in einer gemeinsamen Auswahlsitzung des BMFT, des Projektträgers Fachinformation und des ISI im Juli 1986 in der ersten Runde insgesamt 76 Anträge, die keine negative Beurteilung bei der Abschätzung des Potentials und der Qualifikation der Stelle aufwiesen, als förderungswürdig eingestuft werden. In der zweiten Runde wurden 26 Anträge bewilligt, die zwar als qualitativ gut anzusehen waren, bei denen jedoch noch eine Klärung zu formalen und inhaltlichen Aspekten vorgenommen werden mußte. Bei einer Reihe entweder lückenhafter oder widersprüchlicher Anträge, die unter Gesichtspunkten des institutionellen, regionalen und fachlichen Defizitausgleichs als förderungswürdig eingestuft worden waren, wurden zusätzliche Beratungsgespräche zur Klärung der offenen Punkte durchgeführt. Anschließend konnten aus dieser Gruppe noch einmal 36 Anträge bewilligt werden, so daß damit die facettenreiche Zusammensetzung der geförderten Modellvorhaben gut mit den Zielen und Konzepten des Modellversuchs in Übereinstimmung gebracht werden konnte.

Bereits während der Phase der Auswahl von Anträgen zum Modellversuch wurde darauf geachtet, daß nur solche Antragsteller eine Zuwendung für eine IVS erhielten, von denen angenommen werden konnte,

- daß sie aufgrund ihres fachlichen, institutionellen und wirtschaftlichen Hintergrundes zum Erfolg des Modellversuchs beitragen würden,

- daß sie mit der Einrichtung einer IVS und mit dem Aufbau eines neuen Tätigkeitsbereiches kein wirtschaftliches Risiko eingehen würden,

- daß sie die Möglichkeiten, aber auch die Grenzen der Nutzung von Online-Datenbanken realistisch einschätzen könnten.

Außerdem war es Ziel des Auswahlverfahrens, solche IVS zu fördern, deren Standort und deren Spezialisierung zum Ausgleich regionaler und fachlicher Defizite der Informationsvermittlungslandschaft beitrugen. Zudem wurde bei der Auswahl der Modellvorhaben auf eine weit gestreute und facettenreiche sektorale Zuordnung der Stellen Wert gelegt, damit - dem Modellcharakter des Versuchs entsprechend - möglichst viele Konzepte und Strategien der Informationsvermittlung in unterschiedlichsten institutionellen Umgebungen untersucht und bewertet werden konnten.

3.3 Strukturmerkmale der geförderten Modellvorhaben

Für die Hälfte der bewilligten Antragsteller begann der Modellversuch am 01.07.1986 (vgl. Tab. 1). 24 Stellen, deren Anträge noch im Rahmen der Tranchen 2 oder 3 bewilligt wurden, fingen zu einem späteren Zeitpunkt im Jahr 1986 an. 43 Modellvorhaben nahmen ihre Arbeit zum Aufbau einer IVS im Januar 1987 auf.

Bis auf 9 geförderte Stellen nahmen fast alle IVS-Trägerinstitutionen die gesamte Förderdauer von 36 Monaten in Anspruch. Insgesamt 18 Modellvorhaben wurde aufgrund der Antragsprüfung der volle Fördermittelumfang von 180 TDM bewilligt. Der Gesamtförderbetrag für eine am Modellversuch teilnehmende IVS betrug im Durchschnitt ca. 131 TDM, wobei sich z. B. durch die Nichtbewilligung von Marketing- und Personalmitteln für die Hochschul-IVS

Leistungen, Merkmale und Eigenschaften der geförderten IVS	Gesamtmenge der IVS abs.	%	Private IVS abs.	%	wirtsch.-nahe IVS abs.	%	IVS in der Forschung abs.	%	externe Inf.verm. abs.	%	< 6 Rech. im Quartal abs.	%	>16 Rech. im Quart. abs.	%
Beginn der Projektförderung														
01.07.1986	67	50,0	45	33,6	10	7,5	12	9,0	21	15,7	23	17,2	20	14,9
01.08.1986 bis 30.09.1986	10	7,5	4	3,0	3	2,2	3	2,2	5	3,7	2	1,5	7	5,2
01.10.1986 bis 31.12.1986	14	10,4	6	4,5	6	4,5	2	1,5	8	6,0	3	2,2	2	1,5
01.01.1987 und später	43	32,1	30	22,4	9	6,7	4	3,0	22	16,4	15	11,2	12	9,0
Dauer der Förderung (Monate)	ø 35,31 M.		ø 34,99 M.		ø 35,79 M.		ø 36,00 M.		ø 35,00 M.		ø 35,58 M.		ø 35,15 M	
weniger als 24 Monate	2	1,5	2	1,5	-	-	-	-	1	0,7	1	0,7	-	-
24 bis 35 Monate	7	5,2	5	3,7	2	1,5	-	-	5	3,7	1	0,7	4	3,0
36 Monate	125	93,3	78	58,2	26	19,4	21	15,7	50	37,3	41	30,6	37	27,6
bewilligte Fördermittel /IVS	ø 131 TDM		ø 138 TDM		ø 145 TDM		ø 83 TDM		ø 142 TDM		ø 139 TDM		ø 120 TDM	
bis 50 TDM	12	9,0	10	7,5	1	0,7	1	0,7	6	4,5	1	0,7	4	3,0
50 bis 100 TDM	31	23,1	8	6,0	4	3,0	19	14,2	7	5,2	8	6,0	16	11,9
100 bis 150 TDM	28	20,9	22	16,4	6	4,5	-	-	9	6,7	14	10,4	3	2,2
150 bis 170 TDM	19	14,2	11	8,2	7	5,2	1	0,7	7	5,2	6	4,5	7	5,2
170 bis 179 TDM	26	19,4	20	14,9	6	4,5	-	-	18	13,4	10	7,5	5	3,7
180 TDM	18	13,4	14	10,4	4	3,0	-	-	9	6,7	4	3,0	6	4,5

Tab. 1: Dauer und Umfang der Förderung der Modellvorhaben

oder die nachtägliche Streichung von Marketingmitteln für alle geförderten Patentanwälte und Patentberichterstatter erhebliche Unterschiede in der Fördersumme ergaben.

Mit Datum vom 01.01.1987 nahmen insgesamt 134 IVS am Modellversuch Informationsvermittlung teil (vier Stellen hatten nachträglich abgesagt). 85 der geförderten Vermittlungsstellen (fast 63,4 %) stammten aus dem privatwirtschaftlichen Bereich und 28 der neuen Stellen (rund 21 %) wurden bei nicht kommerziellen, jedoch wirtschaftsnah arbeitenden Institutionen angesiedelt (vgl. Abb. 8).

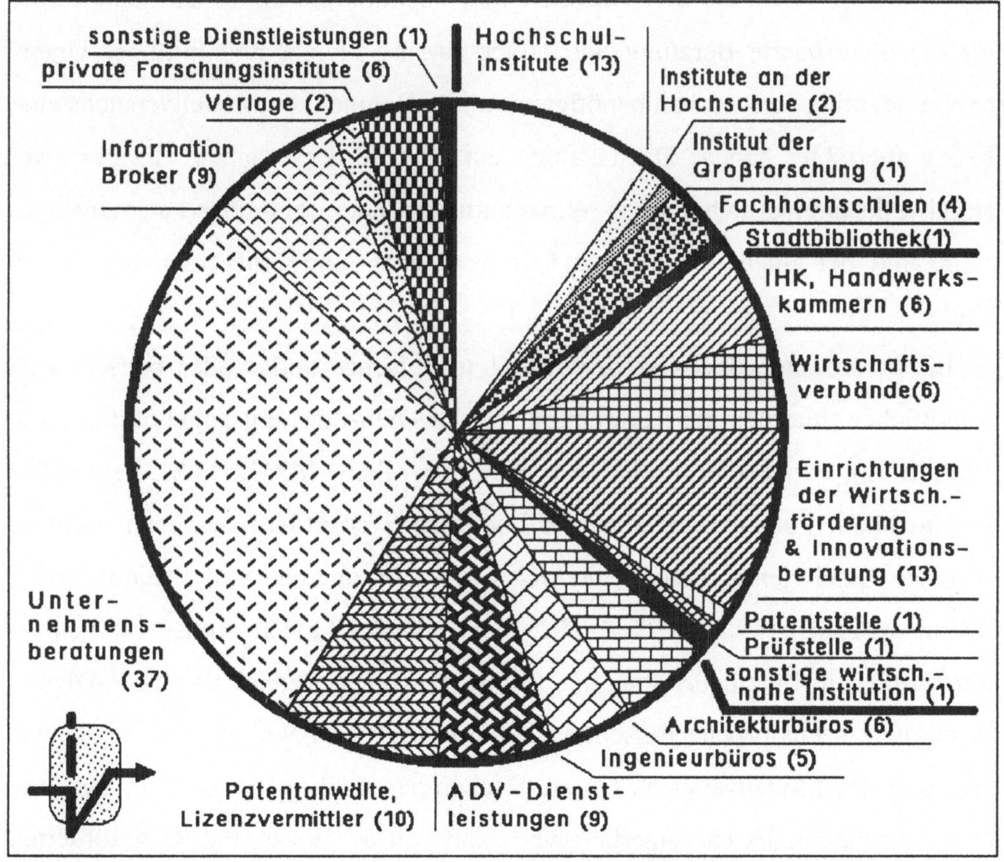

Abb. 8: *Struktur der geförderten IVS nach Institutionen*

Von den restlichen 21 Einrichtungen aus dem Bereich der öffentlichen Forschung richteten allein 13 Hochschulinstitute eine IVS für die Versorgung der eigenen Wissenschaftler und Studenten ein. Hier ist zu erkennen, daß im gesamten Sektor Forschung und Wissenschaft die geförderten IVS an Hochschulen, die nur für interne Zwecke recherchierten, den größten Anteil ausmachten. Sie teilten sich den Bereich mit Forschungsinstituten, die an einer Hochschule angesiedelt waren, mit einem Großforschungsinstitut, vier IVS an Fachhochschulen und mit einer Stadtbibliothek.

Im Bereich der 28 wirtschaftsnah arbeitenden Infrastruktureinrichtungen sind vor allem die neun Innovationsberatungsstellen, vier Industrie- und Handelskammern sowie die drei Gründer- und Technologiezentren zu nennen, die für die qualifizierte Beratung und Unterstützung kleiner und mittlerer Unternehmen Online-Recherchen benötigten und im Rahmen des Modellversuchs eine IVS eingerichtet haben. Dazu kamen einzelne Fördervorhaben, die bei zwei Handwerkskammern, bei sechs Wirtschaftsverbänden, bei einer Patentauslegestelle und bei einem technischen Überwachungs- und Prüfverein angesiedelt sind.

Im Privatsektor überwog der Anteil technischer und / oder betriebswirtschaftlicher Unternehmensberatungen, die ihr Dienstleistungsangebot durch die Vermittlung von Fachinformation erweitern wollten. Mit 10 IVS, die bei Patentanwälten, Patentberichterstattern und Lizenzvermittlern betrieben wurden, war der Anteil jener Stellen, die sich auf die Recherche von Patentinformationen spezialisiert haben, besonders hoch. Hinzu kamen sechs Architekturbüros und fünf Ingenieurbüros, neun Firmen aus dem Bereich der ADV-Dienstleistungen, sechs private Forschungsinstitute und zwei Verlage, die mit Unterstützung des Modellversuchs Online-Recherchen in ihre Dienstleistungspalette integriert haben. Es ist bemerkenswert, daß von den insgesamt 85 geförderten privatwirtschaftlichen Antragstellern nur 11 % (von allen 134 geförderten Modellen demnach nur 8 %) ausdrücklich als Information Broker, also als Vermittler firmierten, die den Verkauf von Online-Recherchen zu ihrer Haupteinnahmequelle machen wollten. Bei der Auswahl der Modellvorhaben waren die zu erwartenden Erfolgsaussichten von Anträgen aus dieser Gruppe besonders kritisch abgeschätzt worden.

Durch die Förderung im Modellversuch stieg der Anteil privater Informationsvermittler in der BRD stark an. Dienstleistungsunternehmen, die ihre herkömmlichen Dienstleistungen durch den Einsatz von Online-Recherchen verbessern wollten, gehörten ebenso dazu wie private Informationsvermittlungsstellen, die ausschließlich für externe Kunden Informationsrechercheaufträge übernehmen wollten. Eine Übersicht zur fachlichen Ausrichtung der geförderten IVS läßt erkennen, daß gut ein Drittel der Teilnehmer am Modellversuch Anfragen aus allen Gebieten von Naturwissenschaft und Technik bearbeiteten. Während sich rund 33 % der IVS auf einen oder mehrere Technikbereiche spezialisierten, wollten lediglich 16 % der Stellen vorwiegend in naturwissenschaftlichen Datenbanken recherchieren. Es sei noch einmal daran erinnert, daß von diesen 22 naturwissenschaftlich spezialisierten Stellen allein 13 bei Hochschulinstituten angesiedelt waren, die ihre IV-Station vor allem für die Suche nach physikalisch-chemischen Fakten, chemischen Strukturformeln und Literaturreferenzen für die institutsangehörigen Professoren, Assistenten, Doktoranden und Studenten nutzten. Mit 10 Modellvorhaben bei Patentanwälten, Patentberichterstattern und Lizenzvermittlern, die hauptsächlich nach Patentschriften, Lizenzen und Gebrauchsmustern recherchierten, war auch der sich rasch ausweitende Sektor der Patentinformation im Modellversuch Informationsvermittlung gut repräsentiert.

Auch die regionale Verteilung der geförderten IVS läßt erkennen, daß die Standorte der IVS über das gesamte Bundesgebiet gleich verteilt waren. Ein leichtes Süd-Nord-Gefälle im IVS-Besatz des Modellversuchs, das sich nach

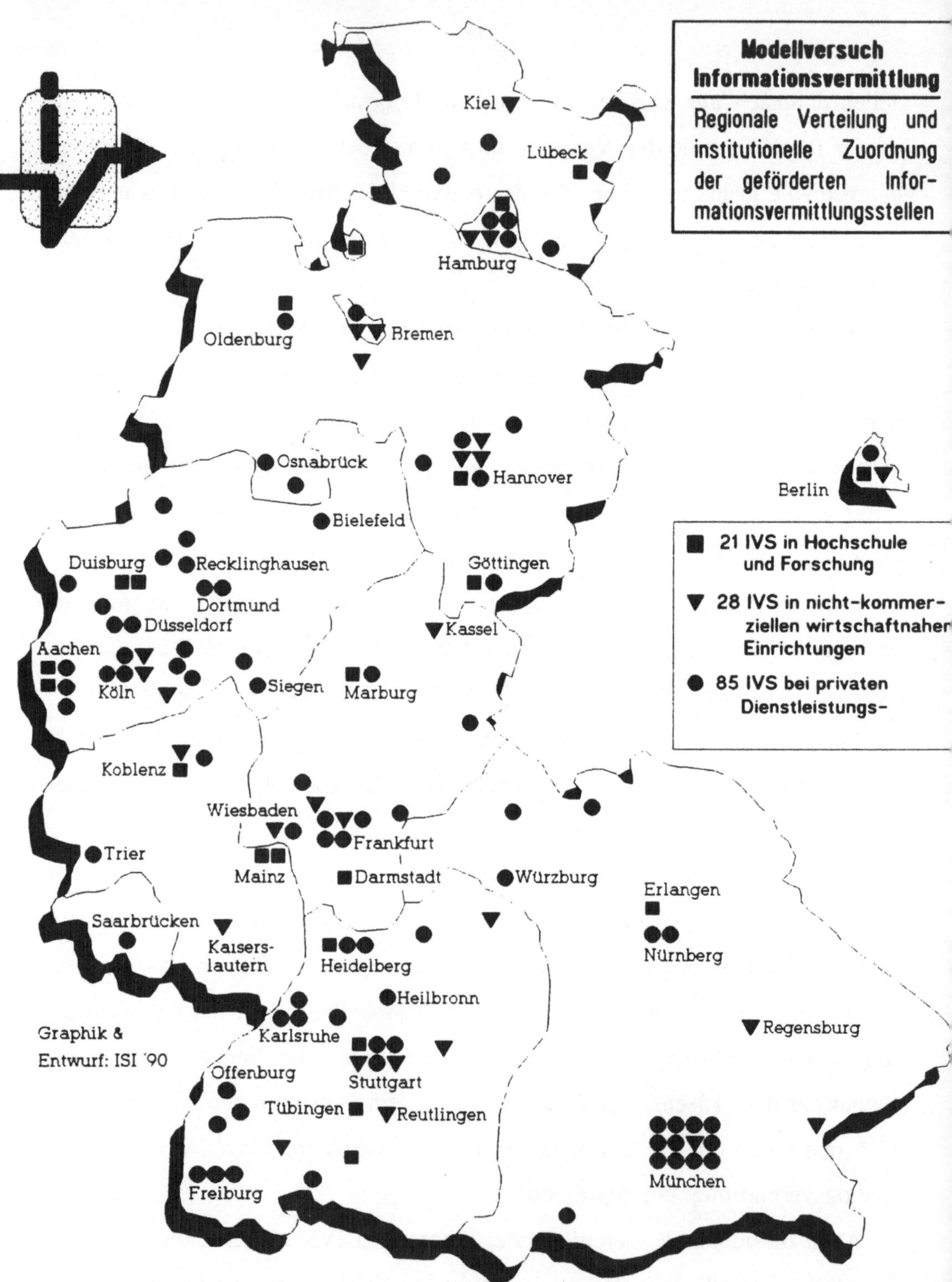

Abb. 9: Regionale Verteilung der geförderten IVS

den ersten Bewilligungen abzeichnete, konnte durch die Berücksichtigung regionaler Disparitäten und Defizite bei später erfolgenden Auswahl- und Bewilligungsrunden ausgeglichen werden.

Das Ziel des Modellversuchs, die Informationsvermittlung für kleine und mittlere Unternehmen auch in nicht-urbanen, strukturschwachen Regionen zu fördern, ist in den Bundesländern Nordrhein-Westfalen und in Baden-Württemberg besonders erfolgreich verwirklicht worden. Lediglich im Norden Deutschlands liegt der Anteil privater IVS etwas unter dem Durchschnitt des gesamten Modellversuchs (vgl. Abb. 9).

Eindeutige "Hochburgen" der IVS-Standorte liegen in den Großstädten München (hier arbeiten in räumlicher Nähe zum Deutschen Patentamt viele informationsvermittelnde Patentberichterstatter und -anwälte), Hamburg, Hannover und in Stuttgart; weiterhin gibt es Konzentrationen im Verdichtungsraum Rhein-Ruhr, im Großraum Frankfurt und in der Wirtschaftsschiene Oberrhein. Die Standorte der beteiligten IVS in den urbanen Ballungsräumen entsprechen somit den besseren Kontaktmöglichkeiten, die die informationsorientiert arbeitenden Institutionen und Unternehmen vorfinden. Hier bieten sich den meisten Stellen, die ihre informations- und innovationsorientierten Dienstleistungen anbieten, die besten Fühlungsvorteile zu potentiellen Kunden, zukünftigen Klienten, Mandanten und Informationsnachfragern.

3.4   Startschwierigkeiten

Die meisten der 134 geförderten Stellen haben die Anfangsphase des Modellvorhabens, während der die Retrievalstationen angeschafft und eingerichtet sowie erste Einführungs- und Schulungsveranstaltungen für recherchierende Mitarbeiter besucht wurden, relativ problemlos überstanden. Trotzdem ist im nachhinein festzustellen, daß die anfänglichen Probleme, mit denen die IVS-Betreiber zu kämpfen hatten, größer waren, als zuerst erwartet worden war. Die Schwierigkeiten, die je nach Institutionentyp oder Standort der Stellen variierten, lagen vor allem darin begründet,

- daß die Bundespost beantragte Anschlüsse an das Datex-P-Netz nicht schnell genug installieren und die nötige technische Ausstattung für die Datenfernübertragung nicht rechtzeitig liefern konnte (bei 26,1 % der IVS);
- daß nicht rechtzeitig genug geeignete Mitarbeiter gefunden wurden, die sowohl eine Ausbildung zum Online-Rechercheur als auch zusätzliche fachliche Qualifikationen vorweisen konnten, die für die anderen Arbeitsbereiche der IVS-Trägerinstitutionen nötig gewesen wären (19,4 %);
- daß bei den IVS, die die Informationsvermittlung aus Online-Datenbanken als eigenen Erwerbszweig betreiben wollten, die Werbung für die neue Dienstleistung, die Akquisition für Rechercheaufträge und das daraus resultierende Kundenaufkommen sich nicht erfolgversprechend genug entwickelte.

Es waren vor allem diese Startprobleme der IVS, die dazu führten, daß der anfängliche Verlauf des Modellversuchs sich etwas schleppender vollzog, als es von allen beteiligten Instanzen erwartet worden war. Auf der anderen Seite haben diese Verzögerungen verstärkt dazu beigetragen, daß die Diskussion unter den Informationsvermittlern über neue Möglichkeiten der sinnvollen Nutzung von Online-Fachinformation und über Erfolgsmaßstäbe für den Einsatz dieser neuen Informationsbeschaffungsmethode intensiviert wurde.

Zusammen mit den ersten Anschreiben des ISI an die am Modellversuch teilnehmenden IVS wurde auch ein Fragebogen verschickt, der dem ISI einen Überblick geben sollte über:

- den Stand der Arbeit in den IVS,
- den Arbeitsbeginn der IVS,

- die Termine, an denen von den IVS frühestens erste Recherchen geliefert werden konnten,
- den Ausbildungs- und Einstellungsstand der IV-Rechercheure,
- die Erwartungen bei den IVS zur Zusammenarbeit mit dem ISI,
- die Fragen, Probleme und Themen, die auf einem ersten Erfahrungsaustausch besprochen werden sollten, sowie
- über die genauen Angaben zu Adressen, Telefonnummern und Ansprechpartnern.

Der Rücklauf der Fragebogenaktion erbrachte folgende Ergebnisse: Drei Viertel der IVS gaben an, daß ein bereits Haus beschäftigter Mitarbeiter mit der Informationsvermittlung betraut worden war. 21 Stellen hatten für die IVS neue Mitarbeiter eingestellt oder beabsichtigten, dieses zu tun.

Bei der Erhebung wurden auch die Termine erfragt, an denen die IVS voraussichtlich ihre Arbeit aufnehmen (Aufbau einer IVS) und an denen bereits erste Recherchen durchgeführt und vermittelt würden. Die Tab. 2 zeigt, daß mit Stand Dezember 1986 60 % der IVS mit der Arbeit begonnen hatten, während zum gleichen Zeitpunkt erst ein Drittel der Stellen bereits erste Recherchen durchführen konnten.

Starttermin	Arbeitsbeginn		erste Recherchen	
7/86-9/86	4	4,4 %	2	22,2 %
10/86	31	34,4 %	12	13,3 %
11/86	19	21,1 %	16	17,8 %
12/86	12	13,3 %	14	12,6 %
1/87	21	23,3 %	30	33,3 %
2/87	2	2,2 %	10	11,1 %
3/87	-	-	1	1,1 %
4/87	1	1,1 %	3	3,3 %
5/87	-	-	-	-
6/87	-	-	-	-
7/87	1	1,1 %	-	-
gesamt	90	100,0 %	89	98,9 %

Tab. 2: Starttermine der Modellvorhaben

Dabei beschäftigten Ende 1986 41,1 % der geförderten IVS bereits einen Mitarbeiter, der über eine Ausbildung zum Online-Rechercheur verfügte. Allerdings hatten zu diesem Zeitpunkt bei den restlichen Stellen bereits 39 Rechercheure mit ihrer Online-Fortbildung begonnen.

Bei den Angaben, die die befragten IVS zum Unterstützungsbedarf machten, zeigte sich, daß

- 56,7 % der Stellen in Fragen der Schulung, Weiterbildung und der allgemeinen Qualifizierung von IVS-Mitarbeitern beraten werden wollten:
- 66,7 % der IVS in Fragen des Marketing und der Öffentlichkeitsarbeit Unterstützung brauchten;
- 52,2 % Hilfestellungen in technischen und methodischen Fragen zur Informationsvermittlung benötigten;
- 41,1 % der Stellen Beratung im administrativen Bereich und in Fragen der IVS-Finanzierung wünschten.

Während das Projektteam des ISI durch im Jahr 1987 eingeleitete flankierende Maßnahmen insbesondere in Fragen des Marketings und der Öffentlichkeitsarbeit Aufklärungsarbeit leisten konnte, war die zu diesem Zeitpunkt noch arbeitsfähige Gesellschaft für Dokumentation (GID) in der Lage, den IVS Hinweise auf geeignete Weiterbildungsangebote und Online-Schulungskurse zu geben sowie einzelnen Anfragern Unterstützung bei der Auswahl der benötigten Informationstechnik zu geben. Aufgrund der Auswertung der Startterminerhebung wurde vom ISI zusammen mit dem Projektträger Fachinformation ein besonderer Erfahrungsaustausch speziell zu Fragen des administrativen Prozedere im Modellversuch durchgeführt, mit dessen Hilfe zahlreiche der anfänglichen Unsicherheiten bei den geförderten Stellen behoben werden konnten.

4 Ergebnisse des Modellversuchs Informationsvermittlung

Der Modellversuch Informationsvermittlung hatte mehrere Ziele; er war zugleich ein Stimulierungs- und Förder-, ein Lern- und ein Experimentierprogramm. Dem Charakter des Modellversuchs entsprechend wurden allgemeine Mobilisierungseffekte bei der Einrichtung von Informationsvermittlungsstellen angestrebt, und es sollten Ausweitungseffekte für bestehende IVS hervorgerufen werden. Darüber hinaus war es das Ziel, den wirtschaftlich risikoreichen Aufbau einer IVS für neue Kundenkreise, bei neuen Trägern, in Regionen mit einer bisher geringen Nutzung von Online-Fachinformation, für fachlich spezialisierte Online-Vermittlungsdienste oder für neuartige Kombinationen von Online-Diensten mit anderen Dienstleistungen zu fördern.

Ziel des Modellversuchs war es ausdrücklich nicht, daß alle geförderten Modellvorhaben nach Ablauf der Förderung von den jeweiligen Trägern weitergeführt werden. Ziel war vielmehr, die Voraussetzungen, Hemmnisse und den Nutzen von Online-Fachinformation für die Zielgruppe zu erfassen und zu bewerten.

Insofern ist ein Modellversuch auch dann als erfolgreich anzusehen, wenn zwar einige Modellvorhaben ihre Arbeit während oder nach Ende der Förderung einstellen, wenn aber gleichzeitig die spezifischen Ursachen für die Einstellung erfaßt und wissenschaftlich ausgewertet werden können. Voraussetzung dazu war die systematische und detaillierte Erfassung der Ausgangslage bei den Modellvorhaben, deren spezifische Aktivitäten sowie in einigen Fällen eine Analyse der Gründe, warum die Nachfrage nach Online-Fachinformationen bei den Nutzern der Vermittlungsstellen geringer war als zunächst angenommen [vgl. SCHMIDT 1988a].

4.1 Informationstechnische Ausstattung

Als indirekt-spezifische Fördermaßnahme zielte der Modellversuch Informationsvermittlung unter anderem darauf ab, bei potentiellen Anwendern neuer Informationsbeschaffungskonzepte bekannte oder vermutete Hindernisse und Engpässe in finanzieller, strategischer und know-how-bezogener Hinsicht durch eine geeignete Anstoßförderung zu beseitigen bzw. zu verringern. Bei der Ausgestaltung des Förderinstrumentariums wurde berücksichtigt, daß Hemmschwellen bei der Einrichtung einer IVS sowohl im finanziellen als auch im qualifikatorischen Bereich liegen können. Deshalb erhielten die beteiligten Trägerinstitutionen aus den Mitteln des Modellversuchs Zuwendungen unter anderem für die Beschaffung der notwendigen informationstechnischen Ausrüstung zum Auf- und Ausbau einer Informationsvermittlungsstelle sowie für Schulungs- und Weiterqualifizierungsmaßnahmen von IVS-Mitarbeitern.

Im Rahmen der wissenschaftlichen Begleituntersuchung und der flankierenden Maßnahmen zum Modellversuch Informationsvermittlung hatte das ISI die Aufgabe übernommen, systematisch Beobachtungen und Daten über die Erfahrungen der beteiligten Stellen bei Aufbau der IVS, über die konkrete Ausgestaltung bedarfsgerechter Online-Informationsdienstleistungen für betriebsinterne Informationsnutzer und über die Neuentwicklung kommerzieller Dienstleistungsangebote für Auftragskunden zu sammeln und bewerten. Damit sollte einerseits den geförderten IVS eine Informations- und Entscheidungsgrundlage gegeben werden, unter welchen Rahmenbedingungen die Nutzung einer Online-Recherchestation effizient in andere Dienstleistungsprozesse eingebunden werden kann, und andererseits sollte ermittelt werden, welche Ansatzpunkte sich für eine wirtschaftliche und politische Weiterentwicklung des Sektors Informationsdienstleistung anbieten.

Die vom ISI in diesem Zusammenhang erhobenen Daten zur genutzten Informationstechnik berücksichtigen die mit Hilfe der BMFT-Förderung angeschaffte Hard- und Softwareausstattung der beteiligten Stellen, die bereits vor Beginn der Förderung vorhandene technische Infrastruktur bei den IVS-Trägerinstitutionen, die genutzten Datenfernübertragungswege sowie Einschätzungen zu Anfangsschwierigkeiten bei der Installation und Nutzung der gesamten IVS-Ausstattung. Bei der Ermittlung von Daten und Informationen zur Online-Informationstechnik in den IVS konnte auf die folgenden Quellen zurückgegriffen werden:

- Protokolle nicht standardisierter Interviews mit den 134 IVS, die während der ersten Phase der flankierenden Untersuchung durchgeführt wurden;

- Protokolle von insgesamt 49 Erfahrungsaustauschrunden, die im Rahmen der flankierenden Maßnahmen vom ISI angeboten wurden;

- Halbjahresberichte der beteiligten Stellen, in denen unter Punkt K auch über Entwicklungen auf der Hard- und Softwareseite der technischen IVS-Ausstattung berichtet wurde;

- strukturierte Interviews, die mit allen 134 IVS in der zweiten Phase der Untersuchungen geführt wurden.

Die ermittelten Daten zur Informationstechnik und die gesammelten Bewertungen der Vermittler über die Hindernisse und Probleme beim Aufbau und bei der Nutzung der neuen Recherchestation lassen erkennen,

- daß einerseits zwischen den drei IVS-Typen (private Unternehmen, wirtschaftsnahe, nicht-kommerzielle Einrichtungen sowie Forschungs- und Hochschulinstitute) zu Beginn des Modellversuchs erhebliche Unterschiede in der informationstechnischen Ausstattung und im informationstechnischen Know-how bestanden;

- daß sich die IVS aus den drei Gruppen auch hinsichtlich der im Modellversuch angeschafften und genutzten Informationstechnik unterscheiden;

- daß durch die Fördermaßnahme insbesondere bei den kleinen und mittleren Beratungsunternehmen die informationstechnische Infrastruktur, aber auch das vorhandene Datenbank- und Recherche-Know-how erweitert wurden;
- daß sich zusätzliche Synergieeffekte durch den Einsatz der EDV-Geräte für andere Einsatzbereiche in der Büroautomatisation einstellten;
- daß von den IVS in Bezug auf Hard- und Software-Kompatibilität der angeschafften Geräte Kritik geübt wurde und daß die Dienstleistungen der Bundespost im Bereich Kundenberatung, Anschlußfristen und Kundenservice zum Teil als sehr mängelbehaftet beurteilt wurden.

4.1.1 Die IVS-Technikausstattung vor dem Modellversuch

Der größte Teil der geförderten IVS im Modellversuch verfügte vor dem Beginn der Fördermaßnahme nicht über eine funktionsfähige Gerätekonfiguration zur Durchführung von Online-Recherchen. 105 der 134 Modelle richteten aus Mitteln des Modellversuchs eine vollständig neue IVS ein, die übrigen 28 IVS erweiterten ihre bereits bestehende Online-Ausstattung. Über die bereits zu Beginn vorhandene informationstechnische Ausstattung machten die beteiligten

Leistungen, Merkmale und Eigenschaften der geförderten IVS	Gesamtmenge der IVS abs. %	Private IVS abs. %	wirtsch.-nahe IVS abs. %	IVS in der Forschung abs. %	externe Inf.verm. abs. %	< 6 Rech. im Quartal abs. %	>16 Rech. im Quart. abs. %
Anzahl der IVS	134 100,0	85 -63,4	28 -20,9	21 -15,7	56 -41,8	42 -31,3	41 -30,6
Informationstechnik vor MIV							
Telefax, Teletex	48 35,8	29 21,6	14 11,2	5 3,7	22 16,4	11 8,2	20 14,9
Bildschirmtext	21 15,7	11 8,2	8 6,0	2 1,5	10 7,5	8 6,0	6 4,5
PC, Textsystem	109 81,3	70 52,2	20 14,9	19 14,2	42 31,3	36 26,9	36 26,9
Großrechner, MDT	54 40,3	23 17,2	13 9,7	18 13,4	19 14,2	13 9,7	27 20,1
externe Datennetze	47 35,1	29 21,6	5 3,7	13 9,7	17 12,7	11 8,2	22 16,4
Online-Recherchestation	39 29,1	27 20,1	5 3,7	7 5,2	21 15,7	8 6,0	19 14,2

Tab. 3: Bürotechnische Ausstattung zu Beginn des Versuchs

Modellvorhaben folgende Angaben: Personal Computer bzw. Textverarbeitungs-
systeme waren insgesamt am weitesten verbreitet. Mehr als 80 % der geförderten IVS verfügten im Jahr 1986 über mindestens ein solches Gerät. Weitere 40
% der befragten Modellvorhaben hatten Zugang zu einem Großrechner oder
nutzten Rechensysteme der mittleren Datentechnik. Jeweils ein Drittel der
Einrichtungen nutzte Telefax-Anschlüsse oder Teletex-Systeme zur Kommunikation. Über einen Anschluß an das Bildschirmtextsystem verfügten hingegen
nur gut 15 % der 134 im Modellversuch geförderten Trägerinstitutionen.

Wie Tab. 3 verdeutlicht, bestanden hinsichtlich der technischen Ausstattung
vor Beginn des Modellversuchs zwischen den IVS aus der Gruppe der privaten
IVS (Typ P), der wirtschaftsnahen Einrichtungen (Typ W) und der Forschungsinstitutionen (Typ F) eine Reihe von Unterschieden.

Die Ausstattung mit Geräten der Bürokommunikation (Telefax, Teletex) war
bei den wirtschaftsnahen Einrichtungen anteilmäßig am höchsten, bei den Universitäten war sie am geringsten. Die Hälfte der beteiligten Infrastruktureinrichtungen verfügten zu Beginn des Modellversuchs über ein Telefax oder ein
Teletex, bei den privaten Unternehmen war es mehr als ein Drittel. Beide institutionellen Typen sind auf schnelle und häufige Fachkontakte zu Kunden
und Klienten angewiesen; bei den geringer auf Außenkontakte orientierten
Forschungseinrichtungen waren dagegen weniger als ein Viertel der IVS-Träger
mit dieser Bürokommunikationstechnik ausgestattet.

Daß Bildschirmtext bei mehr als einem Viertel der beteiligten IVS vom Typ
W vorhanden war, ist zum Teil damit zu erklären, daß eine Reihe der beteiligten Kammern und Einrichtungen selber Btx-Anbieter sind. Im Vergleich dazu
haben nur 13 % der geförderten privaten Firmen und nur 9 % der Universitäten Zugriff auf eine Btx-Station.

Die Ausstattung mit Personal Computern und Textsystemen war anteilmäßig
bei den Forschungseinrichtungen am häufigsten vorhanden; mehr als 90 % der

am Modellversuch beteiligten Trägerinstitutionen vom Typ F verfügten 1986 bereits über eine PC-Ausstattung und auch bei den privaten Unternehmen waren es über 80 %, die schon damals Bürocomputer besaßen. Dagegen war der Besatz mit PCs und Textsystemen bei den wirtschaftsnahen Einrichtungen mit 70 % zahlenmäßig geringer.

Bei der Nutzung von Großrechnern und mittlerer Datentechnik sowie bei Anschlüssen an externe Datennetze führten die Forschungseinrichtungen zu Beginn der Fördermaßnahme anteilmäßig vor den anderen Vergleichsgruppen. Die geförderten Stellen vom Typ F benötigen für ihre Forschungs- und Lehrtätigkeit vor allem im naturwissenschaftlich-technischen Bereich die leistungsfähigen Großrechner, während sie in der Regel gleichzeitig über Forschungsdatennetze mit Rechnern anderer Universitäten und Institutionen verbunden sind.

Zu den 29 geförderten Privatunternehmen, die bereits an externe Netze angeschlossen waren, zählten vor allem die 27 Firmen, die eine schon bestehende Recherchestation mit Hilfe der Förderung durch den Modellversuch ausgeweitet hatten. 5 wirtschaftsnahe Einrichtungen und 7 Institute aus dem Forschungssektor gaben an, bereits vor dem Modellversuch Zugriff auf eine Recherchestation gehabt zu haben. Dabei handelt es sich jedoch bis auf eine Ausnahme um Online-Stationen in anderen organisatorischen Abteilungen oder um IVS in zentralen Universitätsbibliotheken [vgl. SCHÜTTE 1990].

4.1.2 Übersicht über die informationstechnische Ausstattung

Aus den abgerufenen Fördermitteln wurden von den beteiligten IVS insgesamt 187 Personal Computer einschließlich der zu Vorführungszwecken erworbenen tragbaren Laptops angeschafft. Aus der Aufzählung der vorhandenen Fabrikate in Tab. 4 geht hervor, daß der IBM PC das am häufigsten benutzte Gerät war,

Leistungen, Merkmale und Eigenschaften der geförderten IVS	Gesamtmenge der IVS abs. %		Private IVS abs. %		wirtsch.-nahe IVS abs. %		IVS in der Forschung abs. %		externe Inf.verm. abs. %		< 6 Rech. im Quartal abs. %		>16 Rech. im Quart. abs. %	
Anzahl der IVS	134	100,0	85	-63,4	28	-20,9	21	-15,7	56	-41,8	42	-31,3	41	-30,6
Terminal (Anzahl Fabrikate)	187	100,0	119	100,0	38	100,0	27	100,0	77	100,0	62	100,0	58	100,0
Atari	3	1,6	1	0,8	-	-	2	7,4	-	-	1	1,6	2	3,4
Commodore	5	2,7	3	2,5	1	2,6	1	3,7	2	2,6	3	4,8	2	3,4
Compaq	17	9,1	15	12,6	1	2,6	1	3,7	8	10,4	5	8,1	7	12,1
Epson	6	3,2	3	2,5	-	-	3	11,1	1	1,3	3	4,8	1	1,7
IBM	50	26,7	33	27,7	14	36,8	3	11,1	16	20,8	15	24,2	18	31,0
Macintosh	4	2,1	4	3,4	-	-	-	-	3	3,9	2	3,2	1	1,7
Nixdorf	2	1,1	-	-	1	2,6	1	3,7	-	-	2	3,2	-	-
Olivetti	11	5,9	7	5,9	2	5,3	2	7,4	3	3,9	4	6,5	3	5,2
RC Partner	4	2,1	2	1,7	-	-	2	7,4	3	3,9	1	1,6	2	3,4
Siemens	10	5,3	5	4,2	3	7,9	2	7,4	5	6,5	5	8,1	2	3,4
Tandon	17	9,1	12	10,1	3	7,9	2	7,4	8	10,4	4	6,5	3	5,2
Toshiba	18	9,6	9	7,6	7	18,4	2	7,4	12	15,6	5	8,1	5	8,6
anderes Fabrikat	40	21,4	25	21,0	6	15,8	6	22,2	16	20,8	12	19,4	12	20,7

Tab. 4: EDV-technische Ausstattung der Modellvorhaben

gefolgt von Personal Computern der Firmen Compaq, Tandon und Toshiba. Bei den IVS in privaten Dienstleistungsunternehmen war diese Bevorzugung des IBM und anderer Geräte der oberen Preisklasse besonders ausgeprägt. Viele wirtschaftsnah arbeitende IVS wurden ebenfalls mit IBM PCs ausgestattet, aber auch andere Hersteller wie z. B. Toshiba und Siemens waren hier verstärkt vertreten. Ein etwas anderes Anschaffungsverhalten zeigten die Forschungs-IVS: sie besaßen den größten Anteil an Geräten anderer Hersteller, darunter vorwiegend importierte Noname-Produkte. Teurere Marken-PCs waren dagegen nur in geringer Anzahl vorhanden.

Auch bei den 167 erworbenen Druckern dominierten die Markengeräte der bekannteren Hersteller aus den oberen Preisklassen: NEC, Hewlett-Packard und Epson wurden am häufigsten eingesetzt (vgl. Tab. 5). Die IVS in den wirtschaftsnahen Einrichtungen kauften neben NEC und HP-Geräten zu mehr als 10 % IBM-Drucker. Bei den Forschungseinrichtungen war im Vergleich zur sehr großen Bandbreite der genutzten PCs bei den Ausgabegeräten eine starke

Leistungen, Merkmale und Eigenschaften der geförderten IVS	Gesamtmenge der IVS abs.	%	Private IVS abs.	%	wirtsch.-nahe IVS abs.	%	IVS in der Forschung abs.	%	externe Inf.verm. abs.	%	< 6 Rech. im Quartal abs.	%	>16 Rech. im Quart. abs.	%
Anzahl der IVS	134	100,0	85	=63,4	28	=20,9	21	=15,7	56	=41,8	42	=31,3	41	=30,6
Drucker (Anzahl Fabrikate)	167	100,0	104	100,0	37	100,0	25	100,0	69	100,0	52	100,0	53	100,0
Brother	5	3,0	4	3,8	1	2,7	-	-	2	2,9	2	3,8	1	1,9
Epson	21	12,6	18	17,3	-	-	3	12,0	11	15,9	6	11,5	5	9,4
Hewlett Packard	30	18,0	19	18,3	7	18,9	4	16,0	9	13,0	11	21,2	10	18,9
IBM	11	6,6	6	5,8	4	10,8	1	4,0	5	7,2	3	5,8	3	5,7
Kyocera	11	6,6	5	4,8	2	5,4	4	16,0	7	10,1	1	1,9	6	11,3
Nec	36	21,6	20	19,2	9	24,3	7	28,0	13	18,8	9	17,3	16	30,2
Nixdorf	2	1,2	1	1,0	-	-	1	4,0	1	1,4	2	3,8	-	-
Olivetti	4	2,4	3	2,9	1	2,7	-	-	-	-	2	3,8	-	-
Oki	5	3,0	2	1,9	3	8,1	-	-	1	1,4	3	5,8	-	-
RC Partner	1	0,6	1	1,0	-	-	-	-	-	-	-	-	-	-
Star	7	4,2	4	3,8	2	5,4	1	4,0	3	4,3	2	3,8	2	3,8
anderes Fabrikat	34	20,4	21	20,2	8	21,6	4	16,0	17	24,6	11	21,2	10	18,9
Druckersysteme bei den IVS														
Matrix-Drucker	88	65,7	55	41,0	18	13,4	15	11,2	36	26,9	30	22,4	27	20,1
Laser-Drucker	61	45,5	39	29,1	14	10,4	8	6,0	28	20,9	17	12,7	21	15,7
anderes System	10	7,5	4	3,0	5	3,7	1	0,7	5	3,7	4	3,0	3	2,2

Tab. 5: Druckersysteme bei den geförderten Modellvorhaben

Konzentration auf wenige Marken zu beobachten: nach den am häufigsten gekauften NEC-Druckern standen Kyocera-Geräte zusammen mit den Geräten der Marke Hewlett Packard an zweiter Stelle.

Die ermittelte Verteilung der EDV-Drucker läßt sich am ehesten dadurch erklären, daß bei der Anschaffung von Druckern die bekannten Geräte der Standardhersteller die Bedürfnisse der IVS bei allen drei sektoralen Typen am besten zufriedenstellen. Dabei muß berücksichtigt werden, daß der Leistungsumfang und die Druckqualität der Ausgabegeräte entscheidend die formale Qualität des Rechercheproduktes, d. h. des Ergebnisausdrucks mit bestimmt. Aus diesem Grund besitzen auch mehr als die Hälfte der geförderten Stellen (54 %) einen Laserdrucker zur Erstellung von Online-Rechercheausdrucken. Zwei IVS gaben außerdem an, aus den Fördermitteln ein LCD-Projektionsgerät für Demonstrationszwecke erworben zu haben. Eine weitere IVS schaffte ein Kodak-Datashow-System für Messevorführungen und andere Demonstrationsveranstaltungen an.

Bei der Ausstattung mit Kommunikationssoftware verhielten sich die Universitäten ähnlich wie beim Erwerb der PCs: kostengünstigere Public Domain-Software wie Kermit wurde hier den gängigen Kommunikationsprogrammen vorgezogen. Außerdem haben die IVS-Mitarbeiter in den Hochschul- und Forschungseinrichtungen zu einem hohen Anteil eigene Softwarelösungen für den Kommunikationsaufbau mit dem Host und für die Abwicklung der Retrievalsitzungen entwickelt (vgl. Tab. 6).

Die Informationsvermittler in den privaten Firmen recherchierten dagegen überwiegend mit der Kommunikationssoftware Genesys und fast genauso häufig mit Infolog. In diesem Bereich wurden ebenfalls häufig die Kommunikationsmodule integrierter Anwenderprogramme wie Framework und Symphony oder die von den Hosts vertriebenen Kommunikationsprogramme wie z. B. Crosstalk eingesetzt.

Leistungen, Merkmale und Eigenschaften der geförderten IVS	Gesamtmenge der IVS		Private IVS		wirtsch.-nahe IVS		IVS in der Forschung		externe Inf.verm.		< 6 Rech. im Quartal		>16 Rech. im Quart.	
	abs.	%	abs.	%	abs.	%	abs.	%	abs.	%	abs.	%	abs.	%
Anzahl der IVS	134	100,0	85	-63,4	28	-20,9	21	-15,7	56	-41,8	42	-31,3	41	-30,6
Kommunik.software bei IVS														
Crosstalk	14	10,4	13	9,7	1	0,7	-	-	5	3,7	5	3,7	7	5,2
Framework	5	3,7	4	3,0	1	0,7	-	-	2	1,5	2	1,5	1	0,7
Genesys	47	35,1	26	19,4	15	11,2	6	4,5	22	16,4	14	10,4	16	11,9
Infolog	38	28,4	24	17,9	8	6,0	6	4,5	16	11,2	10	7,5	12	9,0
Kermit	18	13,4	10	7,5	-	-	8	6,0	3	2,2	5	3,7	8	6,0
andere Komm.-Software	54	40,3	36	26,9	6	4,5	12	9,0	21	15,7	18	13,4	18	13,4
Textprogramme bei den IVS														
Framework	8	6,0	7	5,2	1	0,7	-	-	3	2,2	2	1,5	2	1,5
Lotus 1-2-3	7	5,2	7	5,2	-	-	-	-	1	0,7	4	3,0	1	0,7
Open Access	7	5,2	6	4,5	1	0,7	-	-	1	0,7	4	3,0	-	-
Symphony	10	7,5	10	7,5	-	-	-	-	4	3,0	5	3,7	1	0,7
Word	51	38,1	28	20,9	12	9,0	11	8,2	24	17,9	15	11,2	17	12,7
andere Software	93	69,4	56	41,8	22	16,4	15	11,2	40	29,9	26	19,4	29	21,6

Tab. 6: Genutzte Kommunikationssoftware und Textprogramme

Während der Anteil der oft parallelen Nutzung von stationärem Modem und mobilem Akustikkoppler, der für externe Demonstrationsrecherchen eingesetzt wurde, bei den privaten und wirtschaftsnahen Stellen in etwa gleich war, spielte der Gebrauch von Akustikkopplern bei den Forschungs-IVS eine nur untergeordnete Rolle. Aus Tab. 7 ist außerdem zu ersehen, daß in den Universitäten viele IVS den leistungsfähigeren Datex-P-10-Netzzugang über einen hochschuleigenen PAD-Anschluß nutzten.

Leistungen, Merkmale und Eigenschaften der geförderten IVS	Gesamtmenge der IVS abs. %	Private IVS abs. %	wirtsch.-nahe IVS abs. %	IVS in der Forschung abs. %	externe Inf.verm. abs. %	< 6 Rech. im Quartal abs. %	>16 Rech. im Quart. abs. %
Anzahl der IVS	134 100,0	85 =63,4	28 =20,9	21 =15,7	56 =41,8	42 =31,3	41 =30,6
DFÜ-Schnittstellen bei IVS							
Modem	94 70,1	60 44,8	25 18,7	9 6,7	43 32,1	33 24,6	25 18,7
Akustikkoppler	53 39,6	38 28,4	12 9,0	3 2,2	27 20,1	16 11,9	15 11,2
andere Schnittstellen	18 13,4	5 3,7	2 1,5	11 8,2	3 2,2	3 2,2	11 8,2
DFÜ-Netzanschlüsse bei IVS							
Datex-P-20	86 64,2	66 49,3	15 11,2	5 3,7	40 29,9	31 23,1	17 12,7
Datex-P-10	46 34,3	18 13,4	12 9,0	16 11,9	14 10,4	11 8,2	24 17,9

Tab. 7: DFÜ-Systemlösungen bei den Modellvorhaben

Zusammenfassend läßt sich die Nutzung von Informationstechnik im Modellversuch wie folgt beschreiben: Während sich die IVS in wirtschaftsnah arbeitenden Institutionen, mehr noch als IVS aus dem privaten Dienstleistungsbereich bei der Beschaffung von Informationstechnik auf bekannte und bewährte Produkte des Industriestandards konzentrierten, führten sowohl Kostengesichtspunkte als auch das solidere EDV-Wissen in den Hochschul-IVS zu einer größeren Vielfalt der angeschafften Online-Systeme; die Nutzung von importierten EDV-Produkten, von Public-Domain-Kommunikationsprogrammen oder selbst erstellten Softwarelösungen sowie die Nutzung von Wissenschaftsdatennetzen war für diesen Bereich ebenfalls charakteristisch.

4.1.3 Zusätzliche Gerätenutzung

Mehr als 85 % der beteiligten Informationsvermittlungsstellen nutzten während und nach der Förderungdauer die im Rahmen des Modellversuchs erworbene Informationstechnik zusätzlich für andere Aufgaben der Büroautomatisierung (vgl. Tab. 8).

Leistungen, Merkmale und Eigenschaften der geförderten IVS	Gesamtmen- ge der IVS abs. %	Private IVS abs. %	wirtsch.- nahe IVS abs. %	IVS in der Forschung abs. %	externe Inf.verm. abs. %	< 6 Rech. im Quartal abs. %	>16 Rech. im Quart. abs. %
Anzahl der IVS	134 100,0	85 -63,4	28 -20,9	21 -15,7	56 -41,8	42 -31,3	41 -30,6
zusätzliche Gerätenutzung	115 85,8	75 56,0	22 16,4	18 13,4	43 32,1	40 29,9	32 23,9
Textverarbeitung	101 75,4	65 48,5	20 14,9	16 11,9	39 29,1	35 26,1	28 20,9
Buchhaltung, Verwaltung	19 14,2	14 10,4	3 2,2	2 1,5	10 7,5	6 4,5	7 5,2
wissensch. Analysen	23 17,2	15 11,2	3 2,2	5 3,7	5 3,7	8 6,0	7 5,2
Graphik, Konstruktion	26 19,4	14 10,4	7 5,2	5 3,7	8 6,0	9 6,7	9 6,7
Datenverarbeitung	65 48,5	40 29,9	15 11,2	10 7,5	24 17,9	20 14,9	15 11,2
sonstige EDV-Aufgaben	31 23,1	18 13,4	5 3,7	8 6,0	7 5,2	10 7,5	12 9,0

Tab. 8: Geräteverwendung bei den geförderten IVS

Bei den geförderten privaten Dienstleistungsunternehmen war der Anteil jener Stellen, die die angeschafften Geräte auch für andere Zwecke nutzten, mit 88 % am höchsten, bei den nicht-kommerziellen Einrichtungen mit 78 % am niedrigsten. Aufgaben der Textverarbeitung und die Datenverarbeitung (insbesondere der Aufbau von internen Datenbanken und die Erstellung eigener Softwareprogramme) wurden dabei am häufigsten mit den EDV-Geräten aus dem Modellversuch bearbeitet. Eine der geförderten Vermittlungsstellen gab an, die angeschaffte EDV-Ausstattung unter anderem auch für die Entwicklung einer neuen Software zu nutzen, mit der die durchgeführten Online-Recherchen und die daraus erstellten Rechercheberichte besser verwaltet werden sollten.

4.1.4 Bewertungen zur Informationstechnik durch die IVS

Bei den Gesprächen mit den beteiligten IVS wurde mehrmals moniert, daß zu Beginn der Förderung keine Maßnahmen zur Unterstützung bei der Auswahl und der Installation (z. B. durch das ISI) angeboten wurden. Auf diese Weise hätten sich - so einige Vermittler - die Anfangsschwierigkeiten und Verzögerungen vermeiden oder in geringeren Grenzen halten lassen können.

Ein privater Vermittler äußerte die Meinung, daß eine sinnvolle Recherchearbeit sehr viel detaillierteres Datenverarbeitungswissen voraussetze, als ursprünglich angenommen worden sei. Auch seien die Schwierigkeiten mit der PC-Nutzung, mit der Software und mit der Übertragungstechnik wesentlich größer gewesen, als vor Beginn des Vorhabens nach den optimistischen Statements der Informanden zu erwarten gewesen sei. Dennoch sei er der Meinung, daß der besondere Nutzen für sein Unternehmen durch die Teilnahme am Modellversuch darin liege, daß die technische Einrichtung angeschafft werden konnte und daß damit wertvolle Erfahrungen im Umgang mit der neuen Online-Technik gesammelt werden konnten.

4.2 Informationspersonal und Informationsvermittlung

Neben Zuschüssen für die Anschaffung der technischen Online-Ausstattung waren im Modellversuch auch Personalkosten zuschußfähig. Mit der Personalkostenförderung wurde unter anderem eine Ausweitung des Know-hows im Bereich der Online-Datenbanknutzung und eine Qualifikation der Mitarbeiter angestrebt.

4.2.1 Ausbildung und Qualifizierung

In 60 % der beteiligten Institutionen und Unternehmen kamen die Online-Rechercheure für die IVS aus dem bereits bestehenden Mitarbeiterstamm. Knapp 40 % der geförderten Stellen suchten neue IVS-Mitarbeiter auf dem externen Arbeitsmarkt (vgl. Tab. 9).

Leistungen, Merkmale und Eigenschaften der geförderten IVS	Gesamtmenge der IVS abs. %	Private IVS abs. %	wirtsch.-nahe IVS abs. %	IVS in der Forschung abs. %	externe Inf.verm. abs. %	< 6 Rech. im Quartal abs. %	>16 Rech. im Quart. abs. %
Anzahl der IVS	134 100,0	85 -63,4	28 -20,9	21 -15,7	56 -41,8	42 -31,3	41 -30,6
Mitarbeitersuche							
Mitarb. intern gefunden	76 56,7	49 36,6	13 9,7	14 10,4	29 21,6	22 16,4	25 18,7
Mitarb. extern gefunden	32 23,9	22 16,4	7 5,2	3 2,2	17 12,7	8 6,0	10 7,5
Probleme bei Externsuche	26 19,4	14 10,4	8 6,0	4 3,0	10 7,5	13 9,7	6 4,5
wegen ...							
zu hoher Forderungen	5 3,7	4 3,0	1 0,7	- -	- -	3 2,2	1 0,7
fehlender Fachqualifik.	14 10,4	8 6,0	4 3,0	2 1,5	6 4,5	3 2,2	6 4,5
fehlende Meth.qualifik.	10 7,5	7 5,2	3 2,2	- -	6 4,5	3 2,2	2 1,5
fehlende Suchmöglichkeit	3 2,2	2 1,5	1 0,7	- -	3 2,2	1 0,7	- -
andere Suchprobleme	17 12,7	11 8,2	4 3,0	2 1,5	4 3,0	7 5,2	5 3,7
Arbeitsverzögerung (Mon/IVS)	ø 1,41 M.	ø 0,87 M.	ø 3,04 M.	ø 1,43 M.	ø 1,66 M.	ø 1,12 M.	ø 1,51 M

Tab. 9: Mitarbeiterakquisition bei den geförderten IVS

Während die privaten IVS in der Mehrzahl geeignete Mitarbeiter im eigenen Betrieb für die IVS-Arbeit gefunden haben und sich dadurch lediglich Verzögerungseffekte von durchschnittlich 0,87 Monaten ergaben, verursachte die Akquisition von IVS-Mitarbeitern in den Forschungs-IVS durchschnittlich Startverzögerungen der IVS-Arbeit von 1,43 Monaten. Dieser Wert wurde nur noch von den IVS an wirtschaftsnahen Einrichtungen übertroffen, bei denen die Suche nach geeigneten Mitarbeitern durchschnittlich 3 Monate in Anspruch nahm. Der überwiegende Teil der Mitarbeiter in privaten IVS und in Hoch-

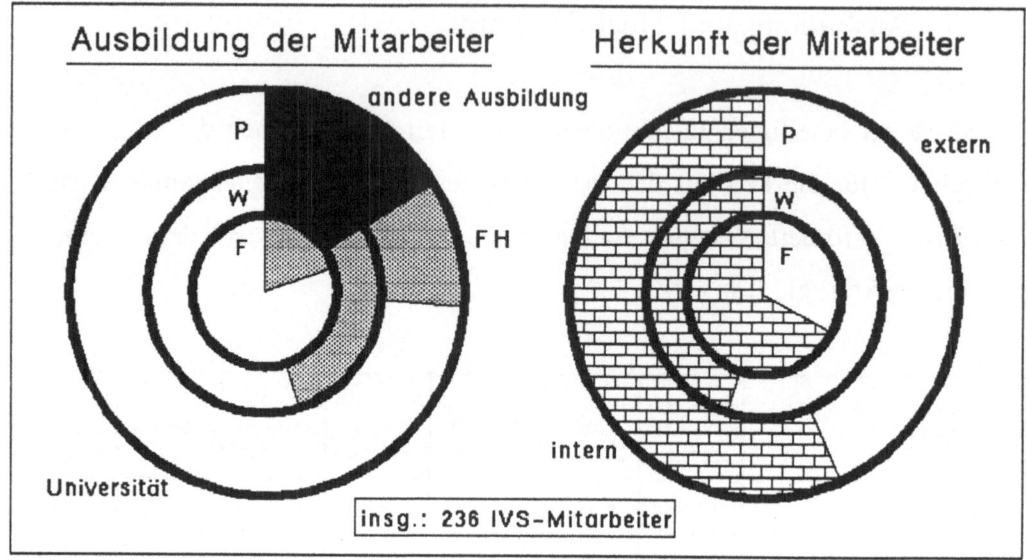

Abb. 10: Qualifikation und Herkunft der IVS-Mitarbeiter

schul-IVS hat eine universitäre Ausbildung abgeschlossen; hingegen war der Anteil der Fachhochschulabsolventen in den wirtschaftsnahen IVS im Vergleich höher als in den anderen Gruppen (vgl. Abb. 10).

In 44 % der Stellen hatten die Mitarbeiter bereits vor dem Modellversuch praktische Online-Kenntnisse; der Rest des befragten IVS-Personals mußte für die Online-Arbeit erst weiterqualifiziert werden (vgl. Tab. 10). Die Fertigkeiten und Kenntnisse, die Informationsvermittler für ihren Beruf qualifizieren,

Leistungen, Merkmale und Eigenschaften der geförderten IVS	Gesamtmenge der IVS		Private IVS		wirtsch.-nahe IVS		IVS in der Forschung		externe Inf.verm.		< 6 Rech. im Quartal		>16 Rech. im Quart.	
	abs.	%	abs.	%	abs.	%	abs.	%	abs.	%	abs.	%	abs.	%
Anzahl der IVS	134	100,0	85	-63,4	28	-20,9	21	-15,7	56	-41,8	42	-31,3	41	-30,6
Online-Kenntnisse vor MIV														
ja	59	44,0	41	30,6	9	6,7	9	6,7	29	21,6	14	10,4	24	17,9
Datenbanken waren bekannt	62	46,3	39	29,1	13	9,7	10	7,5	22	16,4	22	16,4	14	10,4
nein	13	9,7	5	3,7	6	4,5	2	1,5	5	3,7	7	5,2	3	2,2

Tab. 10: Vorkenntnisse im Datenbankbereich

umfassen eine breite Skala methodischer, technischer, organisatorischer und sogar psychologischer Erfahrungen und Fähigkeiten [vgl. O'LEARY 1987; SCHMIDT 1989c]. Neben grundlegendem methodischen Wissen über Informationstechnik, Informationsquellen und Informationsstrukturen sind auch Fähigkeiten vorauszusetzen, mit denen komplexe Problemsituationen erfaßt, analysiert und strukturiert werden können [vgl. BECKER u.a. 1980; WHITE 1981]. Zusätzlich sollten Informationsberater vertrauensfördernde Beraterqualitäten vorweisen können, sie müssen als Übersetzer zwischen unterschiedlichen Fachsprachen und Wissensstrukturen vermitteln, sie müssen als Wissensingenieure alle Spielarten moderner Informations- und Kommunikationstechnik beherrschen, und sie müssen als Pfadfinder im Informationsdschungel die vielfältigen Wege, Kanäle und Quellen der Informationslandschaft kennen (vgl. Tab. 11).

WISSENSPFADFINDER	INFORMATIONSBERATER
Kenntnis von Informationsquellen und -kanälen Vertrautheit mit der Informationslandschaft Kenntnis wichtiger Informationsinstitutionen und Experten -experten Grundlegendes Wissen zur Medienkunde und Dokumentenbeschaffung Fähigkeit zur Orientierung in fremden Wissensbereichen	Fähigkeit zur Analyse von Informationsproblemen Umsetzung von Problemstellungen in Informationsstrategien Verdichtung recherchierter Informationen und Daten zu Expertisen und Berichten Beratung bei der Umsetzung von Rechercheergebnissen in Problemlösungen
ÜBERSETZER	**WISSENSTECHNIKER**
Vertrautheit mit Sprachstrukturen und Begriffssystemen Kenntnisse in verschiedenen Fach- und Fremdsprachen Fähigkeit zur Übersetzung von Informationsproblemen in andere Fachterminologien Fähigkeit zur nutzerorientierten Darstellung fachlicher Sachverhalte	Vertrautheit mit Information- und Datentechnologie, EDV Grundlegende Kenntnis der Dokumentationsmethodik Kenntnis von Informationssystemen und Retrievaltechniken Beherrschung grundlegender Wissensrepräsentationsverfahren

Tab. 11: Qualifikationen in der Informationsvermittlung

Leistungen, Merkmale und Eigenschaften der geförderten IVS	Gesamtmenge der IVS abs. %	Private IVS abs. %	wirtsch.- nahe IVS abs. %	IVS in der Forschung abs. %	externe Inf.verm. abs. %	< 6 Rech. im Quartal abs. %	>16 Rech. im Quart. abs. %
Anzahl der IVS	134 100,0	85 -63,4	28 -20,9	21 -15,7	56 -41,8	42 -31,3	41 -30,6
Erwerb von Online-Kenntnis							
in einem IuD-Studiengang	3 1,7	2 1,9	- -	1 4,0	- -	2 3,6	- -
in einem Fachstudium	13 7,6	9 8,4	3 7,5	1 4,0	8 10,8	3 5,5	3 5,5
in einem Aufbaustudium	3 1,7	1 0,9	2 5,0	- -	2 2,7	- -	2 3,6
beim LID	3 1,7	3 2,8	- -	- -	- -	1 1,8	2 3,6
in freiem Retrieval-Kurs	47 27,3	27 25,2	13 32,5	7 28,0	19 25,7	18 32,7	12 21,8
in einem Host-Kurs	128 74,4	68 63,6	26 65,0	14 56,0	45 60,8	37 67,3	31 56,4
durch autodidakt. Lernen	115 66,9	71 66,4	27 67,5	17 68,0	48 64,9	37 67,3	39 70,9
sonstige Lernquellen	69 40,1	46 43,0	14 35,0	9 36,0	30 40,5	21 38,2	21 38,2

Tab. 12: Herkunft der Online-Kenntnisse in den IVS

Am häufigsten wurden die Kenntnisse im Online-Recherchieren durch autodidaktisches Lernen mit den Lehrmaterialien der Datenbankproduzenten und -anbieter erworben (vgl. Tab. 12). An zweiter Stelle standen in diesem Zusammenhang Besuche bei den Retrievalkursen der Hosts. Die Aneignung von Online-Kenntnissen im Rahmen der beruflichen Praxis wurde als drittwichtigste Quelle für Online-Kenntnisse deutlich weniger oft genannt. Der Besuch von Online-Kursen bei hersteller- und hostunabhängigen Fortbildungseinrichtungen wurde von nur 30 % der IVS-Mitarbeiter als Quelle für Online-Kenntnisse genannt. Nur 9 von insgesamt 194 befragten IVS-Rechercheuren konnten auf eine staatliche Ausbildung als Informationsspezialist in Hochschulstudiengängen oder Lehrinstituten verweisen.

4.2.2 Tätigkeitsfelder

Dem relativ niedrigen Online-Spezialisierungsgrad der IVS-Mitarbeiter im Modellversuch entspricht der hohe Anteil von Arbeitskapazität, der von den recherchierenden Kräften in andere Tätigkeitsbereiche der IVS-Trägerinstitutionen eingebracht wurde. Das Ausmaß der funktionalen Integration von IVS-Personal läßt sich daraus ablesen, daß bei mehr als 50 % der IVS die Mitarbeiter zu weniger als 40 % ihrer Arbeitszeit in der Informationsvermittlung tätig waren (vgl. Tab. 13). Während bei 11 IVS die Mitarbeiter ausschließlich für die Durchführung von Recherchen eingesetzt wurden, war bei allen anderen Stellen das IVS-Personal in breitere Aufgabengebiete integriert; so arbeiteten allein 64 % der Rechercheure bei der Abwicklung von Beratungsaufgaben mit.

Zwei Schlußfolgerungen für den Grad der fachlichen Orientierung von IVS-Mitarbeitern lassen sich aus den gesammelten Erfahrungsberichten und aus den Interviews mit IVS-Verantwortlichen ableiten [vgl. KÄMPER 1991]:

- Fachliche Spezialisierung einer Informationsdienstleistung ist dort sinnvoll, wo in einem disziplinär, inhaltlich oder sektorell abgrenzbaren Bereich neue informationsbezogene Dienste die bestehenden Strukturen der Wissensvermittlung aufgreifen, ausweiten und verbessern.

Leistungen, Merkmale und Eigenschaften der geförderten IVS	Gesamtmenge der IVS abs. %	Private IVS abs. %	wirtsch.-nahe IVS abs. %	IVS in der Forschung abs. %	externe Inf.verm. abs. %	< 6 Rech. im Quartal abs. %	>16 Rech. im Quart. abs. %
Anzahl der IVS	134 100,0	85 =63,4	28 =20,9	21 =15,7	56 =41,8	42 =31,3	41 =30,6
zusätzliche Tätigk.bereiche							
nur Informationsvermittl.	12 9,0	6 4,5	1 0,7	5 3,7	5 3,7	2 1,5	7 5,2
wissenschaftliche Arbeit	40 29,9	24 17,9	6 4,5	10 7,5	10 7,5	12 9,0	13 9,7
Beratungsdienstleistung	85 63,4	61 45,5	22 16,4	2 1,5	35 26,1	30 22,4	20 14,9
organisat.-techn. Aufgaben	47 35,1	30 22,4	15 11,2	2 1,5	22 16,4	19 14,2	9 6,7
Dokumentation/Bibliothek	31 23,1	14 10,4	9 6,7	8 6,0	10 7,5	9 6,7	8 6,0
andere Aufgaben	39 29,1	25 18,7	9 6,7	5 3,7	18 13,4	15 11,2	13 9,7
IVS-Tätigkeit/Gesamtarb.zeit	ø 43,9 %	ø 38,3 %	ø 54,3 %	ø 52,7 %	ø 52,9 %	ø 33,3 %	ø 51,4 %
0 < 20 %	44 32,1	37 27,6	3 2,2	4 3,0	13 9,7	21 15,7	10 7,5
20 < 40 %	27 20,1	13 9,7	9 6,7	5 3,7	8 6,0	10 7,5	7 5,2
40 < 60 %	26 19,4	15 11,2	5 3,7	6 4,5	12 9,0	4 3,0	11 8,2
60 < 80 %	18 13,4	12 9,0	5 3,7	1 0,7	11 8,2	5 3,7	4 3,0
80 - 100 %	19 14,2	8 6,0	6 4,5	5 3,7	12 9,0	3 2,2	9 6,7

Tab. 13: Tätigkeitsbereiche und -anteile der IVS-Mitarbeiter

- Methodische Spezialisierung mit nur grober fachlicher Festlegung ist jenen Informationsdienstleistungsunternehmen anzuraten, die sich im Milieu eines allgemein funktional orientierten Informations- und Innovationstransfers ansiedeln.

Da die IVS-Mitarbeiter zu einem großen Anteil für andere, zumeist auch beratende Tätigkeiten eingesetzt waren, wurden von den Arbeitgebern besondere Anforderungen an die Qualifikation der Rechercheure gestellt. Einer der geförderten Unternehmensberater faßte die Qualifikationsforderungen an innerbetriebliche Informationsvermittler in dem Urteil zusammen: "Die Kenntnis der Retrievalsprachen von Datenbanken allein reicht nicht aus für qualifizierte Recherchen. Fachspezifische Kenntnisse, wissenschaftliches 'Generalistenwissen' auf hohem Niveau und gute englische Sprachkenntnisse sind ebenfalls wichtige Voraussetzungen".

Eine Folge der unzureichenden Auslastung von Informationsmitarbeitern war unter anderem die vergleichsweise geringe Kontinuität in der IVS-Arbeit. Bei jenen Stellen, in denen aufgrund des geringen Recherchebedarfs verhältnismäßig selten recherchiert wurde, hatten die Mitarbeiter nur unzureichende On-line-Trainingsmöglichkeiten und konnten eine anhaltende Sicherung des Retrieval-Know-hows nicht mehr gewährleisten (vgl. Tab. 14).

Leistungen, Merkmale und Eigenschaften der geförderten IVS	Gesamtmenge der IVS abs. %	Private IVS abs. %	wirtsch.-nahe IVS abs. %	IVS in der Forschung abs. %	externe Inf.verm. abs. %	< 6 Rech. im Quartal abs. %	>16 Rech. im Quart. abs. %
Anzahl der IVS	134 100,0	85 -63,4	28 -20,9	21 -15,7	56 -41,8	42 -31,3	41 -30,6
Retrievalfähigkeiten bei IVS							
professionelles Retrieval	52 38,8	30 22,4	12 9,0	10 7,5	27 20,1	6 4,5	28 20,9
halbprofessionell	39 29,1	23 17,2	8 6,0	8 6,0	16 11,9	11 8,2	10 7,5
spezialisiertes Wissen	23 17,2	16 11,9	4 3,0	3 2,2	9 6,7	11 8,2	3 2,2
zu wenig Retrievalroutine	16 11,9	12 9,0	4 3,0	- -	2 1,5	13 9,7	- -
fehlende Retrievalroutine	2 1,5	2 1,5	- -	- -	1 0,7	1 0,7	- -

Tab. 14: Selbsteinschätzung zu den Retrievalfertigkeiten

Insbesondere im Bereich der Hochschul-IVS litt aufgrund der hohen Fluktuation der verantwortlichen Mitarbeiter die kontinuierliche Betreuung der IVS und damit die Möglichkeit, das erworbene Retrieval-Know-how und die Recherchequalität langfristig zu sichern. Diese spezifischen Probleme der geförderten Hochschulinstitute läßt sich aus der Kritik eines IVS-Leiters an einer Universität ablesen: "Insofern erwies sich die Entscheidung des Projektträgers, den am Modellversuch teilnehmenden Hochschulen Personalkostenzuschüsse nur für eine Halbtagsstelle zu gewähren, als bedenklich, da für eine Halbtagsstelle kein qualifizierter Rechercheur zu finden war." Der während des Modellversuchs wiederholt geäußerte Vorschlag der geförderten Hochschulen, ihre IVS nach Ablauf der Förderung mit Hilfe öffentlicher Zuschüsse mit einer Dauerstelle auszustatten, stützte sich auf mehrere Argumente:

- die Notwendigkeit der Kontinuität der IVS-Betreuung;

- der Erfahrungs- und Qualifizierungsverlust bei häufigem Personalwechsel;

- der hohe Weiterqualifizierungsaufwand für Rechercheure, der von IVS-Mitarbeitern mit nur kurzfristigen Zeitverträgen kaum zu leisten ist;

- die Komplexität des Dienstleistungsangebotes der IVS erfordert eine Qualifizierung der IVS-Mitarbeiter, die sich nicht nur auf die Beherrschung einzelner Suchroutinen in Datenbanken reduzieren läßt;

- die Notwendigkeit, spezielle Seminare und Kurse für Studenten und Studentinnen anzubieten, die in die Online-Nutzung von Datenbanken einführen;

- die zu erwartende Erhöhung der Nutzungsfrequenz und Nutzungsintensität.

Ohne entsprechende Finanzierungshilfen für eine kontinuierliche personelle Ausstattung der IVS sahen einige der Stellen, die bisher die IVS-Mitarbeiter ausschließlich über die im Modellversuch bereitgestellten Personalmittel finanzieren mußten, Probleme für die Fortführung ihrer IVS. In den Fällen, in denen für die Gesamtdauer des Modellversuchs (drei Jahre) die befristete Einstellung eines Mitarbeiters für die IVS erfolgte, wurde demnach von den betreffenden Hochschul-IVS die Umwandlung der befristeten IVS-Stellen in Dauerstellen empfohlen. Die Berechtigung für derartige Forderung läßt sich der Äußerung eines der am Modellversuch beteiligten IVS-verantwortlichen Professoren entnehmen: "Es hat sich gezeigt, daß es wichtig und richtig war, einen Planstelleninhaber des Fachgebietes an dem Projekt zu beteiligen. Nur so konnte das erarbeitete Know-how auf dem Gebiet der Informationsbeschaffung auch über das Projektende hinaus genutzt werden."

Zusammenfassend läßt sich die Situation des Informationspersonals im Modellversuch so charakterisieren: Der Hauptanteil der IVS-Mitarbeiter sowohl in der Privatwirtschaft, aber auch im Forschungsbereich rekrutierte sich aus bereits vorhandenen Personalkapazitäten. Über kurzfristige Qualifizierungsoffensiven in Kombination mit eigener autodidaktischer Lerninitiative wurden die Mitarbeiter oft nur unzureichend auf die neue Informationstätigkeit vorbereitet. Die Suche nach geeignetem Informationspersonal führte in den Privatfirmen und den wirtschaftsnahen Einrichtungen vorrangig zur Einstellung akademisch gebildeter Kräfte, die aufgrund ihres breiten Qualifikationsprofils die IVS-Aufgaben neben anderen Beratungs- und Forschungsaufgaben übernahmen.

4.3 Rechercheverhalten im Modellversuch

Die hier wiedergegebenen quantitativen Befunde zum Rechercheverhalten und zur Online-Nutzung wurden aufgrund der vierteljährlich von den IVS gemeldeten Quartalsstatistiken zum Rechercheaufkommen ermittelt. Erhoben wurden der Recherchetyp, Art der Fragestellung, externe oder interne Nutzungsweise, Typ des Auftraggebers und Aufbereitungsgrad des Rechercheprodukts. In den Tabellen dieses Kapitels sind die statistischen Auswertungen zum Rechercheaufkommen bei den geförderten IVS für den gesamten Förderzeitraum erfaßt.

Außerdem werden die Angaben gesondert nach den drei IVS-Typen dargestellt, und es sind die Zahlen für die einzelnen Projketjahre 1987, 1988 und
1989 jeweils getrennt aufgelistet. Die folgenden Analysen und Darstellungen
schlüsseln also die Entwicklungen im Rechercheverhalten der IVS differenziert
nach den drei Institutionentypen und für die einzelnen Jahre im Modellversuch
auf.

4.3.1 Rechercheaufkommen

Für die Analyse des Rechercheaufkommens im Modellversuch werden die 134
beteiligten IVS den folgenden drei sektoralen Typen zugeordnet:

- 85 private IVS (Typ P),
- 28 wirtschaftsnahe IVS (Typ W),
- 21 IVS in Forschung und Lehre (Typ F).

Während des Modellversuchs wurden von den IVS insgesamt 25.052 Recherchen
durchgeführt; d. h. pro IVS 187 Recherchen in drei Jahren (vgl. Abb. 11).

Typ	antwortende IVS		Anzahl Recherchen		Recherchen / IVS
F	21	15.7 %	8.209	32.8 %	390.9
W	28	20.9 %	5.127	20.4 %	183.1
P	85	63.4 %	11.716	46.8 %	137.8
Σ	134	100.0 %	25.052	100.0 %	187.0

Abb. 11: Gesamtrechercheaufkommen im Modellversuch

Davon haben die 85 privaten IVS mit 11.718 Recherchen ca. 47 % des gesamten Rechercheaufkommens beigetragen. Im Durchschnitt hat demnach jede der IVS, die bei einem privaten Träger eingerichtet wurde, 137 Online-Recherchen während der drei Projektjahre durchgeführt. Die 28 IVS in wirtschaftsnahen, nichtkommerziellen Einrichtungen (Typ W), also IVS bei Kammern und Verbänden, in Innovationsberatungsstellen oder in Technologiezentren, umfaßten 21 % der geförderten Stellen.

Den kleinsten Anteil von knapp 16 % aller IVS bildeten die 21 geförderten Vermittlungsstellen in den naturwissenschaftlichen Universitätsinstituten, in den vier beteiligten Fachhochschulen und in einigen anderen Einrichtungen, die im weitesten Sinne dem Bereich Forschung zuzurechnen sind (Typ F). Die IVS in diesem Sektor haben in den drei Jahren mit rund 390 Meldungen pro Stelle fast dreimal soviele Recherchen durchgeführt wie eine durchschnittliche private Stelle - und mehr als doppelt soviele wie eine entsprechende wirtschaftsnahe IVS. Die Gründe für die höhere Online-Akzeptanz im Forschungs- und Hochschulbereich sind in erster Linie in den direkteren Verwertungsmöglichkeiten für wissen-schaftliche Fakten und Referenzen aus Datenbanken zu suchen [vgl. SCHUBERT-SCHEINMANN 1990b]. Sowohl private Unternehmen als auch die nicht-kommerziell arbeitenden Einrichtungen sahen sich dagegen mit einer deutlich geringeren Nachfrage sowohl von seiten externer Kunden als auch durch Mitarbeiter aus dem eigenen Haus konfrontiert.

Aus Tab. 15 ist ersichtlich, daß 1988 für die geförderten IVS in fast allen Bundesländern das recherchestärkste Jahr war. Dies läßt sich dadurch erklären, daß 1987 zunächst Anfangsprobleme, wie die Qualifizierung der IVS-Mitarbeiter und Schwierigkeiten im Umgang mit Retrievaltechniken zu überwinden waren. Auch erforderte die Akquisition von Rechercheaufträgen vor allem bei IVS in Privatunternehmen und in wirtschaftsnahen Institutionen mehr Zeit, als zunächst von den geförderten Stellen selbst erwartet worden war. 1988 zeigte

91

sich eine steigende Tendenz des Rechercheaufkommens in allen Bereichen, die sich kontinuierlich bis zum 3. Quartal 1989 erstreckt (vgl. Abb. 12).

Anzahl und Merkmale der im Modellversuch registrierten Recherchen	Recherchen insgesamt		bei 21 IVS d. Forsch.		28 wirt. nahen IVS		85 priva- ten IVS		Jahr '87 (132 IVS)		Jahr '88 (127 IVS)		Jahr '89 (113 IVS)	
	abs.	/IVS	abs.	/IVS	abs.	/IVS	abs.	/IVS	abs.	/IVS	abs.	/IVS	abs.	/IVS
Recherchezahl 1987 bis 1989	25052	187	8209	391	5127	183	11716	138	7964	60	9975	79	7113	63
nach Bundesland														
Berlin (3 IVS)	1180	393	799	799	347	347	34	34	136	45	582	194	462	231
Bremen (4 IVS)	545	136	186	47	338	169	21	21	141	35	207	52	197	49
Hamburg (6 IVS)	1111	185	511	85	162	81	438	146	314	52	481	80	316	53
Schleswig-Holstein (5 IVS)	302	60	64	64	175	175	63	21	158	32	104	35	40	13
Niedersachsen (15 IVS)	4191	279	781	260	1731	433	1679	210	1418	95	1475	98	1298	93
Nordrhein-Westf. (29 IVS)	4572	158	1555	389	370	123	2647	120	1560	5	1745	62	1267	53
Hessen (15 IVS)	1800	120	738	369	586	147	476	53	658	47	766	59	376	34
Rheinland-Pfalz (7 IVS)	2407	345	1666	555	304	152	437	219	635	91	1130	161	642	92
Saarland (1 IVS)	200	200	-	-	-	-	200	200	22	22	136	136	42	42
Baden-Württemberg (28 IVS)	4062	145	1095	274	596	99	2371	132	1582	57	1570	58	910	41
Bayern (21 IVS)	4682	223	814	814	518	173	3350	197	1340	67	1779	85	1563	82

Tab. 15: Rechercheaufkommen bei den IVS nach Bundesländern

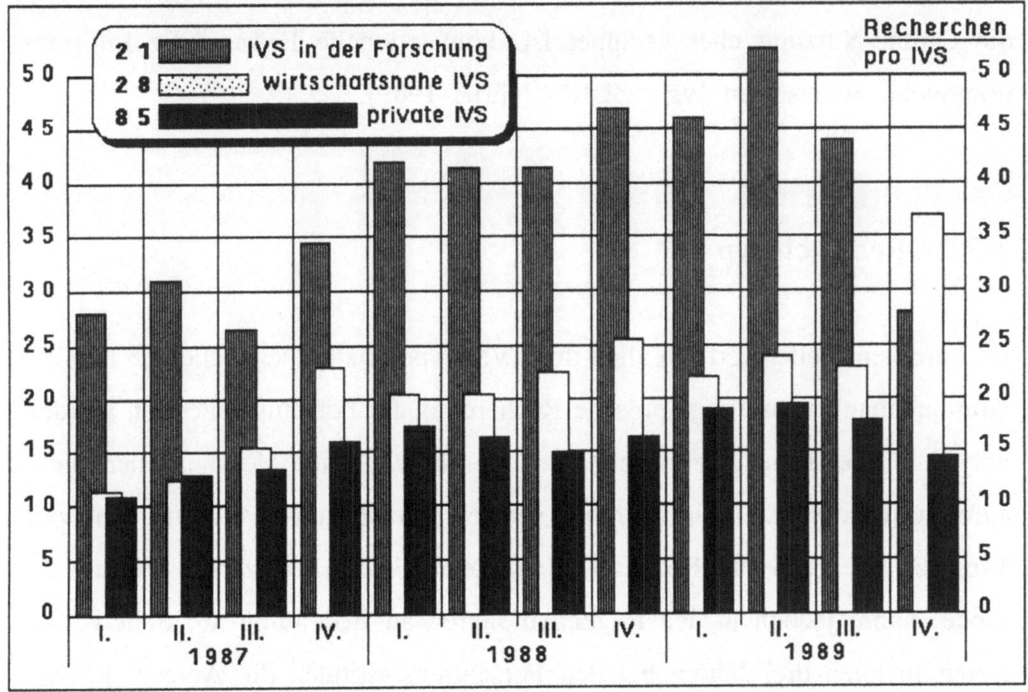

Abb. 12: Rechercheentwicklung während des Modellversuchs

Das relativ niedrige, aber gleichbleibende Rechercheaufkommen bei den IVS in privaten Dienstleistungsunternehmen läßt sich auf zwei Ursachen zurückführen: bei den für Beratungszwecke intern genutzten IVS bestand im Rahmen von sporadisch auftretenden Nutzungssituationen ein geringerer Informationsbedarf, während sich die extern anbietenden, auftragsorientiert arbeitenden IVS mit einer unvollkommen ausgebildeten Nachfrage nach online-bezogenen Informationsdiensten konfrontiert sahen. Die IVS in wirtschaftsnah arbeitenden Einrichtungen wiesen aufgrund ihres größeren Zielgruppenpotentials und wegen der besseren Integrationsmöglichkeiten für Informationsrecherchen in andere innovationsunterstützende Serviceleistungen eine etwas höhere Rechercheaktivität auf. Deutlich übertroffen wurden diese Recherchezahlen von den Online-Nutzungsraten in naturwissenschaftlichen Universitätsinstituten und technisch orientierten Fachhochschulen, wo der Bedarf für fachliche Information den Inhalten und den Strukturen des Datenbankangebots besser entspricht und wo die Online-Nutzung eher geeignet ist, konventionelle Formen der Informationssuche zu ersetzen [vgl. ZURWEHME 1989].

4.3.2 Recherchetyp

Den größten Stellenwert bei allen drei IVS-Typen hatte die Recherche in Literaturdatenbanken (bibliographische Recherche). Im Forschungsbereich wurden mit 90 % aller gemeldeten Recherchen die überwiegende Mehrheit aller Suchaufträge mit dem Ziel durchgeführt, speziell Literaturhinweise zu finden (vgl. Tab. 16). Die gemischte Recherche umfaßte 1987 noch jede zehnte Datenbanksuche, nahm jedoch in den folgenden Jahren an Bedeutung ab. Sehr gering waren in allen drei Jahren bei den Forschungsinstituten die Anteile der Recherchen nach Zahlen und Fakten und die Referral-Recherchen.

Anzahl und Merkmale der im Modellversuch registrierten Recherchen	Recherchen insgesamt abs. /IVS	bei 21 IVS d. Forsch. abs. / IVS	28 wirt. nahen IVS abs. / IVS	85 priva-ten IVS abs. / IVS	Jahr '87 (132 IVS) abs. / IVS	Jahr '88 (127 IVS) abs. / IVS	Jahr '89 (113 IVS) abs. /IVS
Recherchezahl 1987 bis 1989	25052 187	8209 391	5127 183	11716 138	7964 60	9975 79	7113 63
Typ der Recherche							
bibliographische Recherche	15031 112	7232 344	2757 98	5026 59	4532 34	6293 50	4206 37
Faktenrecherche	2716 20	177 8	850 30	1689 20	868 7	1211 10	637 6
Referralrecherche	2195 16	47 2	717 26	1430 17	618 5	862 7	715 6
gemischte Recherche	3833 29	681 32	636 23	2515 30	1035 8	1341 11	1457 13

Tab. 16: Recherchen im Modellversuch nach Recherchetyp

Das Verhalten der IVS in den wirtschaftsnahen Einrichtungen läßt sich wie folgt charakterisieren: Bei diesem Typ war mit über 50 % aller im Modellversuch registrierten Recherchen ein Schwerpunkt im Bereich der bibliographischen Suchen zu beobachten. Die restlichen Recherchetypen umfasten in etwa gleich große Anteile.

Bei den geförderten IVS in privaten Unternehmen spielte die bibliographische Information eine wesentlich geringere Rolle. Im Jahr 1989 wurden nur gut ein Drittel aller Recherchen in Literaturdatenbanken durchgeführt. Wegen der komplexen Fragen und aufgrund der differenzierten Aufgabenstellungen im privaten Sektor wurden dagegen gemischte Recherchen immer häufiger durchgeführt. Der Anteil der gemischten Recherchen stieg bei den privaten IVS von 16 % aller Recherchen im Jahr 1987 auf 34 % im Jahr 1989.

Dieses Rechercheverhalten im Modellversuch spiegelt deutlich die unterschiedlichen Arbeitsfelder und Verwendungszusammenhänge von Online-Fachinformationen in den drei IVS-Typen wider. Während die Forschungs-IVS ganz überwiegend einen Bedarf an Literaturnachweisen zu veröffentlichtem Fachwissen befriedigten, benötigten die beratend tätigen Vermittler in den Infrastruktureinrichtungen und bei den Dienstleistungsunternehmen ein breites Spektrum differenzierter, beratungsrelevanter Literaturzitate, Zahlen und Fakteninformationen und Referenzen.

4.3.3 Art der Recherche

Bei den IVS in Forschung und Hochschulen werden 90 % der Recherchen intern verwendet, da die wissenschaftlichen Referenzinformationen aus den Datenbanken hauptsächlich für Forschungsarbeiten und Studien nur intern, sowohl von Professoren als auch von Doktoranden und Studenten, genutzt wurden (vgl. Tab. 17).

Anzahl und Merkmale der im Modellversuch registrierten Recherchen	Recherchen insgesamt abs. /IVS	bei 21 IVS d. Forsch. abs. / IVS	28 wirt. nahen IVS abs. / IVS	85 priva- ten IVS abs. / IVS	Jahr '87 (132 IVS) abs. / IVS	Jahr '88 (127 IVS) abs. / IVS	Jahr '89 (113 IVS) abs. /IVS
Recherchezahl 1987 bis 1989	**25052** 187	8209 391	5127 183	11716 138	7964 60	9975 79	7113 63
Art der Recherche							
Recherche im Kundenauftrag	**8963** 67	648 31	2701 96	5412 64	2575 19	3550 28	2838 25
Rech. für interne Nutzung	**13900** 104	7056 336	2028 72	4809 57	4294 32	5701 45	3905 35
Übungs- / Demo-Recherche	**1686** 13	307 15	347 12	1025 12	853 6	541 4	292 3

Tab. 17: Interne und externe Nutzung der Recherchen

Im Jahr 1987 hielt sich bei den wirtschaftsnah arbeitenden Einrichtungen (Typ W) die Zahl der intern genutzten Recherchen und die im direkten Kundenauftrag durchgeführten Suchläufe die Waage. 1988 verdoppelte sich jedoch die Anzahl externer Recherchen fast, während die Zahl interner Recherchen mit etwa 685 konstant blieb.

Auch bei den privaten IVS (Typ P) zeigen die Recherchezahlen die Tendenz zur vermehrten Durchführung von Recherchen im Kundenauftrag. Während 1987 fast die Hälfte aller Recherchen für die eigene Arbeit genutzt wurde, waren es 1989 nur noch gut ein Drittel aller registrierten Suchläufe. Gleichzeitig stieg der Anteil externer Recherchen von 35 % auf 59 %. Bei allen drei IVS-Typen blieb die Anzahl durchgeführter Übungs- und Demonstrationsrecherchen auffallend gering. Mit zunehmendem Retrieval-Know-how der IVS wurden Übungsrecherchen überflüssig; gleichzeitig führten die geförderten Vermittler 1988 und 1989 weniger Demonstrationsrecherchen bei potentiellen Kunden durch als zu Beginn des Modellversuchs, da die Akquisition von Aufträgen sich in Relation zum Erfolg als zu aufwendig und mühevoll erwies.

4.3.4 Art der Fragestellung

Beim IVS-Typ F standen erwartungsgemäß naturwissenschaftliche Fragestellungen deutlich an erster Stelle. Bei 90 % aller Recherchen wurden naturwissenschaftliche Informationen abgerufen. Hieran hat sich auch während des gesamten Modellversuchs nichts geändert (vgl. Abb. 13).

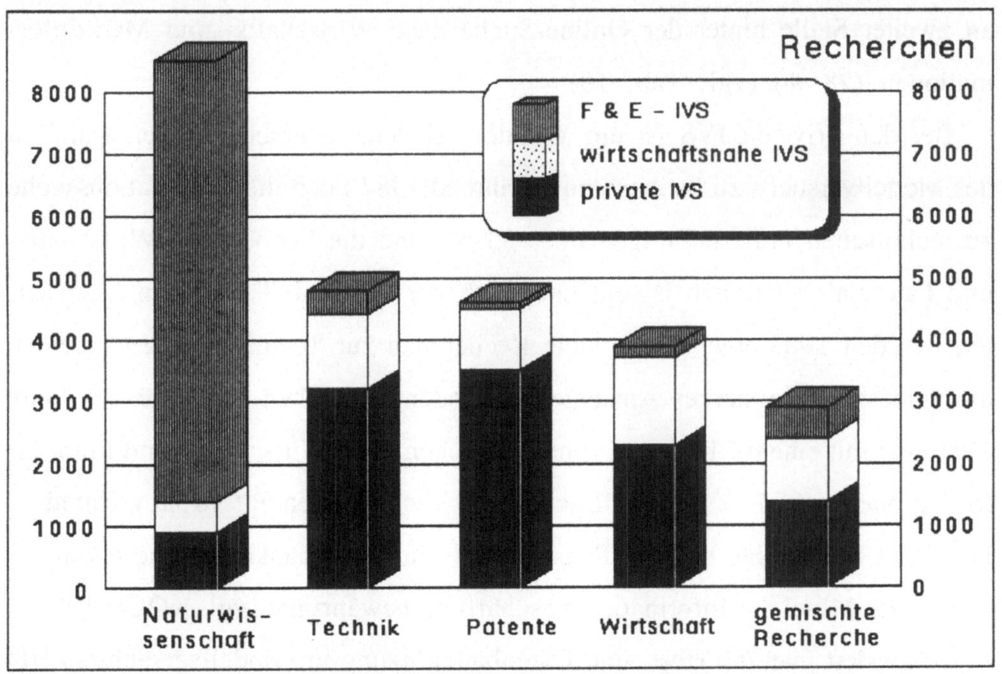

Abb. 13: Recherchen nach fachlicher Fragestellung

Anzahl und Merkmale der im Modellversuch registrierten Recherchen	Recherchen insgesamt abs. /IVS		bei 21 IVS d. Forsch. abs. / IVS		28 wirt. nahen IVS abs. / IVS		85 priva- ten IVS abs. / IVS		Jahr '87 (132 IVS) abs. / IVS		Jahr '88 (127 IVS) abs. / IVS		Jahr '89 (113 IVS) abs. /IVS	
Recherchezahl 1987 bis 1989	25052	187	8209	391	5127	183	11716	138	7964	60	9975	79	7113	63
Art der Fragestellung														
vorwiegend naturwissensch.	**8426**	**63**	7093	338	429	15	903	11	2609	20	3544	28	2273	20
überwiegend technisch	**4760**	**36**	449	21	1178	42	3124	37	1951	15	1832	14	977	9
Frage zu Patentinformation	**4539**	**34**	74	4	991	35	3468	41	1196	9	1506	12	1837	16
Markt-, Wirtschaftsinf.	**3860**	**29**	125	6	1449	52	2284	27	1168	9	1555	12	1137	10
gemischte Fragestellung	**2893**	**22**	465	22	984	35	1444	17	746	6	1351	11	796	7

Tab. 18: Recherchen nach Fachbereichen

Beim Typ W standen Online-Suchen nach Wirtschafts- und Marktinformationen mit 28 %, sowie technikbezogene Daten mit 24 % aller registrierten Datenbanksuchen in den Jahren 1987 und 1988 im Vordergrund. Die Suche nach Patentinformationen umfaßte 1987 einen Anteil von 20 % aller Recherchen, 1988 sank dieser Anteil auf 17 % und 1989 standen Patentrecherchen mit 22 % an zweiter Stelle hinter der Online-Suche nach Wirtschafts- und Marktinformationen (28 %) (vgl. Tab. 18).

Bei den privaten IVS ist ein Wandel bei den Rechercheinhalten während des Modellversuchs zu beobachten. Während 1987 noch die Informationssuche zu technischen Fragestellungen über 35 %, und die Suche nach Wirtschafts- und Patentinformationen jeweils ca. 20 % der Retrieval-Tätigkeiten ausmachten, wurden 1988 etwa gleich viele Recherchen zur Technik und zu Patenten durchgeführt. Ein starkes Ansteigen der Patentrecherchen auf 47 % im Jahre 1989 war mit einem Rückgang von Recherchen nach Wirtschafts- und Marktinformationen auf 21 % und der Suche nach Technikdaten auf 18 % verbunden. Damit ist belegt, daß sich im Patentbereich die Datenbankrecherche als unterstützendes Mittel der Informationsbeschaffung bewährt hat [vgl. KOCH 1990].

Analysiert man die Host- und Datenbanknutzung im Modellversuch, so läßt sich folgende Rangfolge aufstellen: Unter den zehn meist-genutzten Hosts lag

STN International mit den Datenbanken Chemical Abstracts und dem Registry File deutlich an der Spitze. Im Hostsektor folgte auf STN zunächst FIZ Technik, dann DATA-STAR, weiter INKA, DIALOG, ECHO, DIMDI, GENIOS und dann mit einem kleinen Abstand noch TELESYSTEM Questel und BIS. Bei den Datenbanken rangierten nach den CAS-Files die Patentdatenbank PATDPA, die Technikdatenbank DOMA, die Patentdatenbank WPI und die bauingenieur- und architektur-orientierte Datenbank RSWB des IRB auf den ersten Stellen.

4.3.5 Aufbereitungsgrad der Recherche

Die recherchebezogenen Dienstleistungen im Modellversuch wurden entsprechend ihrer Komplexität einer der folgenden fünf Kategorien zugeordnet:

- einfacher Versand des Ausdrucks,
- themenkritische Selektion,
- Literaturbeschaffung,
- Zusammenfassung der Recherche,
- zusätzliche Nutzung anderer Informationsquellen,
- Erstellung von Expertisen.

Anzahl und Merkmale der im Modellversuch registrierten Recherchen	Recherchen insgesamt abs. /IVS		bei 21 IVS d. Forsch. abs. / IVS		28 wirt. nahen IVS abs. / IVS		85 priva- ten IVS abs. / IVS		Jahr '87 (132 IVS) abs. / IVS		Jahr '88 (127 IVS) abs. / IVS		Jahr '89 (113 IVS) abs. /IVS	
Recherchezahl 1987 bis 1989	**25052**	**187**	8209	391	5127	183	11716	138	7964	60	9975	79	7113	63
Aufbereitungsgrad														
einfacher Ausdruckversand	**6117**	**46**	3064	146	1352	48	1700	20	2626	20	2340	18	1151	10
themenkritische Selektion	**8501**	**63**	2667	127	1778	64	4041	48	2856	21	3145	25	2500	22
incl. Literaturbeschaffung	**2627**	**20**	320	15	659	24	1648	19	712	5	944	7	971	9
Zusammenfassung der Rech.	**3535**	**26**	565	27	714	26	2256	27	854	6	1381	11	1300	12
Nutzung weiterer Quellen	**1648**	**12**	648	31	367	13	633	7	337	3	646	5	665	6
Erstellung von Expertisen	**814**	**6**	8	0	120	4	685	8	277	2	361	3	176	2

Tab. 19: Grad der Aufbereitung der Rechercheergebnisse

Bei allen drei IVS-Typen zeigte sich die Tendenz, eine steigende Anzahl von immer komplexeren online-bezogenen Dienstleistungen zu erbringen. Während 1987 bei den Hochschulen 1392 Recherchen dem einfachen Versand zugeordnet werden mußten und nur 729 Recherchen einer themenkritischen Selektion unterzogen wurden, war diese Verteilung 1989 genau umgekehrt (vgl. Tab. 19). 480 Recherchen der Kategorie "einfacher Versand" standen 1004 themenkritisch selektierte Recherchen gegenüber. Erwähnenswert ist das Ansteigen in der Kategorie "Nutzung anderer Informationsquellen" von 30 Recherchen im Jahre 1987 auf 406 Recherchen 1988.

Das Angebot bei den Forschungs-IVS weist darauf hin, daß trotz einer hohen Akzeptanz der Datenbanken auch die wissenschaftlichen Nutzer ein aufbereitetes, bearbeitetes Rechercheergebnis (Selektion von Doubletten, Streichen von Ballast u. ä.) wünschen. Daß die Beschaffung von Literatur selten durch die IVS vorgenommen wurde, ist darauf zurückzuführen, daß den Wissenschaftlern Fach- und Universitätsbibliotheken direkt zugänglich sind. Bei der Informationsvermittlung in den Forschungsinstituten zeigte sich, daß eine Nutzung zusätzlicher Informationsquellen neben den Datenbanken das Angebot ergänzen sollte. Mehr als 17 % der Rechercheaufträge im Modellversuch wurden durch zusätzliche konventionelle Recherchemethoden ergänzt.

Beim IVS-Typ W wurden im Jahre 1987 38 % der Recherchen einer themenkritischen Selektion unterzogen. An zweiter Stelle folgte der einfache Versand mit 30 %. Letztgenannte Kategorie besaß 1989 nur noch einen Anteil von 24 % der Recherchen, während der Anteil der themenkritischen Selektion konstant blieb. Der Anteil der Kategorie "Zusammenfassung der Recherche" stieg von 9 % im Jahre 1987 auf 18 % im Jahre 1988, sank dann aber 1989 auf 14 % der Recherchen. Während der drei Jahre hat sich der Anteil der Literaturbeschaffung von 10 % auf 17,5 % vergrößert. Die zusätzliche Nutzung anderer Informationsquellen lag während des Untersuchungszeitraumes bei 7 % bis 8 %.

Ähnlich verlief die Entwicklung bei den privaten IVS. Während 1987 der Anteil der themenkritischen Selektion bei 41 % aller durchgeführten Recherchen lag, so fiel er 1989 auf 30 % ab. Auch der Anteil der Kategorie "einfacher Versand" sank von 21 % auf 9 %. Dem gegenüber stiegen die Anteile der Kategorien "Literaturbeschaffung" und "Zusammenfassung der Recherche" um fast 100 % auf 21 % bzw. 30 %. Die Kategorien "zusätzliche Nutzung anderer Informationsquellen", sowie "Erstellung von Expertisen" lagen im Durchschnitt bei 6 % während des gesamten Modellversuchs.

Die Vermittler in den wirtschaftsnahen Einrichtungen erstellten damit während des Modellversuchs Informationsvermittlung vorwiegend intellektuell bearbeitete und selektierte Rechercheausdrucke und beschafften in zunehmendem Maße Originalliteratur für ihre Klientel, die selber keinen direkten Zugang und Zugriff auf Bibliotheken und Dokumentationsstellen besaß und die Informationen rasch und ohne großen Aufwand benötigte.

Bei den IVS in privaten Unternehmen stand einer kontinuierlichen Abnahme von reinen Rechercheaufträgen und Online-Recherchen mit geringer Weiterbearbeitung einer zunehmenden Tätigkeit im Bereich der Literaturbeschaffung und der komplexen intellektuellen Aus- und Bewertung von Rechercheergebnissen gegenüber.

4.3.6 Typ des Auftraggebers

Da im Bereich der Forschung hauptsächlich Recherchen zur internen Nutzung durchgeführt wurden, waren die Nutzer vorwiegend Institutsangehörige (Professoren, Doktoranden und Studenten). Anders verhielt es sich bei den IVS-Typen W und P. Auch wenn dort die Recherchetätigkeit für den Eigenbedarf als Teil einer anderen Dienstleistung einen hohen Stellenwert einnimmt, wurden externe Auftragsrecherchen aus Gründen der Wirtschaftlichkeit oder des Prestiges der IVS für wichtig gehalten.

Bei den wirtschaftsnah arbeitenden Einrichtungen wurden 1987 37 % der Recherchen für den Eigenbedarf durchgeführt, 1988 waren es nur noch 28 % und 1989 stieg der Anteil der internen Recherchen wieder auf 40 %. Die meisten externen Auftraggeber waren kleine und mittlere Unternehmen (KMU). Im Jahre 1987 hatten die KMU einen Anteil von 31 % am Recherchevolumen, ihre Aufträge sanken 1989 auf einen Anteil von 25 % zugunsten des Eigenbedarfs der IVS ab. Alle anderen Typen von Auftraggebern waren am Rechercheaufkommen während des gesamten Modellversuchs mit jeweils weniger als 10 % beteiligt. Unter diesen waren am stärksten die privaten Dienstleistungsunternehmen, Behörden und Einzelpersonen ohne Erwerbszweck vertreten.

Eine andere Verteilung der Auftraggeber ergab sich bei den privaten IVS. Der Eigenbedarf nahm kontinuierlich von 30 % im Jahre 1987 auf 19 % im Jahre 1989 ab. 1987 standen die KMU aus dem produzierenden Sektor mit 28 % noch an erster Stelle der externen Auftraggeber, 1989 sank ihr Anteil an den Recherchen bei den privaten Beratern auf einen Anteil von 17 % ab. Dagegen stieg der Anteil der Kunden aus Dienstleistungsunternehmen von 17 % auf 39 %. Relativ konstant blieb das Recherchevolumen für die Großunternehmen als Auftraggeber bei ca. 12 % während des gesamten Modellversuches.

4.4 Marketing und Akquisition

Im Modellversuch Informationsvermittlung wurde dem Informationsmarketing ein wichtiger Stellenwert beigemessen. Marketing für die von den geförderten IVS erbrachten Informationsdienstleistungen wurde als unerläßliche Voraussetzung für den wirtschaftlichen Erfolg der einzelnen Modellvorhaben sowie für den positiven Verlauf des gesamten Modellversuchs betrachtet [vgl. KOTLER 1978]. Die Rolle von Öffentlichkeitsarbeit, Werbung und Marketing im Modellversuch stand dabei in unmittelbarem Zusammenhang mit den beiden Hauptzielen, die in der Ausschreibung formuliert worden waren:

- Ausweitung und Intensivierung der Nutzung von Online-Datenbanken sowie
- Intensivierung und Förderung des Bewußtseins für den Wert von Online-Informationsdiensten bei kleinen und mittleren Unternehmen.

Beim Vergleich kommerziell orientiert arbeitender IVS zeigte sich, daß deren Marktposition wesentlich durch die Realisierung qualifizierter Marketingkonzepte und -instrumente beeinflußt wird [vgl. CHAKRABARTI 1979]. Deshalb sollte den geförderten Modellvorhaben eine qualifizierte Unterstützung beim Marketing ihrer Online-Dienstleistungen gegeben werden. Dabei ging es zunächst um die Vermittlung von Handlungsempfehlungen, Checklisten, beispielhaften Lösungen und Vermittlung von Erfahrungen:

- zur Identifikation potentieller Kunden und deren Bedarfssituation,
- zur Segmentierung relevanter Zielgruppen und potentieller Nutzerkreise,
- zur Ausarbeitung eines Angebotsprofils für bedarfsgerechte Online-Dienstleistungen und Abgrenzung zu anderen Anbietern bzw. Leistungen,
- zur Auswahl und Festlegung von Marketingstrategien und zur Bestimmung des Marketing-Mix,
- zur Information über den Nutzen von Online-Fachinformation und der Art und Weise der Nutzung der Dienstleistungen von IVS sowie
- zur Planung und Kontrolle der Marketingentscheidungen.

In der Vorlaufphase des Modellversuchs war daher zu prüfen, inwieweit diese Marketinginstrumente schon vorhanden waren und nur noch gesammelt, bewertet und übermittelt werden mußten, und inwieweit im Marketingbereich instrumentelle oder qualitative Defizite zu verzeichnen waren, aus denen gegebenenfalls ein Bedarf für die Entwicklung entsprechender Programme, Aufstellungen und Lösungen abzuleiten war. Erste Gespräche mit Vertretern der geförderten IVS während der Erfahrungsaustauschrunden ergaben, daß bei allen privaten IVS und bei den meisten wirtschaftsnah arbeitenden Institutionen ein erheblicher Bedarf an Unterstützung im Marketingbereich angemeldet wurde, wobei dieses Bedarf allerdings nur sehr unzureichend präzisiert werden konnte.

Im Rahmen eines Unterstützungskonzepts für Marketingaktivitäten der geförderten IVS, das innerhalb des Modellversuchs Informationsvermittlung realisiert wurde, konnten aufgrund der wenig fundierten Erkenntnisse zum Informationsmarketing nur die folgenden Aufgaben in Angriff genommen werden:

- Erhebung der von den IVS artikulierten Bedürfnisse und Schätzungen des tatsächlichen Bedarfs zur Unterstützung der Stellen beim Informationsmarketing differenziert nach fachlichen, sektoralen und regionalen IVS-Typen, nach aktuellen und potentiellen Zielgruppen sowie nach den unterschiedlichen Modellen und Konzepten der Informationsvermittlungstätigkeit;
- Bestandsaufnahme und Evaluierung bislang durchgeführter Marketingaktivitäten und bereits erfolgter Werbekampagnen im Informationsdienstleistungsbereich;
- Systematisierung möglicher Marketingtheorien, -strategien und -instrumente für den Bereich Informationsvermittlung;
- Bewertung, Auswahl und Vorschlag geeigneter Marketinginstrumente, die von den geförderten IVS für ihre Zwecke genutzt werden konnten;
- Aufzeigen von Perspektiven und Formulierung von Orientierungsrahmen für Ausarbeitungen von Marketingkonzepten, Public-Relations-Strategien und Werbekampagnen für den Bereich Informationsvermittlung;
- allgemeine Hinweise auf geeignete Strategien zur Kundenakquisition;
- Rahmeninformationen zur Werbung im Dienstleistungsbereich;
- Empfehlungen zur systematischen Analyse des potentiellen Absatzmarktes für Informationsdienstleistungen [vgl. INFRATEST 1977].

4.4.1 Differenzierung des Marketingbedarfs

Zwei konzeptionelle Typen mit unterschiedlichem Marketingverhalten lassen sich im Bereich der Informationsvermittlung unterscheiden:

- Viele innerbetriebliche Informationsvermittlungsstellen recherchieren Daten, Fakten und Fachinformationen ausschließlich für Nutzer innerhalb der eigenen Institution oder Unternehmung - in diesem Fall müssen geeignete Strategien des internen Informationsmarketings bzw. der hausinternen Öffentlichkeitsarbeit für die IVS entwickelt werden.

- Andere Informationsvermittlungsagenturen bemühen sich, zusätzlich zur internen Informationsvermittlung externe Nutzer für Rechercheaufträge zu finden - diese Stellen hoffen auf die positive Wirkung der Werbung für ihre Dienstleistungsangebote.

Zwei der am Modellversuch beteiligten IVS-Gruppierungen hatten hingegen keinen Unterstützungsbedarf im Informationsmarketing - die IVS an Hochschulinstituten, die fast auschließlich für die interne Verwendung recherchieren, und die Patentanwälte, die aus standesrechtlichen Gründen keine Werbung für ihre Leistungen machen dürfen [vgl. SCHMIDT-BOGATZKY 1988].

4.4.2 Probleme des Informationsmarketings

Insbesondere bei der Gruppe der extern orientierten Informationsvermittler lagen zu Beginn der Fördermaßnahme kaum Erfahrungen vor, wie Informationsvermittlung als spezialisierte Dienstleistung angeboten und vermarktet werden kann. Als weiteres Problem kam hinzu, daß die Funktion von Informationsvermittlern in der Öffentlichkeit noch nicht in größerem Umfang bekannt war [vgl. SCHMIDT / MÜLLER 1989]. Es gibt noch weitere Schwierigkeiten bei einem zielgerichteten Informationsmarketing für Vermittlungsleistungen, die unmittelbar mit der eigentümlichen Beschaffenheit und mit den besonderen Eigenarten der "Ware Information" zu tun haben [vgl. SCHMIDT 1989d]:

4.4.2.1 Informationsvermittlung als Produkt

Das eigentliche Produkt der Informationsvermittlung hat im wesentlichen immaterielle Eigenschaften, auch wenn die Ergebnisse der Recherchetätigkeit auf materiellen Trägern veräußert werden. Demzufolge läßt sich der zu erwartende Wert des Informationsprodukts nicht unmittelbar, sondern erst nach eingehender Qualitätsprüfung und inhaltlicher Interpretation aus dem erarbeiteten Rechercheausdruck, dem Dossier oder aus der vorgelegten Expertise bestimmen [vgl. FREEMAN / KATZ 1978]. Außerdem zwingt der 'Rohstoff-Charakter' eines Informationsvermittlungsprodukts den Informationskonsumenten, sich mit dem erstellten Rechercheergebnis intensiv zu befassen und den vorgelegten Informationsrohstoff für seine Zwecke zu interpretieren und zu veredeln. In vielen Fällen handelt es sich bei einem Produkt der Informationsvermittlung aus Datenbanken und konventionellen Informationsquellen um reine Sekundärinformationen, die lediglich auf relevantes Primärmaterial verweisen, das den Auftraggeber der Rechercheleistung einer Lösung seines Informationsproblems näher bringen könnte. Dabei besteht der größte Nachteil der aus Datenbanken ermittelten Informationen darin, daß sie keine inhaltlichen Bewertungen, keine Hinweise auf die Qualität der Einzelinformation und keine Kriterien zur Anwendbarkeit der jeweiligen Information enthalten; es sind jedoch eben diese Merkmale fachbezogener Information, die von den Nutzern und Anwendern in Wirtschaft und Industrie benötigt und erwartet werden [vgl. KLINTOE 1979].

4.4.2.2 Probleme der Preispolitik

Auch die Preispolitik, ein wesentlicher Teil jeder Marketingstrategie, stellt den Informationsvermittler vor erhebliche Probleme. Im Gegensatz zu materiellen Produkten verliert veräußerte Information ihren Nutzwert für den Verkäufer nicht, nachdem sie an den Kunden abgegeben worden ist. Der Gegenwert einer Information läßt sich nur schwer ermitteln, und das Ergebnis einer Informationsrecherche ist nicht eindeutig und anschaulich unter Kosten-/Nutzen-Gesichtspunkten zu bewerten [vgl. KÖTHER 1989]. Dem Endnutzer fehlt oft das Wissen um die hohen Entstehungskosten von elektronischen Fachinformationsangeboten, und es fällt ihm in der Regel schwer, die oft unvollständigen und nicht direkt verwertbaren Rechercheergebnisse in Relation zu den verlangten Preisen zu sehen. Außerdem gibt es in der Informationsvermittlung das widersprüchliche Phänomen, daß auch Negativ-Informationen (als Hinweise auf die Nicht-Existenz von Sachverhalten) eine wichtige Entscheidungsgrundlage darstellen können. Diese (insbesondere im Patentsektor wichtigen) negativen Rechercheresultate werden dem Vermittler von vielen Auftraggebern nur widerwillig in kostendeckender Höhe honoriert [vgl. MÜLLER-BADER 1989].

4.4.2.3 Probleme der Distribution

Auch im Bereich der Distribution von recherchebezogenen Informationsdienstleistungen ergeben sich spezifische Probleme für den auftragsorientiert arbeitenden Informationsvermittler. Da Informationsrecherchen aus Datenbanken in der Regel der nachträglichen Interpretation und Umsetzungshilfe bedürfen, reicht es in der Informationsvermittlung meistens nicht aus, die Ergebnisse einer Recherche dem Auftraggeber durch die üblichen Kanäle der Bürokommunikation zu übermitteln. Um dem Nutzer das Produkt einer Informationsdienstleistung so präsentieren zu können, daß es als Grundlage einer späteren Problemlösung verwendet werden kann, ist ein intensiver persönlicher Kontakt zwischen Informationsvermittler und Auftraggeber notwendig [vgl. CRONIN 1985]. Die kontinuierliche Rückkopplung zwischen Anfrager und Rechercheur bei der Formulierung der Fragestellung oder bei der Überprüfung und Bewertung von Zwischenergebnissen setzt eine aufwendige Betreuungsarbeit voraus, die den Preis von Informationsdienstleistungen schnell in die Höhe treibt.

Es kommt hinzu, daß Auftraggeber aus der Industrie und aus der mittelständischen Wirtschaft ihre Informationsprobleme oft nur widerwillig preisgeben wollen. Die Offenlegung von Informationsdefiziten und -wünschen kommt in diesen Bereichen oft der Preisgabe von Betriebsgeheimnissen gleich. Deshalb hat sich der Informationsvermittler bei der Akquisition von Rechercheaufträgen auf erhebliche Widerstände bei der präzisen Formulierung von Problemstellungen einzustellen. Oftmals entsteht erst durch längere Geschäftsbeziehungen zwischen Vermittler und Kunden ein ausreichend gutes Vertrauensverhältnis, um die Auftragsabwicklung für den Vermittler problemlos, effektiv und damit rentabel zu gestalten. Der hohe Akquisitions- und Betreuungsaufwand bei der Informationsvermittlung, die langwierigen vertrauensbildenden Maßnahmen sowie die ständige Kontaktpflege zur Informationsklientel erschweren die Vermarktung von Informationsdienstleistungen erheblich [vgl. HAUER 1984].

4.4.2.4 Schwierigkeiten der Kommunikationspolitik

Die Einführung neuer innovationsorientierter Dienstleistungen setzt die Entwicklung erfolgversprechender und wirksamer Marketingstrategien im Bereich der Kommunikationspolitik voraus. Die Werbung für Informationsdienstleistungen und Aktivitäten der Öffentlichkeitsarbeit für Recherchedienste haben oft mit dem Problem zu tun, daß die Vorteile der in hohem Maß erklärungsbedürftigen Dienstleistung Informationsvermittlung sich nicht unmittelbar und anschaulich darstellen lassen. Werbemaßnahmen für die Informationsvermittlung aus Online-Datenbanken können nur dann den gewünschten Erfolg haben, wenn sie die zugrundeliegenden Sachverhalte richtig, nicht unzulässig vereinfacht und trotzdem nicht zu kompliziert darstellen [vgl. LUKOSCHIK 1989]. Die Öffentlichkeitsarbeit für die Informationsvermittlung muß die Möglichkeiten, aber auch die Grenzen der Online-Recherche objektiv aufzeigen und die potentielle Nutzergruppe in angemessener nutzerorientierter Präsentation ansprechen. Eine falsch konzipierte Werbestrategie kann eine gegenteilige Wirkung haben, wenn die transportierten Aussagen und Inhalte die tatsächlichen Möglichkeiten des lediglich subsidiären Informationsinstruments Online-Recherche überzeichnen oder verschleiern, wenn Werbeaussagen irreführende Versprechungen machen oder wenn die Werbung falsche Hoffnungen in Bezug auf den Wert und den Nutzen von Online-Recherchen weckt [vgl. MACKAY 1989].

Nach allen vorliegenden Erfahrungen ist nur das persönliche Informationsgespräch und die ergebnisorientierte Demonstration von Informationsdiensten für den potentiellen Kunden überzeugend genug. Alle Maßnahmen des indirekten Marketings wie Plakatwerbung, Anzeigenschaltung, Presseveröffentlichungen, Informationsbroschüren, Briefaktionen, aber auch unspezifische Kommunikationsmaßnahmen wie Telefonwerbung, Messepräsentationen oder Vertreterbesuche zeigen keine oder nur geringe Effekte bei den potentiellen Abnehmern von Informationsdienstleistungen [vgl. GATI 1989]. Die Probleme im Bereich der Werbung für Informationsvermittlungsdienste sind eine direkte Folge jener Schwierigkeiten, die sich auch in der Produkt- und Preisgestaltung oder bei der Distribution von Recherchediensten ergeben. Werbung für die Dienstleistung Informationsvermittlung darf dabei in keinem Fall mit der Werbung für Online-Datenbanken gleichgesetzt werden. Oft scheint es vielmehr wirkungsvoller zu sein, in den Werbebotschaften für recherchebezogene Dienste Hinweise auf die genutzten Informationsquellen zu vermeiden. Letztendlich interessiert sich jeder potentielle Kunde nicht für den benutzten Informationsapparat, sondern für das Ergebnis einer Recherche.

4.4.3 Marketingstrategien im Modellversuch

Die einzelnen im Rahmen von IVS-Aktivitäten erprobten Marketing- bzw. Werbemaßnahmen, die von den geförderten IVS zur Unterstützung bei der Vermarktung ihres extern orientierten Online-Dienstleistungsangebots erprobt wurden, sind in Tab. 20 wiedergegeben. Aus der Tabelle ist zu ersehen, wieviele Stellen eine einzelne Werbemaßnahme angewendet haben und wie die Resonanz auf diese Maßnahmen im Durchschnitt bewertet wurde. Dabei konnte für die Gewichtung der Marketingresonanz zwischen den Urteilen gut (1), gering (2) und schlecht (3) gewählt werden. Die Tabelle gibt sowohl die Durchschnittsbewertung aller 134 befragten IVS, als auch die differenzierten Einschätzungen von sektoral, konzeptionell und leistungsbezogen unterteilten Einzelgruppen an.

Im Gesamtüberblick zeigt sich, daß alle 28 wirtschaftsnah arbeitenden IVS, 86 % der privaten IVS und 29 % der Forschungs-IVS öffentlichkeits-orientierte Werbemaßnahmen ergriffen haben. Dabei ist auffällig, daß fast 98 % derjenigen Stellen, die im Quartal im Durchschnitt weniger als 6 Recherchen durchgeführt haben, Hoffnungen in die Wirkung ihrer Werbemaßnahmen setzten.

In eine Rangfolge gebracht, ergibt sich als Bewertung der Effektivität von unterschiedlichen Marketingmaßnahmen folgende Rangverteilung:

Leistungen, Merkmale und Eigenschaften der geförderten IVS	Gesamtmenge der IVS abs. %	Private IVS abs. %	wirtsch.-nahe IVS abs. %	IVS in der Forschung abs. %	externe Inf.verm. abs. %	< 6 Rech. im Quartal abs. %	>16 Rech. im Quart. abs. %
Anzahl der IVS	134 100,0	85 =63,4	28 =20,9	21 =15,7	56 =41,8	42 =31,3	41 =30,6
Bewertung von Werbemaßnahmen	107 79,9	73 54,5	28 20,9	6 4,5	50 37,3	41 30,6	23 17,2
Anzeigenschaltung	54 40,3	42 31,3	11 8,2	1 0,7	33 24,6	21 15,7	13 9,7
Bewertung:	2.48	2.52	2.27	3.00	2.42	2.52	2.23
Versand von Broschüren	86 64,2	57 42,5	26 19,4	3 2,2	43 32,1	31 23,1	20 14,9
Bewertung:	2.27	2.35	2.15	1.67	2.19	2.39	2.05
Telefonwerbung	28 20,9	26 19,4	2 1,5	- -	16 11,9	10 7,5	5 3,7
Bewertung:	2.11	2.19	1.00	0	2.06	2.30	1.80
Beiträge in der Presse	56 41,8	31 23,1	22 16,4	3 2,2	32 23,9	16 11,9	18 13,4
Bewertung:	2.21	2.19	2.27	2.67	2.09	2.38	2.06
Präsentation auf Messen	61 45,5	39 29,1	21 15,7	1 0,7	33 24,6	24 17,9	14 10,4
Bewertung:	2.03	2.08	1.95	2.00	1.85	2.13	1.86
Besuche von IVS-Kunden	54 40,3	39 29,1	15 11,2	- -	29 21,6	14 10,4	13 9,7
Bewertung:	1.59	1.67	1.40	0	1.41	1.79	1.54
Informationsveranstaltung	59 44,0	36 26,9	20 14,9	3 2,2	32 23,9	20 14,9	14 10,4
Bewertung:	1.97	2.06	1.85	1.67	1.78	2.20	1.64
Gespräche mit Altkunden	93 69,4	64 47,8	27 20,1	2 1,5	42 31,3	37 27,6	19 14,2
Bewertung:	1.44	1.44	1.44	1.50	1.31	1.70	1.32
sonstige Maßnahmen	28 20,9	17 12,7	9 6,7	2 1,5	15 11,2	16 11,9	5 3,7
Bewertung:	2.04	2.18	1.89	1.50	1.87	1.94	1.80
Werbeargument Datenbanken							
ja, immer	48 35,8	38 28,3	9 6,7	1 0,7	26 19,4	15 11,2	9 6,7
von Fall zu Fall	42 31,3	28 20,9	14 10,4	- -	17 12,7	18 13,4	10 7,5
fast nie	16 11,9	8 6,0	4 3,0	4 3,0	6 4,5	8 6,0	4 3,0

Tab. 20: Bewertung der Werbemaßnahmen durch die IVS

- Mit der gemittelten Wertung 1.44 wurden Gesprächen mit bestehenden Kunden und Klienten die größten Überzeugungswirkung zugesprochen.

- An zweiter Stelle standen gezielte Besuche bei potentiellen Auftraggebern für Online-Recherchen. Diese Maßnahme, bei der oft vor Ort Demonstrationsrecherchen vorgeführt worden sind, wurde insgesamt von 54 IVS angewandt und mit der Bewertung 1.59 versehen.

- Von 59 IVS wurden spezielle Informationsveranstaltungen organisiert oder aktiv unterstützt, bei denen potentielle Online-Kunden angesprochen wurden. Dieser Form der Öffentlichkeitsarbeit wurde von den IVS mit der Durchschnittsnote 1.97 ein eher geringer Resonanzeffekt zugewiesen.

- Auch als Maßnahmen mit geringer Resonanz wurden von den Stellen die Präsentation der IVS auf Messen und Ausstellungen (Wertung 2.03), Telefonwerbung (Wertung von nur 28 IVS mit 2.11), redaktionelle Beiträge über die IVS in der Presse (Wertung 2.21) sowie der Versand von Broschüren und Werbeblättern (Wertung 2.27) genannt.

- Die IVS-Werbung über Anzeigen in der Fachpresse und in Tageszeitungen wurde als am wenigsten effektiv bewertet; 54 IVS gaben dieser Marketingmaßnahme lediglich die Note 2.48.

In der Tab. 21 wurden die vorwiegend für den Bedarf des eigenen Trägers arbeitenden IVS nach ihrer Einschätzung zum hausinternen Marketing befragt:

Leistungen, Merkmale und Eigenschaften der geförderten IVS	Gesamtmenge der IVS		Private IVS		wirtsch.-nahe IVS		IVS in der Forschung		externe Inf.verm.		< 6 Rech. im Quartal		>16 Rech. im Quart.	
	abs.	%	abs.	%	abs.	%	abs.	%	abs.	%	abs.	%	abs.	%
Anzahl der IVS	134	100,0	85	-63,4	28	-20,9	21	-15,7	56	-41,8	42	-31,3	41	-30,6
Bewertung interner IVS-PR														
Infos mittels Aushängen	26	19,4	5	3,7	7	5,2	14	10,4	6	4,5	5	3,7	15	11,2
Bewertung:		1.69		1.40		1.86		1.71		2.17		2.00		1.73
Darstellung in Seminaren	20	14,9	4	3,0	4	3,0	12	9,0	5	3,7	2	1,5	12	9,0
Bewertung:		1.45		1.25		1.75		1.42		1.80		1.00		1.50
spezif. Lehrveranstaltung	19	14,2	4	3,0	3	2,2	13	9,7	5	3,7	2	1,5	13	9,7
Bewertung:		1.11		1.25		1.33		1.08		1.00		1.00		1.15
persönliche Ansprache	47	35,2	13	9,7	15	11,2	19	14,2	16	11,9	11	8,2	24	17,9
Bewertung:		1.19		1.00		1.27		1.26		1.25		1.45		1.08

Tab. 21: Maßnahmen zur internen Bekanntmachung der IVS

In den Universitätsinstituten und Fachhochschulen wurde die Möglichkeit, den Vorteil der Online-Informationsbeschaffung in speziell dafür organisierten Informations- und Lehrveranstaltungen zu verbreiten, mit der Effizienznote 1.11 versehen. Gleich danach rangierte die persönliche Ansprache von Professoren, wissenschaftlichen Mitarbeitern, Doktoranden und Studenten mit der Bewertung 1.19. Aber auch in den Hochschulen wurde der Erfolg des indirekten Online-Marketings über Aushänge mit 1.71 eher als gering eingestuft.

4.4.4 Die Perspektiven des Informationsmarketings

Zu Beginn des Modellversuchs wurde die Bedeutung flankierender Maßnahmen im Informationsmarketing, die den mengenmäßigen Verkauf von Online-Recherchen unterstützen sollen, von vielen beteiligten IVS überschätzt. Andererseits wurden Ansätze und Strategien immer noch zu wenig berücksichtigt, die die Nutzung von Online-Datenbanken in ein umfassenderes Konzept der Informationsberatung einbetten [vgl. SCHMIDT 1989b]. Im traditionellen Beratungsbereich, wo seit jeher Informationen recherchiert, problemorientiert aufbereitet und als Dienstleistung vermarktet werden, erübrigt sich ein spezielles und neuartiges Marketingkonzept für die etablierten Informationsdienstleistungen [vgl. SCHMIDT 1987a]. Oft wird jedoch der Verweis auf firmeninterne Möglichkeiten zur Nutzung von Online-Datenbanken als imageförderndes Instrument der Public-Relations-Maßnahmen von Dienstleistungsfirmen eingesetzt. So versuchen manche Beratungsunternehmen, sich dadurch Wettbewerbsvorteile zu verschaffen, daß sie im Rahmen ihrer Akquisitionsbemühungen auf die Vorteile einer eigenen Informationsvermittlungsstelle aufmerksam machen und dadurch potentielle Klienten von der technischen und fachlichen Beratungskompetenz überzeugen können.

Marketingkonzepte für Information sind noch lange nicht ausgereift. Es ist ungewiß, ob ein gutes, ausgefeiltes und sorgfältig durchdachtes Informationsmarketing einen nachhaltigen Erfolg für die Dienstleistung Informationsvermittlung mit sich bringt. Weil Datenbankproduzenten, Hostbetreiber und Informationsvermittler mit ihren Angeboten in einen Markt vorstoßen, der auf der Nachfrageseite als noch kaum erschlossen und nur unzureichend sensibilisiert gilt, ist den einfachen, absatzorientierten Modellen des Informationsmarketings zur Zeit kein großer wirtschaftlicher Erfolg beschieden [vgl. WERSIG 1989].

Die aktuellen Ziele des Informationsmarketings liegen eher darin, über neue Fachinformationsmedien und deren Nutzung aufzuklären, den Boden für eine verbesserte Akzeptanz von Datenbankdiensten vorzubereiten und das Instrument online-gestützte Informationsrecherche so in bestehende Dienstleistungen einzubauen, daß aus der Kombination von konventioneller Beratung und technischer Informationsbeschaffung ein qualifizierter und effizienter Innovationstransfer entstehen kann.

Zusammenfassend haben die Erfahrungen aus dem Modellversuch gezeigt, daß der Erfolg flankierender Maßnahmen zum Informationsmarketing, die den mengenmäßigen Verkauf von Online-Recherchen nachhaltig unterstützen sollen, im allgemeinen überschätzt wird. Unterschätzt wird hingegen das Bedürfnis bei den mittelständischen Unternehmern, beim Prozeß der unternehmensbezogenen Informationsbeschaffung und -umsetzung nur mit solchen beratend tätigen Institutionen und Unternehmen kooperieren zu wollen, zu denen sich im Laufe eines längeren Zeitraums der Zusammenarbeit ein ausreichendes Vertrauensverhältnis aufbauen läßt.

4.5 Kundenstruktur und Nutzungsakzeptanz

Probleme der Informationsakzeptanz, des Informationsmarketings, der Informationsqualität oder der Qualifikationsanforderungen in Dienstleistungsberufen wirken sich auch auf die traditionellen oder neu entstehenden Informationsdienstleistungen nachhaltig aus. So werden zum einen die Möglichkeiten, einen neuen Markt für spezielle Informationsdienste zu entwickeln, oft stark überschätzt. Gleichzeitig werden manche der neuen Dienstleistungen ohne Rücksichtnahme auf tatsächliche Bedarfs- und Akzeptanzstrukturen entwickelt, angeboten und vermarktet [vgl. INFRATEST 1975; MARLOTH 1976].

Demzufolge wird die Angebotsseite der Informationsdienste oft von anderen Vorstellungen und Kriterien zur Qualität ihrer Leistungen bestimmt als die Seite der Nachfrager. Hinzu kommt, daß kommerzielle Informationsdienste mit dem traditionellen Informierungsverhalten von großen Nutzergruppen konkurrieren müssen, die über informelle Informationsnetzwerke ihren subjektiven Informationsbedarf durchaus befriedigen können.

Als Beratungsdienstleistung, in klassischer Auskunftsfunktion oder in der Form der Fachberichterstattung und gutachterlichen Tätigkeit sind funktionale Informationsdienste bekannt, werden benötigt und sind akzeptiert. Die Akzeptanz neuer Dienste, die auf die Vermittlung und den Verkauf von Online-Informationen festgelegt sind, stößt bei den potentiellen Nachfragern in Wirtschaft und Industrie jedoch auf Barrieren.

Komplexe Problemstellungen erfordern komplexe Hilfestellungen. Die einfache Vermittlung von fachlicher Information zwischen Produzenten, Anbietern und Endnutzern ist nicht ausreichend, um die Informationsprobleme zu lösen, die z. B. in kleinen und mittleren Unternehmen auftreten, die oft jedoch nicht als solche erkannt und formuliert werden können [vgl. KIND 1976]. Das herkömmliche Konzept der Fachinformationsvermittlung geht nämlich von einer stillschweigenden Prämisse aus, die in nur sehr wenigen Fällen und Konstellationen gegeben ist: Wenn es stimmt, daß Produzenten und Anbieter von Fachinformation genau die Informationsstrukturen erstellen und zur Verfügung stellen, die von den Endnutzern verstanden, benötigt und umgesetzt werden können, dann, so wird angenommen, läuft der Informationsvermittlungsprozeß entsprechend reibungslos ab.

Es gibt Bereiche, in denen diese Voraussetzungen weitgehend erfüllt sind:
* Im akademischen Umfeld, im Forschungssektor, allgemein in allen Bereichen, wo Wissenschaft betrieben und genutzt wird, werden Informations- und Wissensstrukturen generiert, verbreitet und rezipiert, die während des

Vermittlungsprozesses keine wesentlichen inhaltlichen und strukturellen Änderungen erfahren. Kürzer formuliert: Wissenschaftler können in der Regel direkt verstehen, was andere Wissenschaftler sagen, schreiben und tun. Produktion und Konsumption von Wissen stehen innerhalb des Wissenschaftssystems in einem einheitlichen Verständniszusammenhang.

- Auch in den Forschungs- und Entwicklungsabteilungen großer Unternehmen und Konzerne werden Fachinformationen unmittelbar genutzt und verwertet, da wissenschaftlich geschulte Spezialisten zur Verfügung stehen, die dieses Fachwissen interpretieren können.

- Es gibt außerdem Bereiche, in denen Fachinformationen genutzt werden, die nicht wissenschaftlich-technischen Ursprungs sind: Finanzdaten, Börseninformationen und journalistische Nachrichten können nach ihrer Entstehung in der Regel sofort und unmittelbar genutzt werden.

In allen drei angesprochenen Informationsbereichen gibt es bei der Vermittlung von Fachinformationen keine wesentlichen Akzeptanzprobleme. Großunternehmen sind die besten Kunden der Datenbankhosts, universitäre Informationsvermittlungsstellen haben im Vergleich mit anderen IVS ein sehr hohes Rechercheaufkommen zu verbuchen, und die Ticker- und Real-Time-Dienste aus den Finanz- und Nachrichtenbörsen dieser Welt sind ein florierendes und einträgliches Geschäft.

4.5.1 Nutzerstrukturen im Modellversuch

Mit dem Modellversuch Informationsvermittlung sollten jedoch insbesondere solche Zielgruppen an die Online-Datenbanknutzung herangeführt werden, die bislang noch keinen Bedarf für eine Optimierung der individuellen Informationssituation angemeldet hatten und bei denen vermutet wurde, daß eine intensivere Nutzung von elektronischer Fachinformation im Bereich der innovationsorientierten Beratung zu nennenswerten Motivations- und Multiplikatoreffekten führen könnte. Diese Annahme hat sich während der Laufzeit des Modellversuchs jedoch nur zum Teil bestätigt. Differenziert man die Gesamtgruppe der Nachfrager nach Online-Information, die Datenbankrecherchen bei den geförderten IVS in Auftrag gegeben haben, so ergibt sich anhand der Analyse der Recherchestatistiken die folgende Verteilung (vgl. Tab. 22):

Anzahl und Merkmale der im Modellversuch registrierten Recherchen	Recherchen insgesamt abs. /IVS	bei 21 IVS d. Forsch. abs. / IVS	28 wirt. nahen IVS abs. / IVS	85 priva- ten IVS abs. / IVS	Jahr '87 (132 IVS) abs. / IVS	Jahr '88 (127 IVS) abs. / IVS	Jahr '89 (113 IVS) abs. /IVS
Recherchezahl 1987 bis 1989	25052 187	8209 391	5127 183	11716 138	7964 60	9975 79	7113 63
Typ des Auftraggebers							
Eigenbedarf d. IVS-Trägers	10374 77	5707 272	1763 63	2890 34	2635 20	4451 35	3288 29
produzierende KMU	3912 29	79 4	1450 52	2379 28	1498 11	1435 11	979 9
Dienstleistungsunternehmen	3435 26	44 2	485 17	2906 34	771 6	1297 10	1367 12
Forschung, Wissenschaft	3103 23	2108 100	332 12	663 8	1553 12	1082 9	468 4
Großunternehmen	1589 12	12 1	209 7	1368 16	508 4	599 5	482 4
Einzelpersonen	854 6	76 4	420 15	92 1	191 1	435 3	228 2
Behörde, Verwaltung	625 5	43 2	194 7	388 5	193 1	331 3	101 1
wirtschaftsnahe Einricht.	339 3	46 2	201 7	92 1	113 1	127 1	99 1

Tab. 22: Recherchen nach Typ des Auftraggebers

- die absolut gesehen größte Anzahl an Datenbankrecherchen, die im Lauf des Modellversuchs registriert worden sind, wurde für den eigenen Bedarf der IVS bzw. der IVS-Trägerinstitution durchgeführt (41 %);
- als wichtigster externer Auftraggeber trat die Gruppe der produzierenden kleinen und mittleren Unternehmen auf, die knapp 16 % aller bearbeiteten Recherchen in Auftrag gaben;
- es folgten an zweiter Stelle die kleinen und mittleren Dienstleistungsunternehmen mit fast 14 % aller Suchaufträge;
- Kunden aus Forschung und Wissenschaft gaben 12 % aller erfaßten Suchaufträge und sind damit zahlenmäßig ebenfalls noch stark vertreten;

- weniger häufig traten die Großunternehmen als externe Online-Kunden auf; sie gaben nur 6 % der registrierten Recherchen in Auftrag;

- den geringsten Umfang hatten die Aufträge von Einzelpersonen, von Mitarbeitern bei Behörden und von wirtschaftsnahen Einrichtungen.

Unterscheidet man die externe Klientel der IVS nach den drei sektoralen IVS-Typen, so lassen sich hinsichtlich der Struktur der Auftraggeber folgende Besonderheiten hervorheben:

- bei den Forschungs-IVS (Typ F) war der Anteil der Aufträge von externen Kunden aus Forschung und Wissenschaft mit über 25 % aller Recherchen besonders hoch; es handelte sich hierbei um Wissenschaftler, die nicht dem jeweiligen Institut angehören, an der die IVS eingerichtet wurde;

- die anteilmäßig wichtigsten Kunden bei den wirtschaftsnahen IVS (Typ W) waren die produzierenden KMU, die 28 % aller von den IVS dieses Typs durchgeführten Recherchen in Auftrag gaben; eine geringere Bedeutung als IVS-Nutzer wiesen die Dienstleistungsfirmen auf, die knapp 6 % aller Rechercheaufträge in Auftrag gaben, und danach Einzelpersonen, die ebenfalls rund 6 % der Rechercheaufträge vergaben;

- bei den privaten IVS (Typ P) waren kleine und mittlere Dienstleistungsfirmen mit fast einem Viertel aller erteilten Rechercheaufträge die von der Recherchezahl her gesehen wichtigsten Kunden; der folgende Anteil externer Recherchen für KMU aus dem produzierenden Sektor liegt bei den privaten IVS noch leicht über dem Anteil an intern genutzten Recherchen.

4.5.2 Online-Nutzungsbarrieren bei KMU

Eine Ursache für die zunehmende Orientierung der Modellvorhaben an internen, nicht kommerziell orientierten Aspekten der Online-Nutzung waren in erster Linie die schlechten Erfahrungen, die mit der externen Strategie des Verkaufs online-bezogener Dienste an Dritte gemacht worden waren. Die Zurückhaltung gegenüber der neuen Dienstleistung Online-Recherche zeigte sich insbesondere bei jener Zielgruppe potentieller Abnehmer, denen der Modellversuch den Zugang zur elektronischen Fachinformation erleichtern sollte - den kleinen und mittleren Unternehmen [vgl. WELLEMS / SCHMIDT 1990].

Die geförderten Informationsvermittler haben einige der möglichen Gründe benannt und gewichtet, die vermutlich für die Hemmnisse bei der Akzeptanz von Datenbankinformationen im KMU-Bereich verantwortlich sind. In der Abb. 14 sind die Wertungen der IVS-Mitarbeiter zu vermuteten Online-Nutzungsbarrieren bei mittelständischen Unternehmen anhand einer Skala von 1 (dieser Grund ist ausschlaggebend) bis 4 (dieser Grund ist unbedeutend) in eine Rangfolge gebracht worden.

Danach sahen die Informationsvermittler die Hindernisse vorwiegend auf der Seite der potentiellen Kunden. Als wichtigsten Grund für die zögernde

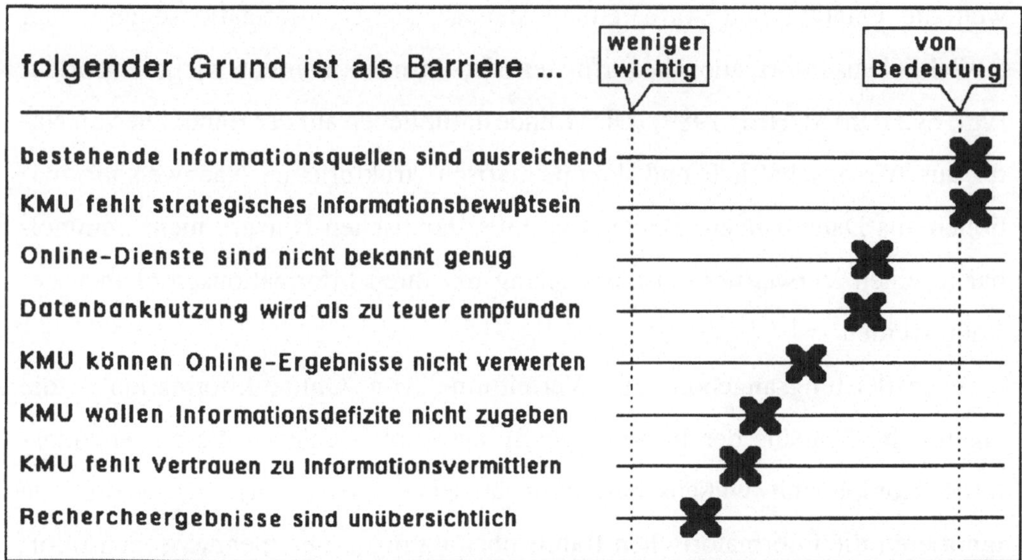

Abb. 14: Nutzungsbarrieren kleiner und mittlerer Unternehmen

Nutzung von Online-Fachinformationen sahen sie die Tatsache an, daß traditionelle Informationsquellen als ausreichend empfunden werden. Gleichzeitig denken die Unternehmer und Handwerker nach Ansicht der befragten Vermittler nicht strategisch genug, um Informationsdefizite rechtzeitig zu erkennen und Abhilfe zu schaffen. Es wurde von den Vermittlern angenommen, daß den Unternehmern die Bedeutung der Fachinformationsnutzung als Grundlage ihrer strategischen Entscheidungen nicht klar ist.

Daß die Akzeptanz für Online-Information bei den meisten mittelständischen produzierenden Unternehmen so gering war, führten die befragten Vermittler auf das fehlende Informationsbewußtsein oder auf das Vorhandensein ausreichender Informierungsalternativen zurück. Die Annahme, daß Online-Datenbanken nicht bekannt oder für die potentiellen Nutzer nicht preisgünstig genug sind, rangierte vor den Zweifeln bezüglich der Qualität und der Verwendbarkeit von Datenbankauszügen im KMU-Bereich.

Die Nachfrage von kleinen und mittelständischen Betrieben nach online-recherchierten Datenbankinformationen war deshalb noch sehr zurückhaltend, weil die Qualität und Aufbereitung standardisierter Informationsdienste den tatsächlichen Informationsbedürfnissen der Firmen meistens nicht entspricht [vgl. SCHUMACHER 1989]. Die Gründe dafür liegen auf der Hand: Die von Natur aus wissenschaftlich und dokumentarisch strukturierten Nachweisinformationen aus Datenbanken können von mittelständischen Nutzern nicht unmittelbar in einen Verwertungszusammenhang mit ihren Informationsproblemen gestellt werden.

Dienstleistungsangebote zur Vermittlung von Online-Information - die eigentliche Domäne der Information Broker - unterschätzen die anwendungsferne Komplexität wissenschaftlich-technischer Fakten und Ergebnisse, sie ignorieren die informatorischen Rahmenbedingungen unternehmerischen Informationsverhaltens, und sie verkennen allzu oft den tatsächlichen Informationsbedarf von Klein- und Mittelbetrieben. Nicht selten wird nämlich übersehen, daß die zur Zeit in online-abrufbaren Datenbanken repräsentierten Fachinformationsangebote kaum auf die Bedürfnisse von Nutzern aus der mittelständischen Wirtschaft oder aus dem Handwerksbereich zugeschnitten sind. Die in Datenbanken recherchierbaren Informationen können lediglich den Rohstoff liefern, der durch intellektuelle Weiterbehandlung und problemorientierte Veredelung zu einem anwendbaren Informationsprodukt verarbeitet werden muß.

Deshalb wenden sich ratsuchende Unternehmen mit ihren Fragen und Problemen in der Regel nur an solche Beratungsagenturen, zu denen sich nach einer längeren Phase der gemeinsamen Problembewertung und Zusammenarbeit ein ausreichendes Vertrauensverhältnis aufbauen läßt. Etablierte Beratungsunternehmen mit einem soliden fachlichen Ruf, die auf eine umfangreiche Liste erfolgreich abgeschlossener Referenzprojekte verweisen können und die über ein professionelles Image verfügen, haben dabei die besten Voraussetzungen, den Informationstransfer aus Wissenschaft, Forschung und Entwicklung in den Praxisbereich der kleinen und mittleren Unternehmen zu realisieren [vgl. STUBBE 1989].

Neue, modernistische Formen funktionaler Informationsdienste, die oft auf der Grundlage unrealistischer Einschätzungen zu Möglichkeiten und Grenzen der Vermarktbarkeit von standardisierten Online-Diensten entwickelt wurden, können aus eben diesen Gründen auf Dauer nicht rentabel betrieben werden. In letzter Zeit wurden manche Dienstleistungskonzepte zur Informationsvermittlung ohne eine vorhergehende Analyse allgemeiner Informationsprozesse und -bedürfnisse bei der potentiellen Klientel entwickelt. Dabei ist die Kenntnis individueller Informationsstrategien von Unternehmern, Managern, Laborleitern, Entwicklungsexperten, Ingenieuren oder Erfindern notwendige Voraussetzung für die Etablierung neuer und erfolgreicher Informationsdienstleistungen [vgl. BECKER u.a. 1980].

Das propagierte Modell des spezialisierten Information Brokers, der den gewinnorientierten Absatz von Online-Recherchen an kleine und mittlere Unternehmen ins Zentrum seiner Geschäftsstrategie stellt, scheitert aus diesen Gründen an der unzureichenden Nachfrage. Auch das Konzept von IVS mit speziellem räumlichen Einzugsbereich, die gewissermaßen als Informationstankstellen für ratsuchende Firmen aus der Region jederzeit zur Verfügung stehen, entspricht nicht im geringsten dem Informationsverhalten von Unternehmern und würde die bestehenden und gut ausgebauten Informationsbeziehungen zwischen kleinen und mittleren Unternehmen kaum sinnvoll ergänzen.

Es kommt hinzu, daß Dienstleistungen, die ausschließlich die Vermittlung von Informationsrecherchen beinhalten, von den Abnehmern in der Regel als zu teuer eingestuft werden. Da Informationen von potentiellen Kunden selten als käufliches Produkt oder als merkantiles Gut akzeptiert, sondern eher als elementare Infrastrukturleistung aufgefaßt werden, ist die Bereitschaft, die Entstehungs-, Vermittlungs- und Mehrwertkosten für die damit verbundenen Dienstleistungen zu zahlen, sehr gering. Es empfiehlt sich daher, Informationsleistungen und deren Rechnungsstellung in umfassendere Beratungs- und Qualifizierungsleistungen einzubetten, deren Gegenwert sehr viel bereitwilliger von den Klienten erkannt und beglichen wird.

Der kaum adäquat darzustellende Wert der Ware Information ist auch Ursache dafür, daß viele Informationsangebote bei in Frage kommenden Zielgruppen nicht bekannt gemacht werden können. Strategien des Informationsmarketings und damit der Werbung für Informationsdienstleistungen könnten in diesem Fall bei richtiger Gestaltung und Anwendung womöglich zur Abhilfe dieses Problems beitragen. Es hat sich jedoch gezeigt, daß der Erfolg flankierender Maßnahmen zum Informationsmarketing, die den mengenmäßig rentablen Verkauf von Informationsrecherchen unterstützen sollen, im allgemeinen überschätzt wird. Bei der Kundenakquisition führen lediglich solche Marketingmaßnahmen zum Ziel, die den potentiellen Kunden direkt und persönlich erreichen und die geeignet sind, eine größere Klientel langfristig an das Informationsdienstleistungsunternehmen zu binden [WARNKEN 1981]. Andererseits hat sich herausgestellt, daß der Verweis auf firmeninterne Möglichkeiten zur Beschaffung von Fachinformationen aus Datenbanken manchen beratungsorientierten Dienstleistungsunternehmen als imageförderndes Promotion-Argument dient. Solche Unternehmen versuchen sich dadurch Wettbewerbsvorteile zu verschaffen, daß sie mit den Vorteilen einer eigenen IVS werben.

4.5.3 Online-Akzeptanz im Mittelstand

Durch den Modellversuch Informationsvermittlung wurde rund 80 kleinen und mittleren Dienstleistungsunternehmen der Zugang zur elektronisch gespeicherten Fachinformation ermöglicht. Die Förderung dieser in der Regel beratend wirkenden Unternehmen bot damit die beste Voraussetzung für eine Sekundärnutzung der Fachinformation durch andere produzierende Klein- und Mittelbetriebe [vgl. WELLEMS / SCHMIDT 1991].

Von den 134 im Modellversuch geförderten Informationsvermittlungsstellen gaben 20 IVS an, zu mehr als 25 % kleine und mittlere Unternehmen als direkte Kunden für Informationsdienstleistungen zu haben. Von 8 dieser IVS wurden schließlich 20 Unternehmen für einen Interviewkontakt mit dem ISI vorgeschlagen und benannt. Dabei ist als erstes Ergebnis festzuhalten, daß nur etwas mehr als die Hälfte der auswertbaren Interviews mit kleinen und mittleren produzierenden Unternehmen durchgeführt werden konnte.

Die übrigen Unternehmen waren etwa je zu einem Viertel Dienstleistungsunternehmen bzw. gehörten zur Gruppe des verarbeitenden Handwerks, zum Handel oder es waren Interviewpartner mit Existenzgründungsabsichten. Darüber hinaus ist zu berücksichtigen, daß bei der Auswahl von letztlich 13 geeigneten Interviewpartnern damit gerechnet werden muß, daß die Stichprobe eine Verzerrung der Ergebnisse in Richtung auf eine Positivauslese beinhaltet: Die auswählenden IVS, die Unternehmen als Interviewpartner benannten, haben eher solche Partner angegeben, bei denen sie davon ausgehen konnten, daß die vermittelten Dienstleistungen positiv bewertet worden sind.

Aufgrund der Ergebnisse aus explorativen Interviews mit Unternehmern mittelständischer Betriebe ergibt sich insgesamt ein ähnliches Bild wie bei vergleichbaren Fördermaßnahmen im KMU-Bereich: Nachhaltige Wirkungen in bezug auf die Nutzung von Online-Recherchen zeigen sich am ehesten bei den ohnehin schon aktiven Unternehmen, für die eine umfassende und eher systematische Informationsversorgung auch schon vor der Erfahrung mit Online-Recherchen einen hohen unternehmenspolitischen Stellenwert hatte.

Die weit verbreitete Vorstellung einer Informationshalde, die insbesondere durch Klein- und Mittelbetriebe abzutragen sei, entspricht heute nicht mehr den Gegebenheiten, da sie die Komplexität von wissenschaftlich-technischen Daten und Ergebnissen, die Rahmenbedingungen unternehmerischen Informationsverhaltens und den tatsächlichen Fachinformationsbedarf von Klein- und Mittelbetrieben weitgehend ignoriert. Angebote zur Informationsvermittlung an KMU, die von Dienstleistungsunternehmen als Ergänzung in das bereits bestehende Leistungsspektrum aufgenommen werden, treffen in der Regel nicht auf die erwartete Nachfrage.

Das dem Unternehmer zur Verfügung stehende Potential konventioneller und informeller Informationsquellen wird als ausreichend und nicht ergänzungsbedürftig angesehen. Das Konzept des spezialisierten Information Brokers, der den gewinnorientierten Absatz von Online-Rechercheergebnissen an KMU ins Zentrum seiner Geschäftsstrategie stellt, kann in kaum einem Fall kostendeckend realisiert werden. Die nur zögernde Nachfrage nach Online-

Fachinformation durch die mittelständische Wirtschaft führt dazu, daß Informationsdienstleistungen nach dem Modell des Information Brokerage kaum rentabel betrieben werden können.

4.5.4 Online-Fachinformationsnutzung im Forschungsbereich

In der Vergleichsgruppe der IVS an Hochschulen und Forschungseinrichtungen lag die Nutzung von Online-Recherchen weit über dem Durchschnitt der anderen geförderten Modellversuchsteilnehmer (vgl. dazu auch die Ergebnisse aus einem zeitlich parallel zum Modellversuch liegenden Förderprojekt der DFG zur Nutzung von IVS an Hochschulbibliotheken [HENRICHS 1988; KALTWASSER 1988]). Für den intensiveren Online-Zugriff im Forschungsbereich lassen sich mehrere Gründe angeben:

- Die Nutzungsakzeptanz von Online-Fachinformationen ist im Hochschulbereich besonders hoch, weil Professoren, Assistenten, Doktoranden und Diplomanden daran gewöhnt sind, mit wissenschaftlicher Information umzugehen. Die besonderen Strukturen wissenschaftlicher Fachinformation aus Datenbanken sind den wissenschaftlich geschulten Informationsnutzern vertrauter und können von diesen Nutzergruppen schneller, direkter und unproblematischer verwertet und genutzt werden, als von Endnutzern aus den Bereichen Technik, Industrie oder mittelständische Wirtschaft. Während im Bereich Forschung und Wissenschaft 84,8 % aller durchgeführten Recherchen in bibliographischen Datenbanken durchgeführt worden sind, lag der Anteil der reinen Literaturrecherchen bei den anderen IVS-Typen im Modellversuch bei nur 53 %.

- Die Anfrageformulierungen im naturwissenschaftlichen Hochschulbereich sind einfacher strukturiert als im Bereich der Wirtschaft. Insbesondere

Chemiker haben konkrete Vorstellungen ihres aktuellen Informationsbedarfs, der in der Regel mit einer gezielten Online-Recherche in nur wenigen Datenbanken befriedigt werden kann. Die Informationsprobleme, die von privaten IVS für Nutzer aus den Bereichen Wirtschaft, Verwaltung oder Politik gelöst werden müssen, sind komplexer und erfordern in den meisten Fällen einen höheren Interpretations- und Rechercheaufwand.

Aus den Recherchestatistiken läßt sich dieses charakteristische Informationsverhalten sehr gut ablesen. Rund 90 % aller Recherchen von Anfragern aus den Hochschulinstituten für Physik und Chemie konnten mit dem Abrufen von einer oder zwei Datenbanken abgedeckt werden. Im Vergleich dazu wurden nur 75 % aller Anfragen, die von privaten IVS bearbeitet wurden, mit Hilfe des Zugriffs auf weniger als drei Datenbanken beantwortet. Dabei war der Anteil gemischter Recherchen sowie von Recherchen aus den Bereichen Technik, Patente und Wirtschaft bei den privaten IVS sehr viel höher als bei den Forschungs-IVS, die vorwiegend naturwissenschaftliche Informationen suchten. Außerdem lagen die Zeiten zur Vor- und Nachbereitung einer Recherche bei den beratenden Dienstleistungsbetrieben und den wirtschaftsnah arbeitenden Institutionen weit über den Bearbeitungszeiten bei den Hochschul-IVS.

- Die Tätigkeiten im Rahmen des Wissenschafts- und Lehrbetriebes an Universitäten und Fachhochschulen führten auch deswegen zu einem intensiveren Recherchebedarf, weil zentral oder dezentral im Hochschulbereich eingerichtete IVS von mehr interessierten Anfragern direkt und weitgehend ohne zeitliche Verzögerungen genutzt wurden, als es bei IVS im privaten Dienstleistungsbereich der Fall war [vgl. SCHUBERT-SCHEINMANN 1990a]. Hinzu kommt, daß im Zusammenhang mit Diplomarbeiten, Dissertationen und wissenschaftlichen Veröffentlichungen von Hochschulforschern an den einzelnen Instituten ein großer Bedarf an Online-Recherchen entsteht. In Unternehmensberatungen und Ingenieurbüros hingegen, aber auch bei der IVS an einer IHK oder im patentorientierten Auskunftsdienst fallen Recherchen nur sporadisch an und sind zudem mit größerem Aufwand für die notwendigen Interpretations- und Qualifizierungsarbeiten durchzuführen.

4.5.5 Online-Nutzungsbarrieren im Hochschulbereich

Von den geförderten Hochschul-IVS wurden drei wesentliche Nutzungsbarrieren genannt, die eine intensivere Inanspruchnahme der IVS erschweren:

- Die zur Verfügung stehenden Mittel zur Deckung der Recherchekosten reichten in der Regel nicht aus, den Online-Recherchebedarf ausreichend zu decken. Es wurde wiederholt darauf hingewiesen, daß die hochschulinterne Nutzung der IVS wesentlich ausgeweitet werden könnte, wenn mehr Finanzmittel für die Durchführung von Recherchen zur Verfügung ständen. Zwar tragen die Rabattangebote einiger Hosts (z.B. Academic Program) dazu bei, diese Engpässe nachhaltig zu entschärfen; dennoch konnten die Recherchekosten (im Gegensatz zu den Datenfernübertragungkosten) nur unzureichend oder unter erschwerten Bedingungen bereitgestellt werden.

- Die Unsicherheit über eine langfristige Finanzierung der geförderten Hochschul-IVS trug in einigen Fällen dazu bei, daß die IVS personell und organisatorisch nicht in ausreichendem Maß in den Wissenschaftsbetrieb integriert werden konnte.

- Die personelle Besetzung der IVS war nicht selten für alle Beteiligten unbefriedigend gelöst. Die hohe personelle Fluktuation in den Hochschulinstituten und die oft nur unwillig übernommenen IVS-bezogenen Verwaltungsaufgaben durch wissenschaftliche Mitarbeiter der Institute führten oft zu einer nicht akzeptablen Betreuung der IVS, die über den Einsatz von Teilzeitkräften nicht ausreichend gewährleistet werden konnte.

4.6 Kooperationen der Informationsvermittlungsstellen

Im Rahmen der vom ISI angebotenen flankierenden Maßnahmen zum Modellversuch sollten unter anderem auch die Kontakte zwischen den geförderten Modellvorhaben sowie Kooperationen der IVS untereinander und mit anderen externen Institutionen angeregt und unterstützt werden. Gerade im Bereich der Informationsvermittlung wird die fachliche Kommunikation und der Erfahrungsaustausch zu technischen und methodischen Fragen als besonders wichtig angesehen. Allerdings gaben nur 30 % der IVS an, sie würden regelmäßige Kontakte zu Rechercheuren in anderen IVS unterhalten (vgl. Tab. 23).

Es entwickelten sich verhältnismäßig wenige formelle Zusammenschlüsse zwischen den IVS. Auch die in einigen Bundesländern initiierten Broker-Netzwerke dienen in erster Linie zur Harmonisierung der IVS-Öffentlichkeitsarbeit und der gemeinsamen Präsentation von Diensten und Leistungen; die formelle und organisatorische Kooperation zwischen Informationsvermittlern ist über solche Aktivitäten nicht erreicht worden.

Bei 28 % der Stellen führte der formelle Zusammenschluß mit Vertriebspartnern zu gewissen Absatzgarantien bei der Vermarktung externer Auftrags-

Leistungen, Merkmale und Eigenschaften der geförderten IVS	Gesamtmenge der IVS abs. %	Private IVS abs. %	wirtsch.-nahe IVS abs. %	IVS in der Forschung abs. %	externe Inf.verm. abs. %	< 6 Rech. im Quartal abs. %	>16 Rech. im Quart. abs. %
Anzahl der IVS	134 100,0	85 -63,4	28 -20,9	21 -15,7	56 -41,8	42 -31,3	41 -30,6
Kooperationsbeziehungen	96 71,6	55 41,0	25 18,7	16 11,9	39 29,1	34 25,4	31 23,1
Kooperation mit and. IVS	45 33,6	23 17,2	15 11,2	7 5,2	19 14,2	16 11,9	15 11,2
Koop. mit Vertriebspartner	36 26,9	23 17,2	9 6,7	4 3,0	19 14,2	11 8,2	12 9,0
Inf.kontakte zu and. IVS	37 27,6	18 13,4	13 9,7	6 4,5	15 11,2	12 9,0	13 9,7
regelmäßige IVS-Teffen	41 30,6	22 16,4	10 7,5	9 6,7	15 11,2	17 12,7	14 10,4
sonst. Kooperationsformen	33 24,6	22 16,4	10 7,5	1 0,7	19 15,2	11 8,2	8 6,0

Tab. 23: IVS-Kooperationsbeziehungen im Modellversuch

recherchen. Durch die feste Zusammenarbeit mit Institutionen oder Unternehmen, die im größeren Umfang Rechercheaufträge annahmen, ohne selbst Recherchekapazitäten vorzuhalten, konnten sich kommerzielle IVS vom Zwang zur eigenen, sehr personal- und zeitaufwendigen Akquisition von Einzelkunden entlasten. Die Kooperation von Vermittlern mit Banken und Kreditinstituten, die im Vorfeld einer Kreditvergabe z. B. von kreditsuchenden Firmengründern die Durchführung einer Datenbankrecherche verlangen, die Zusammenarbeit von Vermittlern mit Hosts und Datenbankproduzenten als deren Vertriebsbeauftragte oder die Zuarbeit von IVS für Zeitschriftenredaktionen waren nur einige der Formen solcher Vertriebskooperationen [vgl. KÜBEL 1989].

4.6.1 Absatzorientierte Kooperationen im Modellversuch

Aus den Analysen im Modellversuch ließen sich weitere Beobachtungen zu Kooperationsformen und -möglichkeiten von Informationsvermittlern gewinnen:

- Zur Ausweitung der Informationsvermittlungsaktivitäten schien die Beteiligung von Informationsvermittlern an EG-weiten elektronischen Kooperationsbörsen und Vermittlernetzen weniger geeignet zu sein.

- Auch staatliche Fördermaßnahmen zur Absatzintensivierung von Broker-Diensten z. B. im Rahmen der Länderprogramme "Datenbankdienste Niedersachsen" oder "Bremen Online" haben nicht merklich zur Verbesserung der Informationsvermittlersituation beigetragen.

- Alle während des Modellversuchs eingeleiteten IVS-Kontakte und -Initiativen, die auf die Entwicklung einheitlicher Marketingstrategien und gemeinsamer Werbeaktionen abzielten, sind inzwischen wieder eingestellt worden.

- Im Modellversuch konnte jedoch auch beobachtet werden, daß in den nördlichen Bundesländern das informelle Netzwerk und die Kommunikationszirkel zwischen Informationsvermittlern besser ausgebaut waren und intensiver gepflegt wurden als bei den IVS im Süden der Bundesrepublik, die einem formellen oder auch informellen Zusammenschluß mit anderen IVS eher reserviert gegenüberstanden.

Von den 134 geförderten IVS war nach eigenen Angaben ein Drittel in einem online- oder dokumentationsbezogen arbeitenden Fachverband organisiert. Während in der Deutschen Gesellschaft für Dokumentation mit 34 Mitgliedschaften ein Viertel aller IVS organisiert war, hatten 24 Stellen in anderen, zum Teil fachlich spezialisierten Fachvereinigungen eine Mitgliedschaft. Auch bei der Frage, ob sich die Mitarbeiter der geförderten IVS in einem noch zu gründenden Verband der Informationsvermittler organisieren würden, war deutlich eine negative Tendenz herauszulesen; während 26,9 % mit einem klaren Nein antworteten, wollten sich nur 20,9 % bei einer solchen Organisation beteiligen. Der Rest von fast 50 % der befragten Rechercheure machte diese Entscheidung von den Umständen abhängig (vgl. Tab. 24).

Obwohl die Informationsarbeit und der Umgang mit Datenbanken nach dem intensiven Wissens- und Erfahrungsaustausch mit anderen Informationsfachleuten und Rechercheuren verlangt, hat sich der Befragung zufolge nur ein

Leistungen, Merkmale und Eigenschaften der geförderten IVS	Gesamtmenge der IVS abs. %	Private IVS abs. %	wirtsch.-nahe IVS abs. %	IVS in der Forschung abs. %	externe Inf.verm. abs. %	< 6 Rech. im Quartal abs. %	>16 Rech. im Quart. abs. %
Anzahl der IVS	134 100,0	85 =63,4	28 =20,9	21 =15,7	56 =41,8	42 =31,3	41 =30,6
Mitglied in IuD-Verband	49 36,6	29 21,6	11 8,2	9 6,7	24 17,9	13 9,7	17 12,7
DGD	34 25,4	23 17,2	7 5,2	4 3,0	20 14,9	7 5,2	13 9,7
VDD	3 2,2	3 2,2	- -	- -	1 0,7	- -	2 1,5
andere IuD-Vereinigung	24 17,9	14 10,4	5 3,7	5 3,7	8 6,0	8 6,0	8 6,0
Mitgliedschaft im VIV?							
ja	28 20,9	14 10,4	10 7,5	4 3,0	17 12,7	9 6,7	8 6,0
vielleicht	65 48,5	39 29,1	16 11,9	10 7,5	24 17,9	19 14,2	20 14,9
nein	36 26,9	27 20,1	2 1,5	7 5,2	12 9,0	12 9,0	13 9,7

Tab. 24: Beteiligung der IVS an Fachverbänden

kleiner Teil der IVS-Mitarbeiter den bereits bestehenden Kommunikationszirkeln im Online-Bereich angeschlossen. Während bei den internen IVS das Fehlen fachlicher Außenkontakte zu Isolierung und Motivationsverlusten führen kann, haben indessen intensivere Kontakte zwischen den gewerblichen Informationsvermittlern zu einer Reihe informeller Verbindungen und loser Kooperationen geführt.

4.6.2 Konkurrenzsituationen im Modellversuch

Ein wesentlicher Bestandteil der Kommunikation zwischen den geförderten Informationsvermittlern während der Erfahrungsaustauschrunden und auf öffentlichen Veranstaltungen, die das ISI beobachtet hat, bezog sich auf die angenommene Konkurrenzsituation zwischen einzelnen IVS-Gruppen, insbesondere zwischen den privaten IVS mit Broker-Funktionen und den IVS in Kammern und Verbänden. Dabei wurde von einigen privaten Informationsvermittlern die Ansicht vertreten, daß die Preise, die die semi-öffentlichen, nicht-kommerziell arbeitenden Einrichtungen wie IHK, Handwerkskammern, Landesgewerbeämter oder Technologiezentren für die Durchführung von Online-Recherchen verlangten, nicht den allgemeinen Marktpreisen für diese Dienstleistung entsprechen und daher zu einer Verzerrung der Marktstrukturen im Bereich Information Brokerage beitragen könnten.

Zur Beurteilung der Problematik des vermuteten Konkurrenzverhältnis zwischen privat, öffentlich und halb-öffentlich organisierten Informationsvermittlungsstellen seien zunächst zwei Sachverhalte in Erinnerung gerufen:

- Ziel des Modellversuchs Informationsvermittlung war es nicht in erster Linie, die Etablierung von gewerblich orientierten Dienstleistungsunternehmen mit Information Broker-Funktionen zu fördern; vielmehr sollten innerbetriebliche Informationsvermittlungsstellen erprobt werden, die in unterschiedlichen Unternehmens- und Institutionentypen zur Unterstützung anderer Informations- und Beratungsleistungen eingerichtet wurden.

- Die Erfahrungen aus dem Modellversuch weisen darauf hin, daß die extern angebotene Dienstleistung "Vermittlung von Online-Recherchen" bei den potentiellen Endnutzern aus den kleinen und mittleren Unternehmen auf eine nur geringe Akzeptanz trifft; demzufolge kann von einem Markt für die Vermittlung von Datenbankrecherchen zur Zeit kaum gesprochen werden.

Der Vorwurf privatwirtschaftlicher IVS, wirtschaftsnah arbeitende, nicht-kommerziell orientierte IVS-Träger würden die wirtschaftliche Entwicklung des Online-Marktes durch eine Dumping-Preispolitik behindern, da die Privat-IVS zur Vollkostendeckung entsprechend hohe Preise für Online-Recherchen nehmen müßten, wurde in einigen Erfahrungsaustauschrunden durch Hinweise auf die derzeit fehlenden Kriterien zur Festlegung einer aktuellen und akzeptierbaren Preispolitik für Informationsdienstleistungen relativiert. Von einigen Vermittlungsstellen wurde die Ansicht vertreten, daß von einer festen Preispolitik im Moment nicht auszugehen ist und daß die Preise flexibel gehalten werden müssen, um die Nachfrage nach Online-Dienstleistungen bei den Kunden zu unterstützen.

Die Hauptargumente der beiden Gruppen "private" und "nicht-private IVS" im Modellversuch lassen sich bezüglich der Diskussion um die Konkurrenzsituation beider Parteien wie folgt zusammenfassen. Während vor allem private IVS mit eher unbedeutendem Rechercheaufkommen den mit öffentlichen oder mit institutionellen Mitteln geförderten Vermittlungsstellen vorwarfen, auf die nur langsam durchzusetzende Preisstruktur und auf die sich zögernd entwickelnde Preisakzeptanz bei den Endnutzern störend einzuwirken, konnten die so angegriffenen Stellen glaubhaft machen, daß es einen Markt für die reine Vermittlung von Online-Information nicht geben könne und daß sie im Gegenteil die Nutzung von Online-Information durch Bekanntmachen und Demonstrieren von Online-Recherchen fördern würden.

Die geäußerten Bedenken konnten auch mit dem Hinweis zerstreut werden, daß ein großer Teil der öffentlichen und halb-öffentlichen IVS entweder nur zu internen Zwecken Fachinformation vermitteln (z. B. Hochschulinstitute) oder ihre Dienste für ganz andere Nutzerkreise zugeschnitten haben und deutlich verschiedene Marktnischen besetzen, so daß nicht von einer echten Konkurrenz, sondern eher von einer Differenzierung des IV-Bereichs gesprochen werden kann.

Diese Theorie der verschiedenen Marktnischen im Online-Dienstleistungssektor, die von Dienstleistungsanbietern unterschiedlicher Kompetenz und Qualität besetzt sind, kann wie folgt charakterisiert werden:

- IVS, die sich fachlich oder sektoral auf gewisse Zielgruppen spezialisiert haben und dadurch ein gezielteres Marketing betreiben können, müssen die Konkurrenz von bestehenden, zum Teil öffentlich geförderten, zum Teil von Großinstitutionen gesponserten Informationsvermittlungsagenturen weniger fürchten als solche Stellen, die sich aufgrund eines noch unzureichend erschlossenen Kundenpotentials gezwungen sehen, eine breite Palette fachlicher Informationsvermittlungsgebiete mit Hilfe indirekter Marketingmaßnahmen auf dem noch wenig sensibilisierten Nachfragemarkt anzubieten.

- Dabei wird die qualitativ hochwertige und somit 'konstruktive' Informationsvermittlungskonkurrenz als nicht so gefährlich eingeschätzt wie die eher unseriösen Informationsvermittlungsinstanzen, die bei potentiellen Nutzern Verärgerung über qualitativ minderwertige Informationsrecherchen auslösen und damit zum dauerhaften Verlust von größeren Kundengruppen beitragen können.

Eine während des Modellversuchs öfters geäußerte Befürchtung bestand darin, daß IVS, die für wenig sorgfältig durchgeführte und aufbereitete Recherchen verhältnismäßig niedrige Preise verlangen, nicht nur eine bedenkliche Konkurrenz für 'seriösere' Informationsvermittler darstellen, sondern daß sie auch eine Gefahr für die Akzeptanz von Informationsdienstleistungen bei potentiellen Endnutzern darstellen, indem die unaufbereiteten Rechercheprodukte bei den Nutzern als eher abschreckende Beispiele für Informationsvermittlungsformen angesehen werden könnten. Auf den Vorwurf, die öffentlich getragenen Einrichtungen oder die Verbände und Kammern, die sich zum Teil über Beiträge aus Zwangsmitgliedschaften finanzieren, würden Informationsrecherchen unter dem Deckungsbeitrag veräußern und so die Entwicklung von Marktstrukturen erheblich beeinträchtigen, reagierten die Vertreter dieser Institutionen während der Diskussionen in den Erfahrungsaustauschrunden mit dem Hinweis, daß gerade im Vorfeld der Entwicklung eines solchen Marktes die potentiellen Kunden von den Vorteilen und Möglichkeiten der neuen Dienstleistung überzeugt werden müßten.

Die Infrastruktureinrichtungen könnten diese aufschließende Aufgabe am besten übernehmen, da sie zu einer sehr großen Gruppe von potentiellen Nutzern in Kontakt sind und aufgrund des besseren Vertrauensverhältnisses zwischen Mitgliedern und Institution auch eher Erstaufträge für eine Informationsrecherche erhalten würden. Dabei wird die Aufklärungsfunktion über die neue Technik als wichtiger angesehen als das Ziel, Online-Recherchen auf Dauer in großem Maßstab abzusetzen. Zukünftige Informationsnachfrager würden sich dann von selbst an private Vermittler wenden, wenn sie umfangreichere Rechercheaufträge zu vergeben hätten, die eine weit sorgfältigere und qualifiziertere Bearbeitung erforderten, als sie von den IVS der Infrastruktureinrichtungen erbracht werden könnten.

In Bezug auf die angenommene Konkurrenzsituation zwischen den Kammern und den privaten IVS führten die Mitarbeiter der IHK folgende Argumente ins Feld:

1. Die Kammern bieten Online-Recherchen nicht billiger an, da sie fast ausschließlich im Auftrag von Unternehmen durchgeführt werden, die bereits eine Zwangsabgabe für die Mitgliedschaft in der IHK zahlen mußten - so gesehen, sind diese Recherchen gewissermaßen als interne Recherchen zu werten [vgl. SPENGLER 1989].

2. Die Kammern bieten auf Anfrage nur Orientierungsrecherchen oder wenig aufwendig durchgeführte Recherchen an, die ohne größeren intellektuellen Aufwand nachbereitet und die nicht weiterverarbeitet werden.

3. Auftraggeber für arbeitsintensive Recherchen mit naturwissenschaftlich-technischem Inhalt werden von den IVS der Kammern in der Regel an kommerziell arbeitende und fachlich versierte Informationsvermittler weitervermittelt [vgl. GEORGY 1988].

4. Die Kammern nutzen ihren Vertrauensvorsprung bei den Mitgliedsfirmen, um die kleinen und mittleren Unternehmen mit den neuen Informationsmöglichkeiten vertraut zu machen.

4.6.3 Einschätzungen der IVS zur Konkurrenzsituation

Im Rahmen der explorativen Interviews wurden die Mitarbeiter aller 134 geförderten IVS unter anderem auch dazu aufgefordert, vor dem Hintergrund ihrer Erfahrungen einige vorgegebene Aussagen zur Marktsituation für Online-Dienste zu bewerten. Die Einschätzungen der befragten IVS zum Online-Dienstleistungsmarkt sind in Tab. 25 dargestellt [vgl. auch REUTER 1989]. Dabei stellen die Werte zu den einzelnen Beurteilungen den Mittelwert aller individuell vergebenen Noten dar, die von "trifft zu" (1) und "kann stimmen" (2) über "ist nicht entscheidbar" (3) bis "ist eher falsch" (4) und "ist unrichtig" (5) reichten.

Leistungen, Merkmale und Eigenschaften der geförderten IVS	Gesamtmenge der IVS abs. %	Private IVS abs. %	wirtsch.-nahe IVS abs. %	IVS in der Forschung abs. %	externe Inf.verm. abs. %	< 6 Rech. im Quartal abs. %	>16 Rech. im Quart. abs. %
Anzahl der IVS	134 100,0	85 ~63,4	28 ~20,9	21 ~15,7	56 ~41,8	42 ~31,3	41 ~30,6
Einschätzungen zum Inf.markt							
Rech.-Markt wird wachsen	2.44	2.57	2.07	2.38	2.31	2.51	2.42
FI durch Marktwirtschaft	2.49	2.33	2.36	3.29	2.24	2.59	2.51
subventionierte Konkurrenz	2.62	2.12	3.29	3.67	2.24	2.76	2.93

Tab. 25: Einschätzungen zum Informationsmarkt

Von der Ausage "Es ist zu erwarten, daß bei einer qualitativen und quantitativen Erweiterung des Angebots an Informationsbanken (Fakten- und Volltextbanken, Wirtschaftsinformationsbanken) der Markt für Recherchen kräftig wachsen wird" wurde bei allen IVS angenommen, daß sie sehr wahrscheinlich stimmt (Wertung 2.44). Dabei waren die IVS in wirtschaftsnahen Einrichtungen mit ihrer Wertung von 2.07 eher davon überzeugt als die privaten IVS.

Ob sich die Entwicklungen im Fachinformationssektor an marktwirtschaftlichen Prinzipien orientieren sollen, wurde mit der Aussage "Eine flexible Anpassung des Fachinformationsangebotes an die Informationsnachfrage kann nur dann dauerhaft gewährleistet werden, wenn Fachinformation grundsätzlich über den Markt bzw. gegen eine marktgerechte Vergütung angeboten wird" erfragt. Während die privaten und wirtschaftsnahen IVS mit den Wertungen 2.33 und 2.36 eher zu dieser Meinung tendierten, zeigten die Mitarbeiter der Hochschul-IVS mit ihrer Durschnittswertung 3.29 sich eher skeptisch.

Die Frage nach Befürchtungen zu Konkurrenzsituationen im Online-Markt wurde mit Hilfe der folgenden Aussage überprüft: "Ein Hindernis bei der Ausweitung der Fachinformationsnutzung besteht in der Behinderung privatwirtschaftlicher Informationsvermittler, z. B. wenn Recherchen bei staatlich geförderten Technologietransferstellen kostenlos oder verbilligt erhältlich sind." Insbesondere die privaten IVS gaben an, daß diese Aussage stimmen kann

(Wertung 2.12). Hingegen zeigten die wirtschaftsnahen IVS und noch deutlicher die IVS aus dem Forschungsbereich Zweifel an den Inhalten dieser Aussage.

4.7 Qualitative Effekte der Informationsvermittlung

Wirtschaftsunternehmen benötigen für ihr Wachstum, für ihr Überleben und für ihre Anpassung an veränderte Rahmenbedingungen unterschiedliche Ressourcen (Personal, Technologien, Informationen), die oftmals schnell und mit geringem finanziellen und organisatorischen Aufwand beschafft werden müssen. Die Versorgung mit der Ressource technisch/ökonomisch/wissenschaftlicher Fachinformation wird durch eine Reihe spezialisierter Dienstleistungen im Bereich der Informationssuche, der Beschaffung und der Bearbeitung (Selektion, Verdichtung, Be- und Auswertung und praxisorientierte Anwendung und Umsetzung) gewährleistet. In diesem Kontext stellt die Informationsvermittlung für Wirtschaftsunternehmen, bei wirtschaftsnahen Institutionen und in Forschungseinrichtungen eine Komponente der innovationsbezogenen Dienst- und Unterstützungsleistungen dar. Neue, EDV-gestützte Techniken der Informationssuche und -beschaffung und neue Methoden der Informationsbereitstellung sowie der hohe Stellenwert, der einer effizienten und kontinuierlichen Informationsversorgung von Unternehmen und Wissenschaftseinrichtungen beigemessen wird, haben die Erprobung unterschiedlicher Modelle der Online-Informationsvermittlung im Rahmen eines experimentellen Förderprogramms notwendig erscheinen lassen. Die Begleituntersuchungen zum Modellversuch Informationsvermittlung sollten unter anderem die Frage beantworten helfen, wie sich informationsbezogene und speziell online-orientierte Informationsdienstleistungen nutzergerecht und bedarfsspezifisch gestalten lassen und wie sich die Akzeptanz bestehender Vermittlungsdienste verändern und vergrößern läßt.

4.7.1   Beispiele informationsbezogener Dienstleistungen

Neben einigen wenigen Stellen, die sich als reine Information Broker verstehen, beteiligten sich am Modellversuch Informationsvermittlung eine Vielzahl anderer Institutionen, Organisationen und Unternehmen, die das Prinzip Informationsvermittlung in umfassendere technische, wissenschaftliche und wirtschaftliche Forschungs-, Entwicklungs- und Planungszusammenhänge und in übergeordnete betriebliche Abläufe integriert haben [vgl. HAUER / WEIGEL / HERRMANN 1985, S. 28].

An drei Beispielen soll erläutert werden, wie die Vermittlung von Fachinformationen, insbesondere der Transfer von Informationen aus Online-Datenbanken, als integraler Bestandteil anderer Dienstleistungen genutzt wird:

1. In der Innovationsberatung von technologieorientierten kleinen und mittleren Unternehmen spielen viele Fragestellungen eine Rolle, deren rasche und effiziente Beantwortung durch die Recherche in Datenbanken unterstützt werden kann. Marktanalysen, Patentrecherchen, die Prüfung relevanter Ausschreibungen und Förderprogramme, die Kontrolle von Normen und technischen Vorschriften, die Suche nach Kooperationspartnern und Lieferanten - das alles sind Informationsprobleme, die ein Informationsvermittler mittels Online-Recherchen bearbeiten kann [vgl. VOGEL 1988]. Dem nachfragenden Unternehmen ist jedoch erst dann geholfen, wenn die entsprechenden Hinweise und Informationen von einer Beratungsinstanz interpretiert, bewertet und in konkrete Handlungsvorschläge umgesetzt worden sind.

2. Fachhochschulen beschränken sich nicht mehr darauf, technische Informationen und fachliches Know-how in ihren Lehrveranstaltungen zu vermitteln; die Vermittlung von Fachwissen und Beratungskapazität richtet sich zunehmend auch nach außen, in dem Professoren, Fachabteilungen und Projekt-

gruppen die Kooperation mit der Industrie und der privaten Forschung suchen. In diesem Zusammenhang dient die Einrichtung einer IVS an einer Fachhochschule dazu, nicht nur die Angehörigen der Fachhochschule (Professoren, wissenschaftliche Angestellte, Studenten) mit Fachinformation zu versorgen, sie hilft auch dabei, über die Bearbeitung von Rechercheaufträgen den Kontakt zu Firmen in der Region herzustellen oder zu vertiefen [vgl. ALLESCH / PREISS-ALLESCH / SPENGLER 1988; LÜSTORFF 1988].

3. In einem Technologiezentrum gehört die Informationsvermittlung zur notwendigen und akzeptierten Serviceeinrichtung. Die meisten jungen Unternehmen, die sich in einem Technologiezentrum ansiedeln, haben zumindest während der Aufbau- und Entwicklungsphase einen intensiven Bedarf an naturwissenschaftlicher, technischer und wirtschaftsbezogener Fachinformation. Dabei wird die IVS nicht nur zur Versorgung von zentrumseigenen Firmen oder regional benachbarten Unternehmen genutzt, auch das Zentrumsmanagement benötigt Fachinformationen, um das Konzept ansiedlungswilliger Firmen technisch und wirtschaftlich zu prüfen, um Förderstrategien zu entwickeln oder um Firmen-Newcomer zu beraten.

4.7.2 Interne und externe IVS-Konzepte

Im Modellversuch entwickelten sich von Anfang an zwei unterschiedliche Modelle der Informationsvermittlung. Das erklärte Konzept der Förderung war es, den Aufbau innerbetrieblicher Informationskapazitäten im Dienstleistungsbereich zu unterstützen; Datenbankrecherchen sollten für die interne Informationsbeschaffung genutzt werden. Viele der geförderten IVS setzten sich jedoch das Ziel, reine oder nur gering aufbereitete Online-Recherchen an Dritte weiter zu verkaufen (Information Broker-Konzept). Bei diesen Stellen stand von Anfang an eine marktorientierte Strategie im Vordergrund, weil in diesem Sektor neue lukrative Einnahmequellen erwartet wurden [vgl. MARLOTH 1977].

32,8 % der IVS haben ihr externes Konzept während der Laufzeit des Modellversuchs jedoch deutlich geändert. Zum Ende des Versuchs nutzten 27 % der Stellen ihre IVS ausschließlich intern, weitere 55 % sowohl intern als auch extern (vgl. Abb. 15). Insbesondere die Vermittlungsstellen in den Forschungsinstitutionen und Universitäten waren bei der internen Nutzung stark vertreten. Dort wurden Online-Recherchen fast nur für die Angehörigen der eigenen Hochschule durchgeführt.

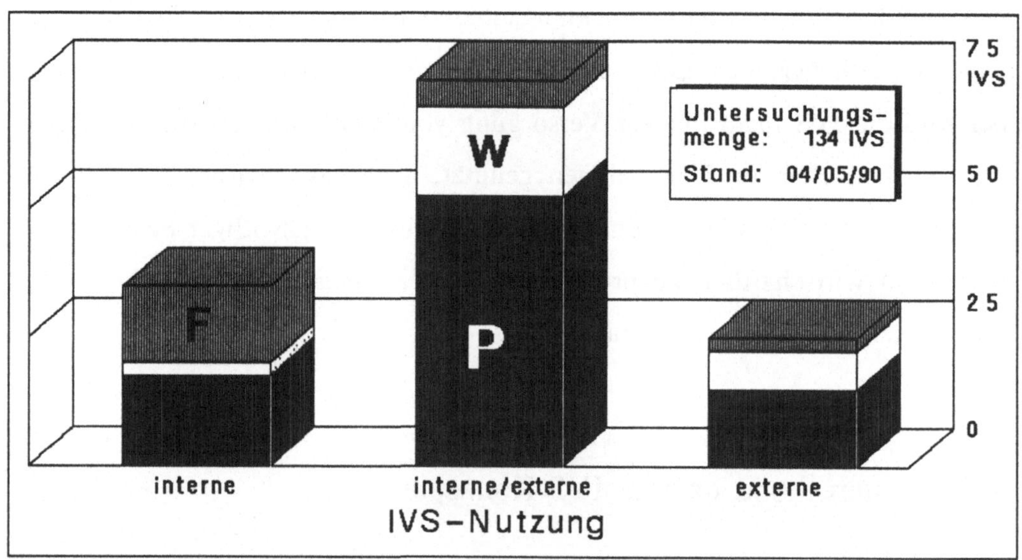

Abb. 15: Externes und internes Nutzungskonzept der IVS

Lediglich 3 % der IVS dieses Typs gaben an, neben der internen Nutzung auch für externe Kunden recherchiert zu haben. Einen Sonderfall bildete die Vermittlungsstelle der Stadt- und Universitätsbibliothek Duisburg. Als organisatorische Einheit der Universität/Gesamthochschule Duisburg wurde sie den Forschungs-IVS zugeordnet. Wenn diese Stelle angibt, daß Online-Recherchen ausschließlich für externe Nutzer durchgeführt wurden, so waren dies sowohl alle Mitarbeiter und Studierenden der Universität als auch Kunden aus anderen Bereichen.

Die Gründe dafür, daß sich insgesamt 74 Stellen beide Möglichkeiten offenhielten, interne und externe Vermittlung durchzuführen, sind dabei einfach nachzuvollziehen:

1. Es war für diese Stellen nicht allzu aufwendig und teuer, Recherchen nach außen zumindest anzubieten, selbst wenn sie nur wenig nachgefragt wurden.

2. Eine Reihe von Unternehmen nutzte die Werbung mit IVS-Diensten in ihrer Marketingstrategie, um bei den Kunden einen Image-Gewinn zu erzielen.

3. Außerdem hielten sich die externen Modelle damit die Option offen, bei einer zukünftig befriedigenderen Entwicklung des Marktes für Online-Dienste gegenüber potentiellen Mitbewerbern Wettbewerbsvorteile aufgrund ihres langjährigen Know-how-Vorsprungs vorweisen zu können.

Während fast drei Viertel der 134 IVS angaben, sie würden ihre Dienste auch extern anbieten, so wurde diese Aussage durch die absolute Anzahl der ausschließlich für interne Zwecke genutzten Recherchen wieder relativiert. Von den insgesamt im Modellversuch registrierten 25.052 Recherchen wurden 35,8 % im Auftrag externer Nachfrager durchgeführt (vgl. Tab. 26).

Anzahl und Merkmale der im Modellversuch registrierten Recherchen	Recherchen insgesamt abs. /IVS	bei 21 IVS d. Forsch. abs. / IVS	28 wirt. nahen IVS abs. / IVS	85 privaten IVS abs. / IVS	Jahr '87 (132 IVS) abs. / IVS	Jahr '88 (127 IVS) abs. / IVS	Jahr '89 (113 IVS) abs. /IVS
Recherchezahl 1987 bis 1989	25052 187	8209 391	5127 183	11716 138	7964 60	9975 79	7113 63
Art der Recherche							
Recherche im Kundenauftrag	8963 67	648 31	2701 96	5412 64	2575 19	3550 28	2838 25
Rech. für interne Nutzung	13900 104	7056 336	2028 72	4809 57	4294 32	5701 45	3905 35
Übungs- / Demo-Recherche	1686 13	307 15	347 12	1025 12	853 6	541 4	292 3

Tab. 26: Anzahl intern und extern genutzter Recherchen

Leistungen, Merkmale und Eigenschaften der geförderten IVS	Gesamtmenge der IVS abs. %	Private IVS abs. %	wirtsch.-nahe IVS abs. %	IVS in der Forschung abs. %	externe Inf.verm. abs. %	< 6 Rech. im Quartal abs. %	>16 Rech. im Quart. abs. %
Anzahl der IVS	**134 100,0**	85 -63,4	28 -20,9	21 -15,7	56 -41,8	42 -31,3	41 -30,6
Kombination mit Dienstleist.							
nur Online-Inf.beschaffung	**72 53,7**	41 30,6	18 13,4	13 9,7	45 33,6	19 14,2	20 14,9
trad. Inf.-/Kontaktverm.	**38 28,4**	19 14,2	18 13,4	1 0,7	23 17,2	11 8,2	8 6,0
Hilfe bei FI-Umsetzung	**52 38,8**	32 23,9	18 13,4	2 1,5	25 18,7	16 11,9	12 9,0
Stand-der-Technik-Reports	**72 53,7**	50 37,3	21 15,7	1 0,7	37 27,6	22 16,4	18 13,4
Erstellung von Expertisen	**67 50,0**	55 41,0	11 8,2	1 0,7	25 18,7	25 18,7	15 11,2
gutachterliche Tätigkeit	**33 24,6**	24 17,9	8 6,0	1 0,7	10 7,5	9 6,7	8 6,0
Bewertung von Projekten	**28 20,9**	17 12,7	11 8,2	- -	14 10,4	11 8,2	7 5,2
Auftragsforschung	**36 26,9**	21 15,7	11 8,2	4 3,0	15 11,2	11 8,2	11 8,2
Intensivberatung	**58 43,3**	42 31,3	14 10,4	2 1,5	20 14,9	21 15,7	15 11,2
sonstige Dienstleistungen	**31 23,1**	20 14,9	5 3,7	6 4,5	11 8,2	13 9,7	7 5,2

Tab. 27: IVS-Integration in andere Dienstleistungen

Die im Modellversuch zu beobachtende Tendenz bei den Informationsvermittlungsstellen, die Nutzung von Online-Datenbankrecherchen mit anderen informations- und beratungsbezogenen Dienstleistungen zu kombinieren, ist in Tab. 27 quantitativ erfaßt. Danach war der Anteil der reinen Informationsvermittlung dort am größten, wo die IVS in größeren Institutionen und Unternehmen auf die Recherche und Weitergabe von fachlichen Informationen festgelegt war. In den großen wirtschaftsnah arbeitenden, nicht kommerziellen Einrichtungen sowie in den Hochschulen und Forschungseinrichtungen war die Tendenz zur direkten Kopplung der IVS-Arbeit mit anderen Dienstleistungen weniger verbreitet als im Bereich der privaten Dienstleistungsunternehmen. Hingegen wurde die Nutzung von Online-Recherchen in Zusammenhang mit Ermittlungen zum Stand der Technik von vielen wirtschaftsnahen Einrichtungen positiv beurteilt: Stand-der-Technik-Recherchen wurden im Rahmen der Innovationsberatung bei Industrie- und Handelskammern, bei der Beratung junger technologie-orientierter Unternehmen durch Technologiezentren oder auch bei der Beurteilung von technologischen Konzepten durch Innovationsberatungsstellen benötigt.

Im Bereich der privaten Dienstleistung haben sich andere Nutzungs- und Kombinationsmöglichkeiten für Datenbankrecherchen entwickelt: In privaten Forschungsinstituten, Technologieberatungsstellen oder Ingenieurbüros werden sie zur Erstellung von Berichten und Expertisen gebraucht; Online-Information wird zur Wissensakquisition in der Unternehmensberatung eingesetzt; Datenbanken sind auch eine wertvolle Hilfe bei der Beschaffung und Vermittlung konventioneller Fachinformation. Eine weniger wichtige Rolle im Modellversuch spielte die Online-Information bei der eher konventionellen Kontakt- oder Lizenzvermittlung, bei der Auftragsforschung oder bei der Erstellung von Gutachten (vgl. Abb. 16).

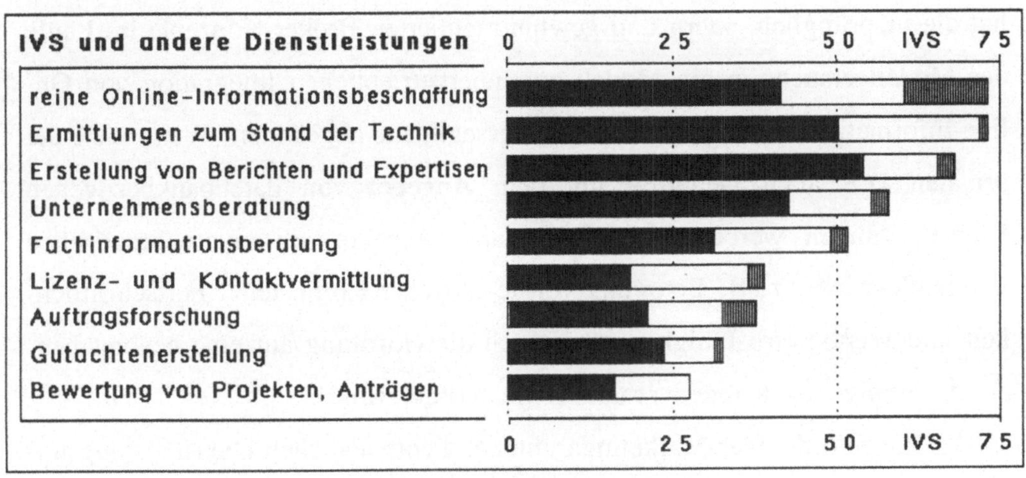

Abb. 16: Integration von Informationsdienstleistungen

Die Nutzerstruktur bei den IVS-Typen spiegelt jedoch deutlich die im Vergleich zu den Forschungs-IVS unterschiedlichen Konzepte der privaten und der wirtschaftsnahen IVS wider. Die IVS in nicht-kommerziellen Institutionen führten 52 % ihrer Gesamtrecherchen für externe Kunden durch, bei den privaten Vermittlern waren es noch 46 % aller Recherchen. Die Informationsstellen in den Forschungseinrichtungen arbeiteten dagegen nur in einem Drittel aller Fälle für Nutzer außerhalb der eigenen Institution. Die Integration der Datenbanknutzung in komplexere Aufgabenbereiche der Beratung und Unterstützung hat sich sowohl bei den privaten als auch bei den nicht-kommerziellen Stellen als erfolgversprechendstes Modell der Informationsvermittlung erwiesen. Die Nutzung der Online-Recherche als subsidiäres Medium zur Informationsbeschaffung im Rahmen traditioneller Informations- und Know-how-Vermittlung wurde von den meisten im Modellversuch geförderten Stellen als positiv bewertetes Rationalisierungs- und Qualifizierungsinstrument eingeschätzt [vgl. WIECK 1990].

Die geförderten Stellen haben die für sie geeigneten Informationsstrategien erst nach und nach entwickeln können. Ein hoher Anteil der geförderten IVS hat die ursprünglich extern und gewinnorientierten Broker-Konzepte im Laufe des Modellversuchs in ein Modell zur innerbetrieblichen Integration von Online-Information in andere Dienstleistungssegmente abgeändert. Wenn viele der privaten IVS auch weiterhin mit dem Angebot von datenbankbezogenen Dienstleistungen werben, so stehen dabei Aspekte der unternehmerischen Imagepflege, wie z. B. Betonung von technischer Kompetenz, Fortschrittlichkeit und Wettbewerbsfähigkeit, aber auch die Hoffnung auf eine bevorstehende Änderung des Kundenverhaltens im Vordergrund.

Als imageförderndes Marketingargument diente manchen Dienstleistungsunternehmen der Verweis auf firmeninterne Möglichkeiten zur Beschaffung von Fachinformation aus Datenbanken. Ein Beratungsunternehmen kann sich z. B. dadurch Wettbewerbsvorteile verschaffen, daß es im Rahmen akquisitorischer Maßnahmen auf die Vorteile der eigenen IVS hinweist und dadurch potentielle Klienten von der eigenen technischen und fachlichen Beratungskompetenz überzeugt [vgl. LANDGREBE 1976]. Darüber hinaus können Beratungsunternehmen Informationsrecherchen, die auf Wunsch interessierter Neukunden durchgeführt werden, als Einstieg in umfassendere Beratungsaufträge nutzen.

Als These läßt sich daher feststellen, daß überall dort, wo im innovativen, technologieorientierten Umfeld Beratungsarbeit, Kontaktbemühungen oder Informationsunterstützung eine wesentliche Rolle spielt, die Fachinformationsvermittlung als Teil anderer Dienstleistungen als selbstverständlich und notwendig akzeptiert wird. Als isolierte nachfrageorientierte Dienstleistung angeboten, hat die Vermittlung von Fachinformationen in der Regel keine guten Erfolgsaussichten.

Die Erfahrungen aus den USA und Großbritannien bestätigen diese Beobachtung - und sie führen ein gutes Stück darüber hinaus. Auch in den angelsächsischen Ländern gehören Information Broker nicht zu den expandierenden Berufszweigen; dennoch konnten sich hier einige größere Informationsunternehmen etablieren, die darauf spezialisiert sind, Informationsdienstleistungen zu erbringen [JOHNSON 1991]. Kunden aus Wirtschaft, Forschung und Verwaltung können bei diesen Unternehmen qualifizierte Literaturstudien, Auftragsanalysen oder Fortschrittsberichte in Auftrag geben [vgl. RODWELL 1987], oder sie können sich bei der Einrichtung informationstechnischer Lösungen, beim Aufbau von Dokumentationssystemen oder bei der Neustrukturierung innerbetrieblicher Informationsstrukturen beraten lassen [vgl. VICKERS 1988].

4.7.3 Online-bezogene Dienstleistungen

Aufgrund seines experimentellen Charakters zielte der Modellversuch von Anfang an auch darauf ab, bei den beteiligten Stellen aus der Wirtschaft und aus dem Infrastrukturbereich die Erweiterung des Dienstleistungsangebotes um neue online-orientierte Komponenten zu fördern und die Akzeptanz entsprechender Angebote zu erproben. Während die Forschungs-IVS im Modellversuch

Leistungen, Merkmale und Eigenschaften der geförderten IVS	Gesamtmenge der IVS		Private IVS		wirtsch.-nahe IVS		IVS in der Forschung		externe Inf.verm.		< 6 Rech. im Quartal		>16 Rech. im Quart.	
	abs.	%	abs.	%	abs.	%	abs.	%	abs.	%	abs.	%	abs.	%
Anzahl der IVS	134	100,0	85	=63,4	28	=20,9	21	=15,7	56	=41,8	42	=31,3	41	=30,6
weitere Online-Dienstleist.														
Analyse von Info-Bedarf	28	20,9	21	15,7	7	5,2	–	–	18	13,4	6	4,5	10	7,5
Beschaffung von EDV	15	11,2	14	10,4	1	0,7	–	–	7	5,2	8	6,0	3	2,2
statistische Sek.-analysen	11	8,2	6	4,5	5	3,7	–	–	9	6,7	1	0,7	6	4,5
komm.-technischer Service	11	8,2	9	6,7	2	1,5	–	–	4	3,0	4	3,0	2	1,5
Schulung, Seminare	28	20,9	19	14,2	8	6,0	1	0,7	18	13,4	6	4,5	13	9,7
andere Inf.dienstleistung	16	11,9	13	9,7	3	2,2	–	–	8	6,0	1	0,7	4	3,0

Tab. 28: Entwicklung neuer Dienstleistungen im Modellversuch

lediglich in einem Fall Schulungsfunktionen übernahmen (vgl. Tab. 28), standen bei den IVS in privaten Beratungsunternehmen und bei den geförderten Stellen in Infrastruktureinrichtungen Aktivitäten in der Schulung zusammen mit der Analyse des Informationsbedarfs bei Kunden an erster Stelle der angebotenen, online-bezogenen Dienstleistungen.

In geringerem Maße übernahmen die wirtschaftsnahen IVS auch die Durchführung statistischer Datenanalysen oder Beratung und Serviceleistungen bei kommunikationstechnischen Installationen. Für die privaten IVS stellte dagegen die Beschaffung von EDV-Geräten und Softwareausstattung ein Aufgabenfeld dar, in dem insgesamt 14 Stellen tätig wurden. Fast genausoviele private IVS boten außerdem andere online-bezogene Dienstleistungen an.

4.8   Kosten, Preise und Wirtschaftlichkeit

Insbesondere für IVS in privaten Dienstleistungsunternehmen, aber auch für Vermittler in nicht-kommerziellen, wirtschaftsnah arbeitenden Institutionen sollte im Modellversuch untersucht werden, unter welchen Voraussetzungen Informationsvermittlungsleistungen wirtschaftlich betrieben und welche online-bezogenen Angebotsprofile kostendeckend oder gewinnbringend abgesetzt werden können. Bei Anbietern von Informationsdienstleistungen ergeben sich allerdings im Bereich der Preispolitik eine Reihe von Problemen, die zum einen im spezifischen Charakter des Wirtschaftsgutes Information begründet liegen und die andererseits auf die reservierte Haltung potentieller Nachfrager nach Fachinformationen zurückzuführen sind.

Eine Problemursache, warum die direkte Nutzung elektronischer Fachinformation durch kleine und mittlere Unternehmen auf schwer zu überwindende Akzeptanzbarrieren trifft, ist darin zu sehen, daß die Bereitschaft (nicht nur) in der mittelständischen Wirtschaft eher gering ist, die Leistungen von Fachinformationsdiensten aufwandsgerecht zu vergüten. Da im Mittelstand wie in vielen anderen Bereichen auch, die fachliche Informationsvermittlung traditionellerweise über informationelle Tauschprozesse geregelt wird, bei denen die Steuerung durch Geldmittel kaum eine Rolle spielt, kann sich ein Markt für informatorische Dienstleistungen nur recht zögernd entwickeln.

Der neu entstandene Dienstleistungsbereich Informationsvermittlung hat im Bewußtsein seiner potentiellen Klientel noch keine überzeugenden Konturen gewonnen, und er ist mit bisher Vorhandenem nur schwer zu vergleichen. Während im traditionellen Informationsbereich der gedruckten Medien angemessene Preise für die Kombination aus materiellem und inhaltlichem Informationsprodukt bezahlt und im Bereich der Beratungsdienstleistungen die Mehrwertkosten für informationsbezogene Hilfestellungen und Unterstützungsleistungen bei individuellen Problemlösungen bereitwillig honoriert werden, ist derzeit die Bereitschaft wenig entwickelt, kostendeckende Preise für die zwischen Informationsproduktion und -dienstleistung angesiedelte Informationsvermittlung zu zahlen. Die althergebrachte Einstellung, Information sei ein freies Gut, das jedem unentgeltlich zur Verfügung stehen müsse, bestimmt das öffentliche Bewußtsein nach wie vor.

4.8.1 Analysen zur Ökonomisierung von Fachinformation

Zu den Analyseaufgaben des ISI zählte unter anderem auch die Untersuchung und Bewertung der ökonomischen Aspekte der geförderten Modellvorhaben. Sie durfte jedoch nicht eindimensional ausgelegt sein, sondern sie sollte die Vielschichtigkeit der ökonomischen Aspekte berücksichtigen, wobei insbesondere zwischen einer einzel- und einer volkswirtschaftlichen Betrachtungsweise zu unterscheiden ist:

- Bei der Analyse der *betriebswirtschaftlichen Effizienz* von IVS sind - je nach Ausrichtung der IVS - verschiedene Konzepte und Inhalte von Wirtschaftlichkeit in Betracht zu ziehen, die wiederum ein eigenes, jeweils angepaßtes Untersuchungsdesign erfordern. Dabei sind folgende Fälle zu unterscheiden:

  - Wenn die Leistungen der IVS primär für innerbetriebliche Nutzer erbracht werden, kann die IVS als "Kosten-Center" geführt werden, deren Kosten im betrieblichen Rechnungswesen den Gemeinkosten zugeschlagen werden. Alternativ dazu kann eine "interne IVS" als "Profit-Center" eingerichtet werden, die für ihre Leistungen innerbetriebliche Verrechnungspreise erzielt. Während im letztgenannten Fall eine Wirtschaftlichkeitsrechnung im traditionellen Sinne durch einen Vergleich von Kosten und Erträgen möglich ist, kann die Bewertung einer IVS als Kosten-Center nur durch Hinzuziehung weiterer, aus der Unternehmensstrategie abzuleitender Kriterien, vorgenommen werden.

  - In gleicher Weise gilt es für die Analyse der Wirtschaftlichkeit einer IVS, die ihre Leistungen an Dritte verkauft, zwei unterschiedliche Konzeptionen zu berücksichtigen: Werden die Online-Vermittlungsdienste im wesentlichen auf der Basis vermittelt, wie sie aus den Datenbanken verfügbar waren, so bezieht sich die Wertschöpfung auf die Leistungen bei der Vorbereitung, Durchführung und Auswertung der Recherche sowie gegebenenfalls auf eine Bewertung der Online-Recherche-Ergebnisse und die Bestellung von Originaldokumenten. In diesem Falle können Kosten und Preise für Online-Recherche-Dienstleistungen relativ leicht erfaßt werden. Völlig anders ist dies in den Fällen, in denen die Online-Recherche-Ergebnisse in deutlich höherwertige Dienstleistungsprodukte (z. B. Expertisen, Beratungen etc.) eingehen. In diesen Fällen ist die Online-Recherche ein Vorprodukt; erlöste Umsätze beziehen sich auf eine andere Dienstleistung.

- Neben diesen betriebswirtschaftlichen Aspekten gibt es *volkswirtschaftliche Aspekte* der Informationsvermittlung, die sich vor allem auf die Bedeutung der Informationsvermittlungsstellen für den Markt für Online-Fachinformation beziehen. Bei der Untersuchung der volkswirtschaftlichen Bedeutung der Informationsvermittlungsstellen und der Wirkungen des Modellversuchs in diesem Bereich wurde versucht, verstärkt auf die Arbeiten anderer Einrichtungen zurückzugreifen und sekundäres Material über Umfragen und vergleichende Schätzungen aus internationalen Analysen auszuwerten.

Aufgrund dieser Überlegungen wurde der Vorschlag, bei der vierteljährlichen Quartalsstatistik der Modellvorhaben Angaben zu Kosten und Umsatz zu erheben, nicht weiter verfolgt, weil er einige grundsätzliche Probleme aufwirft. Die Überlegungen, bei der quantitativen Quartalsstatistik zunächst von einer Erhebung von Umsatzzahlen und von Zahlen zu den Recherchekosten der IVS abzusehen, basieren insbesondere auf folgenden Argumenten:

- Nach den Förderbedingungen zum Modellversuch waren die Kosten für Recherchen nicht zuwendungsfähig. Daher konnten Angaben zu den Aufwendungen, die die IVS für Recherchen machen mußten, auch nicht ohne weiteres in die berichtspflichtige Datenmenge aufgenommen werden, die von den IVS an das ISI weitergegeben wurden. Allerdings konnte aus den Angaben über genutzte Hosts und Anschaltzeiten der variable Kostenanteil der Recherchen indirekt geschätzt werden.

- Ähnliche Überlegungen gelten für die Angaben zu den Umsatzzahlen der geförderten IVS. Die direkten Erhebungen des ISI durften nicht in den Verdacht geraten, über das modellhafte Fördervorhaben hinaus Angaben zur wirtschaftlichen Situation und Entwicklung des gesamten Unternehmens erheben zu wollen. Diese Befürchtungen hätten sich aber bei einer derartigen Abfrage bei den Modellvorhaben einstellen können, da die Kosten und Erträge, die bei den IVS für die reine Informationsvermittlung anfallen, häufig nicht von denjenigen Kosten und Erträgen zu trennen sind, die im Rahmen anderer Dienstleistungen enstehen bzw. erwirtschaftet werden. Daher wären die Umsatzzahlen, die bei einer derartigen Erhebung genannt worden wären, von nur sehr eingeschränkter Aussagekraft.

- Demgegenüber berücksichtigte das ISI jedoch die Analyse von wirtschaftlichen Aspekten der IVS in den nicht-formalisierten Halbjahres-Berichten, die qualitative Informationen zu den Entwicklungen und Problemen der Modellvorhaben enthalten. Insbesondere wurden die Entwicklung von Kosten, Gebühren und Einnahmen sowie der Trends bei Kundenanfragen erfaßt. Der Informationsgehalt dieser freiwilligen Angaben wurde für zuverlässiger gehalten, da diese Angaben mit den Ergebnissen der Gespräche bei den Besuchen und mit Vergleichsdaten aus anderen wissenschaftlichen Untersuchungen verglichen und validiert werden konnten.

- Nach den Erfahrungen des ISI beeinträchtigen Fragen nach sensiblen Daten (wie z. B. personenbezogene Daten, Fragen zur wirtschaftlichen Situation, Fragen zu beruflicher oder fachlicher Leistung einzelner Personen) die allgemeine Aussagebereitschaft von befragten Personen oder Institutionen. Daher hätten gezielte Fragen nach der Wirtschaftlichkeit bzw. Profitabilität von IVS auch negative Auswirkungen auf die Zuverlässigkeit und Gültigkeit der Antworten haben können, die auf Abfragen zu anderen Aspekten der IVS gegeben worden waren.

4.8.2 Interne und externe Informationsvermittlung

Noch zu Beginn des Modellversuchs wurden die Möglichkeiten einer externen Vermarktung von Informationsvermittlungsdiensten sehr optimistisch eingeschätzt. Relativ rasch wurde jedoch vielen der extern orientierten IVS bewußt, daß die Bemühungen zum kommerziellen Verkauf von Online-Recherchen in keinem wirtschaftlich vertretbaren Verhältnis zu den erforderlichen Marketingaktivitäten und speziell zum Akquisitionsaufwand bei potentiellen Kunden standen.

Tab. 29 zeigt, daß sich in der Schlußphase des Modellversuchs fast alle IVS aus Wissenschaft und Forschung und die Mehrheit der privaten IVS auf eine interne Nutzung von Datenbankinformationen beschränkten. Gleichwohl hielten sich mehr als die Hälfte aller untersuchten IVS - bei den privaten sogar fast 60 % - die Möglichkeit offen, externe Informationsvermittlungsdienste auch weiterhin interessierten Kunden anzubieten.

Leistungen, Merkmale und Eigenschaften der geförderten IVS	Gesamtmenge der IVS abs. %	Private IVS abs. %	wirtsch.-nahe IVS abs. %	IVS in der Forschung abs. %	externe Inf.verm. abs. %	< 6 Rech. im Quartal abs. %	>16 Rech. im Quart. abs. %
Anzahl der IVS	134 100,0	85 -63,4	28 -20,9	21 -15,7	56 -41,8	42 -31,3	41 -30,6
interne/externe IVS-Nutzung							
ausschl. interne Nutzung	36 26,9	18 13,4	2 1,5	16 11,9	2 1,5	12 9,0	18 13,4
interne & externe Nutzung	74 55,2	52 38,8	18 13,4	4 3,0	32 23,9	27 20,1	16 11,9
ausschl. externe Nutzung	24 17,9	15 11,2	8 6,0	1 0,7	22 16,4	4 3,0	7 5,2

Tab. 29: Interne und externe Nutzung der IVS

Dabei ging jedoch keine Stelle davon aus, daß in absehbarer Zeit mit der auftragsgebundenen Informationsvermittlung Gewinne zu erzielen seien; häufig wurde argumentiert, das Festhalten an dem externen Broker-Konzept diene zuerst dem Imagegewinn eines Unternehmens, man wolle, sollten sich die Marktchancen für die Vermittlung von Online-Recherchen in Zukunft je verbessern, dann schon mit einem Wettbewerbsvorsprung in den Markt einsteigen, und bei vielen Unternehmen gehörte die Komplettierung der Dienstleistungspalette durch Online-Vermittlungsdienste zur Erweiterung der technisch-methodischen Kompetenz, die von den Kunden erwartet, wenn auch nicht regelmäßig nachgefragt wurde.

Die von Anfang an wichtigere Zielsetzung im Modellversuch, die Bereitstellung und Erprobung innerbetrieblicher Informationsrecherchekapazitäten, wurde von den meisten geförderten IVS rasch und problemgerecht umgesetzt. Dabei wurden bei den vielen verschiedenen Modellvorhaben sehr unterschiedliche Lösungen entwickelt, wie die neue Methode der Informationsbeschaffung effizient zur Unterstützung, Qualifizierung und Rationalisierung anderer Dienstleistungen eingesetzt werden konnte. Um die Wirtschaftlichkeit von Informationsvermittlungskapazitäten bei den einzelnen IVS bewerten zu können, wurden sowohl Abschätzungen zu den Kosten und Preisen der Informationsvermittlung ermittelt, aber es wurden auch anhand von standardisierten Einschätzungsfragen die qualitativen Aspekte der Wirtschaftlichkeitsbeurteilung nachgefragt [vgl. MÜLLER / SCHMIDT / SCHWUCHOW 1990].

4.8.3 Kosten, Gebühren und Preisgestaltung

Von den 98 Stellen im Modellversuch, die sich selbst zu den externen Anbietern von Online-Vermittlungsdiensten zählten, waren nur 15 aus dem Privat-

Leistungen, Merkmale und Eigenschaften der geförderten IVS	Gesamtmenge der IVS abs. %	Private IVS abs. %	wirtsch.-nahe IVS abs. %	IVS in der Forschung abs. %	externe Inf.verm. abs. %	< 6 Rech. im Quartal abs. %	>16 Rech. im Quart. abs. %
Anzahl der IVS	134 100,0	85 =63,4	28 =20,9	21 =15,7	56 =41,8	42 =31,3	41 =30,6
externe Rechercheabrechnung							
über Festpreise	26 19,4	22 16,4	4 3,0	- -	17 12,7	9 6,7	5 3,7
über Staffelpreise	14 10,4	5 3,7	8 6,0	1 0,7	8 6,0	5 3,7	4 3,0
nach Aufwandsberechnung	83 61,9	57 42,5	22 16,4	4 3,0	43 32,1	26 19,4	20 14,9
über Mitgliedsbeiträge	1 0,7	- -	1 0,7	- -	1 0,7	- -	1 0,7
andere Abrechnungsart	2 1,5	2 1,5	- -	- -	1 0,7	- -	1 0,7
Recherchepreis externer IVS	ø 616 DM	ø 742 DM	ø 447 DM	ø 202 DM	ø 560 DM	ø 508 DM	ø 596 DM
Mindestpreis	ø 218 DM	ø 259 DM	ø 153 DM	ø 48 DM	ø 196 DM	ø 284 DM	ø 108 DM
Höchstpreis	ø 6286 DM	ø 7854 DM	ø 3623 DM	ø 438 DM	ø 5059 DM	ø 4331 DM	ø 4829 DM

Tab. 30: Abrechnung und Preise externer Informationsvermittlung

sektor, 8 aus dem Bereich der Institutionen, Kammern und Verbände und nur eine aus dem Bereich öffentlicher IVS als rein extern wirkende Broker-Unternehmungen zu bezeichnen. Bei allen anderen der 134 interviewten Stellen überwog in der Regel die interne Komponente.

Alle auch extern anbietenden Modellvorhaben wurden nach der Art der Preisgestaltung und dem durchschnittlich erzielten Preis für eine Auftragsrecherche gefragt (vgl. Tab. 30). Das früher bei Dokumentationsstellen und Informationszentren verbreitete System der Staffelpreise für unterschiedliche Grade der Recherchetiefe und des Rechercheumfangs wurde im Modellversuch von nur 10 % der externen IVS angewandt. Fast 20 % verlangten für einzelne Recherchedienste unterschiedlich kalkulierte (jedoch nie kostendeckende) Festpreise und in 62 % der Fälle wurde die Informationsdienstleistung anhand des tatsächlich benötigten Zeit- und Arbeitsaufwands berechnet. Während von den 4 extern anbietenden IVS aus dem öffentlichen Bereich Durchschnittspreise von ca. 200 DM pro Recherche verlangt wurden, nahmen die wirtschaftsnah arbeitenden Einrichtungen über 400 DM und die privaten IVS im Durchschnitt 600 DM für eine Auftragsrecherche.

Die durchschnittliche Preisgrenze, die für viele potentielle Abnehmer von Informationsdienstleistungen - insbesondere aus dem Bereich der kleinen und mittleren Unternehmen - eine Art Schmerzgrenze darstellt liegt, nach den Angaben der befragten IVS-Mitarbeiter bei ca. 800 bis 1.000 DM. Berücksichtigt man außerdem den durchschnittlichen Tagessatz eines Rechercheurs einschließlich der Aufwendungen für Hostnutzung, für DFÜ-Gebühren, weiterhin für Gemeinkosten wie Geräte, Miete und Material und darüber hinaus den Zeit- und Kostenaufwand für viele vergebliche Akquisitionsbemühungen, dann ist aus einer einfachen Gewinn-Verlust-Rechnung leicht zu schließen, daß die gewerbliche Vermittlung von Fachinformationen nur in absoluten Ausnahmefällen wirtschaftlich, in kaum einem Fall jedoch lukrativ durchgeführt werden kann.

4.8.4 Erwartungshaltungen zur Wirtschaftlichkeit einer IVS

Noch vor dem Beginn des Modellversuchs wurde von den später geförderten privatwirtschaftlichen IVS erwartet, daß für eine normale Auftragsrecherche durchschnittlich ein Preis von ca. 300 DM zu erzielen sei. Eine Reihe von Vermittlungsstellen hatte bereits im Förderantrag zwischen unterschiedlich aufwendigen und komplexen Recherchen unterschieden und kalkulierte entsprechend differenzierte Gewinnraten. Gruppiert man die Vorab-Schätzungen nach (allerdings nicht trennscharf voneinander abgrenzbaren) Recherchen unterschiedlicher Intensität, so ergeben sich aufgrund des geplanten Leistungsangebots und der im vorab kalkulierten Gebührenordnungen bei den IVS folgende Kostenvorstellungen:

- Für Kurzrecherchen, einfache Recherchen, Basisrecherchen bzw. standardisierte Einzelrecherchen wurden Erwartungen zwischen 50 DM an der unteren und 650 DM an der oberen Preisgrenze formuliert.

- Für vertiefte oder kommentierte Vollrecherchen, Marktrecherchen, sogenannte Ganztagsrecherchen, Marktanalysen, für FuE-Beratung, ausgiebige
Literatur-/Sachrecherchen, Dossiers oder Gutachten wurden Erlösraten über
600 DM angenommen.

Tab. 31 macht deutlich, daß die jeweils größten Gruppen der insgesamt 83 IVS,
von denen Schätzungen vorliegen, zwischen 200 und 1000 DM berechnen.

erwarteter Preis pro Recherche	< 100 DM	100-200 DM	200-500 DM	500-1000 DM	1000-2000 DM	> 2000 DM
Anzahl IVS	6	13	21	26	13	4
Anzahl in Prozent	7,2	15,7	25,3	31,3	15,7	4,8

Tab. 31: Zu Beginn erwartete Durchschnittspreise pro Recherche

Bei der Kalkulation nach Zeit- und Arbeitsaufwand für eine Durchschnitts-
recherche wurden vor Beginn des Modellversuchs von einzelnen Antragstellern
folgende Abschätzungen angestellt:

- der kostendeckende Preis beträgt 85 DM pro Arbeitsstunde zuzüglich An-
schaltkosten (private IVS);
- es werden Nettokosten zuzüglich 150 bis 200 DM berechnet (private IVS);
- für Leitungs- und Datenbankkosten werden zusätzlich 100 DM pro Recher-
chestunde kalkuliert;
- 15 DM pro Anschaltminute (wirtschaftsnahe, nicht-kommerzielle IVS);
- 520 DM pro Stunde und 150 DM Bearbeiterstunde (wirtschaftsnahe, nicht-
kommerzielle IVS);
- 170 DM plus Selbstkosten (Forschungs-IVS);
- 150 DM pro Stunde (private IVS);
- 90 DM pro Stunde (private IVS).

4.8.5 Interne Abrechnung von Recherchekosten

Die im Modellversuch beobachteten Strategien zur Kostenabrechnung von internen IVS lieferte erste Hinweise auf den rechnungstechnischen Stellenwert von Informationsabteilungen (vgl. Tab. 32). 54 % der befragten IVS rechneten die Informationskosten der IVS über einzelne Kostenstellen ab. Dabei wurden die anfallenden Kosten für die Informationsarbeit nur zu einem gewissen Anteil den einzelnen Auftragsprojekten, Arbeitsgruppen oder Fachabteilungen weiterberechnet. Personal- oder Infrastrukturkosten wurden gewöhnlich als Gemeinkosten behandelt. Bei 35 % der IVS wurden die Informationskosten ganz über Gemeinkosten abgerechnet. In diesen Fällen war man zu der Überzeugung gelangt, daß Informationskosten ähnlich wie die notwendigen Ausgaben für technische Kommunikation, für Arbeitsmaterial, für Controllingfunktionen oder auch für die Sicherung von Managementkapazitäten als Infrastrukturaufwendungen für einen Servicebereich IVS anzusehen waren [vgl. REYES 1991].

Nur 9 IVS in größeren Unternehmen gaben an, ihre IVS sei als kostenmäßig eigenständiges Profit-Center organisiert. Voraussetzung für diese Art der Kostenabrechnung ist jedoch, daß die IVS ihre Dienstleistungen intern und ex-

Leistungen, Merkmale und Eigenschaften der geförderten IVS	Gesamtmenge der IVS abs. %	Private IVS abs. %	wirtsch.-nahe IVS abs. %	IVS in der Forschung abs. %	externe Inf.verm. abs. %	< 6 Rech. im Quartal abs. %	>16 Rech. im Quart. abs. %
Anzahl der IVS	134 100,0	85 =63,4	28 =20,9	21 =15,7	56 =41,8	42 =31,3	41 =30,6
interne Rechercheabrechnung							
über Gemeinkosten	47 35,1	30 22,4	9 6,7	8 6,0	13 9,7	18 13,4	16 11,9
über Projekt-Kostenstellen	73 54,5	47 35,1	11 8,2	15 11,2	20 14,9	29 21,6	23 17,2
als Profit-Center	9 6,7	6 4,5	3 2,2	- -	5 3,7	2 1,5	- -
sonst. Abrechnungsform	11 8,2	3 2,2	1 0,7	7 5,2	3 2,2	2 1,5	6 4,5
Recherchekosten interner IVS	ø 220 DM	ø 238 DM	ø 294 DM	ø 88 DM	ø 260 DM	ø 242 DM	ø 171 DM

Tab. 32: Interne Rechercheabrechnung im Modellversuch

tern anbietet, daß die IVS im Vergleich mit anderen externen Informationsunternehmen wettbewerbsfähig bleibt, daß gewisse Absatzgarantien bei der organisationsinternen Nutzung gegeben sind und daß darüber hinaus alle IVS-Leistungen mit den internen Auftraggebern kostendeckend abgerechnet werden können [vgl. SIMMLER 1983].

Die Etablierung eines gewinnorientierten, kostendeckend arbeitenden Informations-Profit-Centers konnte in Reinform jedoch nirgends beobachtet werden. In vielen Fällen wurde mit der abrechnungstechnischen Einordnung der IVS experimentiert, und es wurden Mischlösungen praktiziert. Bestes Beispiel ist eine Informationsabteilung in einem Sozialforschungsinstitut. Dort wird die Informationsstelle als Profit-Center geführt, wenn sie selbst Projektforschungen im externen Auftrag übernimmt; sie legt intern entstehende Informationskosten über andere Projektkostenstellen um, wenn dies möglich ist, und sie rechnet über Gemeinkosten ab, wo dies nötig ist [GRAUMANN 1989, S. 89].

Die Schwierigkeiten mit der Abrechnung von Recherchekosten bei den IVS in den Universitäten, in den Fachhochschulen und in den anderen Forschungseinrichtungen konnten im Lauf des ersten Modellversuchsjahres im wesentlichen ausgeräumt werden. Die Finanzierung der anfallenden Recherchen für für Arbeitsgruppen, einzelne Professoren, für Doktoranden, Diplomanden oder Studenten wurden in den untersuchten Hochschul-IVS unterschiedlich abgewickelt. Hauptsächlich sind dabei drei Modelle zu unterscheiden:

- Finanzierung der Recherchen über Drittmittel;
- Finanzierung der Recherchen über allgemeine Institutsmittel;
- Finanzierung der Recherchen über speziell von der Universität zur Verfügung gestellte Beträge.

In einigen Bundesländern dienen besondere Förderprogramme dazu, studentischen Nutzern und Hochschulangehörigen Recherchen zu günstigen Pauschalgebühren zu ermöglichen.

Eine IVS an einer Universität gab an, daß Einnahmen durch die Nutzer innerhalb der Universität von Anfang an nicht vorgesehen gewesen seien; bei drei anderen IVS aus dem Forschungs- und Hochschulbereich wurden die Recherchen zum Selbstkostenpreis angeboten. Nach Angaben einer weiteren Universitäts-IVS sind durch die akademischen Tarife bei Chemical Abstracts Service die Kosten entscheidend gesenkt worden, worauf der Kundenkreis der Informationsvermittlung erheblich erweitert werden konnte.

4.8.6   Informationsökonomische Bewertung des IVS-Verhaltens

Definitive Entscheidungen gegen eine Fortführung der IVS nach Auslaufen der Förderung sind ausschließlich von 6 privaten Modellvorhaben gefällt worden, die mit der kommerziellen Informationsvermittlung einen neuen Dienstleistungszweig aufbauen wollten. Der zukünftige Verzicht auf die Online-Informationsbeschaffung wurde insbesondere damit begründet, daß sich die Erwartungen bezüglich der Vermarktbarkeit von Online-Informationsrecherchen nicht erfüllt hatten und daß eine ausschließlich zur innerbetrieblichen Nutzung eingesetzte IVS ohne zusätzliche Förderung nicht wirtschaftlich betrieben werden konnte.

Die Bewertung der Wirtschaftlichkeit intern vorgehaltener Informationskapazitäten und die Frage, ob und wie interne Informationsvermittlungsstellen eingerichtet und finanziert werden, liegt letztlich im Entscheidungsbereich der Unternehmensführung; Information ist Managemententscheidung [vgl. REYES 1989]. Die Betriebswirtschaftlehre hat eine Anzahl unterstützende Methoden zur Beurteilung der Wirtschaftlichkeit von Unternehmenshandlungen bereitgestellt, die im wesentlichen auf der qualitativen Bewertung von Effizienzphänomenen beruhen.

Im konkreten Fall der innerbetrieblichen Informationsleistung würde sich z. B. der Ineffizienz-Ansatz dafür interessieren, wie durch die Optimierung von Informationshandlungen Ineffizienzen vermieden werden können. Zielformulierung und Grad der Zielerreichung von Informationsfunktionen werden im Zielansatz verglichen, während das Überwachungskonzept die Einhaltung definierter Leistungsstandards der Informationsvermittlung überprüft. Ein ganzheitliches Effizienzkonzept verfolgt der prozeßorientierte Ansatz, der mit Hilfe eines Indikatorensystems die Wirtschaftlichkeit einzelner betrieblicher Handlungsebenen auf die Gesamteffizienz des ganzen Unternehmens abbildet.

Jedes noch so ausgefeilte betriebswirtschaftliche Bewertungsmodell wird jedoch angesichts der Komplexität der vielfältigen Informationsbeziehungen und -bedürfnisse in einem Unternehmen versagen. Informationsprozesse sind gleichzeitig Kommunikationsprozesse - und damit soziale Prozesse. Qualität und Effizienz von Informationsleistungen hängen also immer von der methodischen, kommunikativen und sozialen Kompetenz derjenigen ab, die sich für Informationsaufgaben engagieren. Der Meßbarkeit der Qualität und Effizienz von Informationsdienstleistungen sind daher prinzipielle Grenzen gesetzt, da die Bemessungsstandards für die Güte einer Informationsleistung zu allererst und ausschließlich von subjektiven menschlichen Werturteilen geprägt sind.

4.9 Einschätzungen zur Online-Nutzung durch die IVS

Die Erfahrungen, die die einzelnen IVS-Modellvorhaben im Verlauf des Modellversuchs mit der Online-Nutzung gesammelt haben, sind nur schwer zu generalisieren. Bei der Erprobung des neuen Mediums wurden im Modellversuch recht unterschiedliche und individuelle Verhaltensweisen, Problemlösungen und Bewertungen gefunden.

4.9.1 Interne Kritik im Modellversuch

Auf der anderen Seite wurde von den beteiligten IVS insbesondere nach den ersten Projektmonaten eine gewisse Unzufriedenheit bezüglich der Entwicklungen der Auftragslage für Online-Recherchen, des gesamten Rechercheaufkommens und in Bezug auf die Flankierung des Modellversuchs artikuliert. Als Ursachen für die Unzufriedenheit mit den individuellen Ergebnissen vieler Modellvorhaben wurden die folgenden konzeptionellen Faktoren genannt:

- Zielkonflikte in der Konzeption des Modellversuchs;

- unzureichende flankierende Maßnahmen im Bereich Öffentlichkeits- und Überzeugungsarbeit;

- Probleme mit den gut entwickelten Informierungsmöglichkeiten in der Bundesrepublik und mit dem daraus resultierenden mangelnden Preisbewußtsein für Informationsleistungen bei den kleinen und mittleren Unternehmen;

- Ungewißheit, ob es überhaupt einen Markt für Online-Dienste gibt;

- Unsicherheiten bezüglich der Gestaltung und des Marketings für Informationsprodukte;

- mangelndes Informationsbewußtsein bei potentiellen Endkunden, das nur durch intensive Schulung des Endnutzers abzubauen sei.

Im Bereich der technischen Ausrüstung der IVS und anderer organisatorischer Rahmenbedingungen sowie als zentrale Schwierigkeiten beim Aufbau und beim Betrieb der IVS wurden in Gesprächen und Diskussionen die folgenden Problempunkte vorgebracht:

- Startschwierigkeiten mit Hard- und Softwarebeschaffung;

- Verzögerung der Inbetriebnahme durch verspätete Installation eines Datex-P-Anschlusses durch die Deutsche Bundespost;

- Hardwareprobleme mit Datengeräten der Post (Modems, Gebührenzähler);

159

- richtige Auswahl fachlich relevanter Hosts und Datenbanken;

- Teilnahme an geeigneten Schulungskursen und Fortbildungsmaßnahmen;

- Preisgestaltung der Informationsdienstleistungen ist vor dem Konkurrenz-
  hintergrund der IHK problematisch;

- fehlendes Konzept für ein neues, auf Online-Recherchen abgestimmtes
  Dienstleistungsmarketing;

- ausbleibender Erfolg bei der Durchführung einer Mailingaktion mit Prospekt
  und Rückantwortkarte;

- Probleme bei der Beschaffung von Originalliteratur.

4.9.2 Technische Probleme und Verzögerungen

Startverzögerungen aufgrund technischer Probleme spielten nach eigenen Angaben bei 45 % der Modellvorhaben eine nennenswerte Rolle. Hierbei war es
vor allem die Installation der EDV-Geräte, die zum Teil erhebliche Schwierigkeiten verursachte (vgl. Tab. 33).

Leistungen, Merkmale und Eigenschaften der geförderten IVS abs. %	Gesamtmen-ge der IVS abs. %	Private IVS abs. %	wirtsch.-nahe IVS abs. %	IVS in der Forschung abs. %	externe Inf.verm. abs. %	< 6 Rech. im Quartal abs. %	>16 Rech. im Quart. abs. %
Anzahl der IVS	134 100,0	85 =63,4	28 =20,9	21 =15,7	56 =41,8	42 =31,3	41 =30,6
Probleme mit Inf.technik	61 45,5	39 29,1	13 9,7	9 6,7	21 15,7	22 16,4	14 10,4
Probleme bei Anschaffung	23 17,2	11 8,2	8 6,0	4 3,0	7 5,2	10 7,5	4 3,0
Auswahl der Geräte	7 5,2	4 3,0	3 2,2	- -	4 3,0	1 0,7	1 0,7
Lieferung	13 9,7	6 4,5	4 3,0	3 2,2	4 3,0	6 4,5	3 2,2
Vertragsbedingungen	2 1,5	1 0,7	- -	1 0,7	- -	2 1,5	- -
sonstige Kaufprobleme	4 3,0	2 1,5	2 1,5	- -	1 0,7	2 1,5	1 0,7
Probleme bei Installation	55 41,0	37 27,6	11 8,2	7 5,2	19 14,2	20 14,9	13 9,7
Hardware	16 11,9	11 8,2	3 2,2	2 1,5	5 3,7	5 3,7	3 2,2
Software	26 19,4	17 12,7	6 4,5	3 2,2	9 6,7	9 6,7	6 4,5
Postanschluß	35 26,1	29 21,6	5 3,7	1 0,7	13 9,7	12 9,0	8 6,0
sonstiges Install.probl.	10 7,5	4 3,0	3 2,2	3 2,2	2 1,5	5 3,7	1 0,7

Tab. 33: Beschaffungs- und Installationsprobleme

Die Herstellung der Postanschlüsse und die Installation des Modems war für mehr als ein Viertel aller Stellen mit Verzögerungen verbunden. Im einzelnen nannten die befragten Vermittler:

- technische Schwierigkeiten bei der Realisierung des Zugangs zu Datex-P durch die Post,
- Schwierigkeiten, sachkompetente Auskünfte durch Poststellen über die Einzelheiten zu Datex-P-Anschlüssen zu erhalten,
- Störungen bei der Datenübertragung im Datex-P- und Telefonnetz,
- unzureichende technische Beschreibungen, die zu Problemen bei der Installierung von Modemkomponenten führten.

Bei weiteren 19 % der geförderten Stellen erwies sich die Software-Installation als schwieriger, als zunächst erwartet worden war. Bei der Gerätebeschaffung war insbesondere die rechtzeitige und vollständige Lieferung der ausgewählten Hardware problematisch. Besonders die IVS aus den privaten Unternehmen hatten mit Verzögerungen zu kämpfen. Dagegen hatten die geförderten Stellen in den Forschungseinrichtungen sowohl aufgrund ihres größeren Know-hows als auch wegen der meist bereits bestehenden Datenfernübertragungsmöglichkeiten nur in neun Fällen Verzögerungen in Kauf zu nehmen. Unkenntnis bei der Gerätebeschaffung, Kompatibilitätsprobleme bei Hard- und Software sowie Schwierigkeiten mit den Datex-P-Anschlüssen waren insgesamt die am meisten genannten Gründe für Verzögerungen.

4.9.3 Probleme mit Retrievalkenntnissen

Insbesondere jene IVS hatten große Schwierigkeiten mit der Abwicklung von Recherchen, bei denen die Online-Station nur selten und sporadisch genutzt wurde; das Online-Retrieval in den zur Zeit angebotenen Datenbanken erfordert nämlich fachliches Können, das in vielen Fällen nur durch intensive Weiterbildung und durch kontinuierliche Arbeit am Terminal beibehalten werden kann. Als besonderes Problem wurde von vielen IVS genannt, daß die geringe Anzahl zu bearbeitender Recherchen ein kontinuierliches Training im Umgang mit Retrievalsprachen und Datenbankrecherchen nicht möglich macht.

4.9.4 Probleme mit der administrativen Abwicklung

Wiederholt wurde die Meinung geäußert, daß das gesamte System der finanztechnischen Abwicklung im Modellversuch vergleichsweise kompliziert und für die geförderten IVS sehr arbeitsintensiv sei. Kritik wurde auch an den zeitlichen Restriktionen geübt, die eine zeitliche Flexibilisierung der Zuwendungsnutzung verhindern würden. Drei zentrale Punkte wurden in diesem Zusammenhang als problematisch und unklar bezeichnet:

- verbindliche Informationen bezüglich der Förderfähigkeit bestimmter Kostenarten;
- Verschiebungsmöglichkeiten zwischen den drei Zuwendungsarten Personal-, Sach- und Investitionsmittel,
- organisatorische Abwicklung der jährlichen Mittelanforderung.

Leistungen, Merkmale und Eigenschaften der geförderten IVS	Gesamtmenge der IVS abs. %	Private IVS abs. %	wirtsch.-nahe IVS abs. %	IVS in der Forschung abs. %	externe Inf.verm. abs. %	< 6 Rech. im Quartal abs. %	>16 Rech. im Quart. abs. %
Anzahl der IVS	134 100,0	85 ‒63,4	28 ‒20,9	21 ‒15,7	56 ‒41,8	42 ‒31,3	41 ‒30,6
administrativer Aufwand							
akzeptierbar	61 45,5	42 31,3	13 9,7	5 3,7	28 20,9	20 14,9	13 9,7
spürbar	61 45,5	36 26,9	13 9,7	11 8,2	25 18,7	21 15,7	19 14,2
belastend	12 9,0	5 3,7	2 1,5	5 3,7	2 1,5	1 0,7	9 6,7

Tab. 34: Einschätzung zum administrativen Aufwand der IVS

Diese anfänglichen Unsicherheiten in Bezug auf den Umgang mit den Förderrichtlinien und administrativen Prozessen haben sich jedoch offensichtlich nach einer gewissen Gewöhnungsphase gegeben. Aus der Tab. 34 ist zu ersehen, daß 45,5 % der geförderten IVS den administrativen Aufwand für die Abwicklungen mit dem Projektträger Fachinformation als akzeptierbar bezeichneten. Dazu gehörte ein überproportional hoher Anteil aus der Gruppe der privaten IVS. Ebenfalls 45,5 % aller IVS bezeichneten den administrativen Aufwand als spürbar, aber nicht als belastend. In diesem Fall war der Anteil der Forschungs-IVS besonders hoch. Im Gegensatz dazu gaben nur 9 % aller beteiligten Stellen an, daß der Aufwand für die administrativen Pflichten im Modellversuch belastend sei.

4.9.5 Probleme der IVS-Weiterführung

Die Frage nach dem Weiterbestand der IVS nach Auslaufen der Förderung im Rahmen des Modellversuchs Informationsvermittlung bildet ein wesentliches Kriterium bei der Beurteilung der Wirkungen der Fördermaßnahme. Deshalb gehörte es unter anderem zu den Analysetätigkeiten des ISI, die Entwicklung auch der gescheiterten Modellvorhaben sowohl vor als auch nach Abschluß des Modellversuchs in ihrem betrieblichen bzw. organisatorischen Umfeld systematisch und vergleichend zu beobachten, zu erfassen und zu bewerten. Als gescheiterte müßten streng genommen jene Modellvorhaben angesehen werden,

- die weder die in der Ausschreibung zum Modellversuch vorgegebenen noch die selbstgesteckten Ziele für Aufbau und Betrieb der IVS erreicht haben,
- bei denen abzusehen ist, daß sie nach Auslaufen der Förderung nicht weiter bestehen werden, oder
- die bereits vor Beendigung des Modellversuchs wieder aufgelöst wurden.

Nach eigenen Angaben haben 43 IVS, mithin fast ein Drittel aller geförderten Stellen, das ursprünglich verfolgte Konzept für die IVS-Arbeit deutlich geändert und damit die eigenen Zielsetzungen im Lauf des Modellversuchs modifiziert (vgl. Tab. 35).

Leistungen, Merkmale und Eigenschaften der geförderten IVS	Gesamtmenge der IVS abs. %	Private IVS abs. %	wirtsch.-nahe IVS abs. %	IVS in der Forschung abs. %	externe Inf.verm. abs. %	< 6 Rech. im Quartal abs. %	>16 Rech. im Quart. abs. %
Anzahl der IVS	134 100,0	85 =63,4	28 =20,9	21 =15,7	56 =41,8	42 =31,3	41 =30,6
Änderung des IVS-Konzeptes Konzept kaum geändert Konzept deutlich geändert	 91 67,9 43 32,1	 48 35,8 37 27,6	 23 17,2 5 3,7	 20 14,9 1 0,7	 46 34,3 10 7,5	 21 15,7 22 16,4	 35 26,1 6 4,5

Tab. 35: Änderungen des ursprünglichen IVS-Konzepts

In einem experimentellen Programm wie dem Modellversuch kann die Abweichung von Vorhabenszielen jedoch nicht als Kriterium für das Scheitern einzelner Modellvorhaben herangezogen werden. Eins der übergeordneten Ziele des Modellversuchs, die Erprobung neuer Strategien der Informationsvermittlung in unterschiedlichen institutionellen Umgebungen, beinhaltete zugleich die Abweichung von anfänglich festgelegten Zielsetzungen aufgrund von Erfahrungszuwachs und Lerneffekten.

Insofern ist der Modellversuch auch als erfolgreich anzusehen, wenn zwar einige Modellvorhaben ihre Arbeit während oder nach Ende der Förderung einstellen, gleichzeitig aber die spezifischen Ursachen dafür erfaßt und wissenschaftlich ausgewertet werden können. Voraussetzung dazu ist eine systematische und detaillierte Erfassung der Ausgangslage bei den Modellvorhaben, deren spezifische Aktivitäten sowie gegebenenfalls eine Analyse der Gründe, warum die Nachfrage geringer war als zunächst angenommen.

Eine derartige Flexibilisierung von Erfolgskriterien für eine Fördermaßnahme schränkt die Auswahl verläßlicher Indikatoren für das Scheitern von Modellvorhaben stark ein. Neben der rein subjektiven Einschätzung der einzelnen Programmteilnehmer zur Zufriedenheit und Wertschätzung bezüglich der zu erprobenden Informationsvermittlungsdienste lag das einzige und zuverlässigste Kriterium für die Beurteilung des Erfolgs eines Modellvorhabens in der Weiterführung der IVS nach Auslaufen der Förderphase (vgl. aber auch HERGET / HENSLER 1991).

Aufgrund der explorativen Interviews mit allen beteiligten IVS, in dessen Verlauf die Mitarbeiter der Vermittlungsstellen und Vertreter der Träger der jeweiligen IVS unter anderem nach der erwarteten Entwicklung der Modellvorhaben nach dem Modellversuch gefragt wurden, ergibt sich folgendes Bild: Nach eigenen Angaben wollten von den 134 geförderten IVS insgesamt 12 Unternehmen und Institutionen die Vermittlungsstellen nach Ablauf der Förderung voraussichtlich nicht weiter betreiben. Die Verteilung dieser 9,0 % aller IVS auf die einzelnen institutionellen Typen läßt sich aus der Tab. 36 ablesen.

Leistungen, Merkmale und Eigenschaften der geförderten IVS	Gesamtmenge der IVS abs. %	Private IVS abs. %	wirtsch.-nahe IVS abs. %	IVS in der Forschung abs. %	externe Inf.verm. abs. %	< 6 Rech. im Quartal abs. %	>16 Rech. im Quart. abs. %
Anzahl der IVS	134 100,0	85 −63,4	28 −20,9	21 −15,7	56 −41,8	42 −31,3	41 −30,6
Fortsetzung der IVS							
ja, Fortführung bestimmt	70 52,2	49 57,6	15 53,6	6 28,6	36 26,9	18 13,4	24 17,9
ja, trotz Belastung	29 21,6	13 15,3	9 32,1	7 33,3	10 7,5	11 8,2	7 5,2
ja, aber pers. Reduzierung	23 17,2	13 15,3	3 10,7	7 33,3	7 5,2	8 6,0	8 6,0
nein, andere Info-Quellen	6 4,5	6 7,1	- -	- -	- -	4 3,0	- -
andere Entscheidungen	6 4,5	4 4,7	1 3,6	1 4,8	3 2,2	2 1,5	2 1,5

Tab. 36: Fortsetzung der IVS-Tätigkeit nach Ende der Förderung

Die Übersicht weist aus, daß von allen geförderten Modellvorhaben 6 Stellen (4,5 %) ihre IVS definitiv nicht weiterführen und ihren Fachinformationsbedarf aus anderen Quellen decken werden. Bei weiteren 6 Stellen galt zum Zeitpunkt des Interviews die IVS-Weiterführung entweder als sehr unsicher

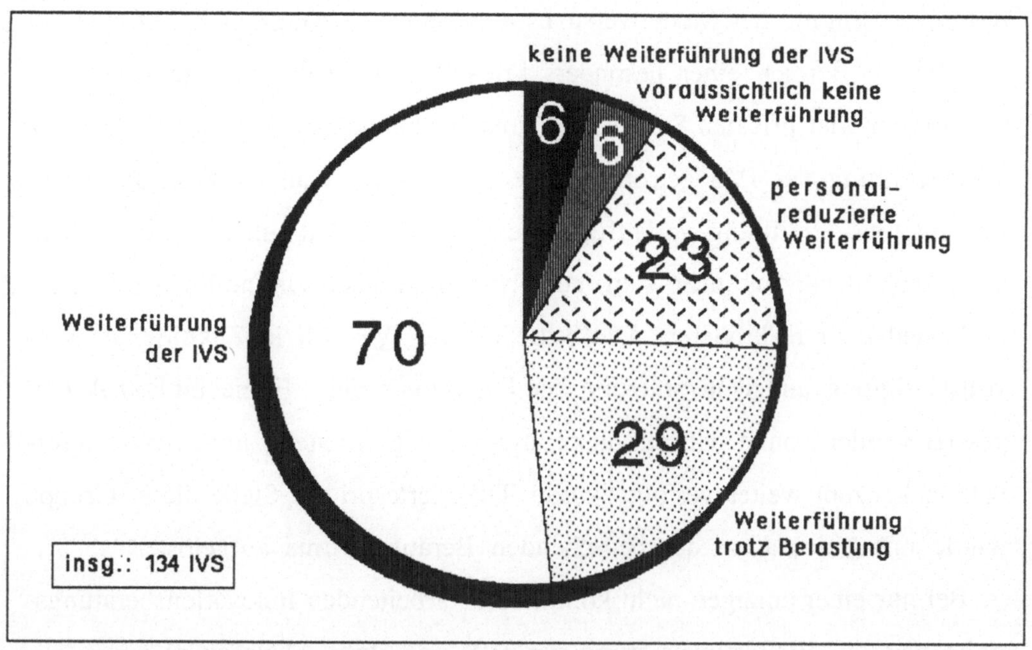

Abb. 17: Weiterführung der IVS nach dem Modellversuch

oder es waren bereits andere Entscheidungen und Pläne in Bezug auf den IVS-Betrieb getroffen worden. Zwei von diesen 12 Stellen hatten bereits während der Förderphase den Modellversuch vorzeitig abgebrochen.

Definitive Entscheidungen gegen eine IVS-Fortführung sind ausschließlich von 6 privaten Modellvorhaben gefällt worden, die mit der kommerziellen Informationsvermittlung einen neuen Erwerbszweig aufbauen wollten (vgl. Abb. 17). Der zukünftige Verzicht auf die Online-Informationsbeschaffung wurde insbesondere damit begründet, daß sich die Erwartungen bezüglich der Vermarktbarkeit von Online-Recherchen nicht erfüllt hat und daß eine ausschließlich zur innerbetrieblichen Nutzung eingesetzte IVS ohne zusätzliche Förderung nicht wirtschaftlich betrieben werden kann. Allerdings waren von den insgesamt 11 für den Modellversuch ausgewählten Information Brokern nur 3 unter den Abbrechern. Diese Schwundrate erweist sich für die als "Risikogruppe" eingestuften kommerziellen Vermittler als relativ gering und bestätigt damit die zu Beginn des Modellversuchs angewandte Strategie, die Antragsteller aus diesem Bereich einer besonders kritischen Auswahl zu unterziehen.

Von den vier privaten Stellen, die zunächst andere Entscheidungen über die Weiterführung der IVS getroffen hatten, gaben zwei an, daß sie die aktive Informationsvermittlung vorläufig für eine gewisse Zeit ruhen lassen wollen, um eventuell bei zukünftig steigender Nachfrage nach Online-Recherchen die IVS wieder zu reaktivieren. Die dritte private IVS soll in Zukunft zur Vervollständigung und Unterstützung der Funktionen einer Firmenbibliothek eingesetzt werden, ohne daß das ursprünglich ausgearbeitete, umfassende Informationskonzept weiter verfolgt würde. Die vierte private Stelle dieser Gruppe wurde mit Liquidation der betreibenden Beratungsfirma aufgelöst.

Bei nur einer einzigen nicht-kommerziell arbeitenden Innovationsberatungsstelle war die Weiterfinanzierung der IVS und ihres Mitarbeiters zum Zeitpunkt des Interviews nicht gesichert. Aus dem Bereich der Hochschulinstitute wurde ebenfalls nur von einer Stelle Unklarheit über die Weiterfinanzierung der IVS signalisiert.

Alle befragten Stellen, die die Weiterführung der IVS noch von bevorstehenden Entscheidungen zur weiteren Finanzierung der Stellen abhängig machten, gaben gleichzeitig zu verstehen, daß sie mit der Online-Informationsbeschaffung positive Erfahrungen gemacht hätten und auf eine Weiterführung der IVS hofften. Diese Beurteilung der Nutzeffekte der Datenbankrecherchen deckt sich mit der Einschätzung jener 70 Stellen aus dem Modellversuch (52,2 %), die nach eigenen Angaben auf die Vorteile ihrer IVS nicht mehr verzichten wollen. Weitere 23 Stellen (17,2 %) wollten die IVS zwar weiterführen, dabei aber den Personaleinsatz und den Zeitaufwand für den Betrieb der Online-Station deutlich reduzieren. Auch bei den restlichen 29 geförderten Institutionen und Unternehmen (21,6 %) sollte die IVS nach Auslaufen der Förderung trotz finanzieller und personeller Belastungen fortgeführt werden.

Versucht man, die Ursachen für das Scheitern der 12 nicht weitergeführten Vermittlungsstellen zu beschreiben und zu systematisieren, so lassen sich die folgenden Begründungszusammenhänge angeben:

1. Bei manchen, vor allem privaten Modellvorhaben waren in den Gesprächen mit den IVS-Verantwortlichen deutliche Legitimationsschwierigkeiten der IVS und ihrer Mitarbeiter gegenüber dem IVS-Träger auszumachen. Die dadurch auftretenden Mißverständnisse und Konflikte entstanden insbesondere durch die falsche Erwartung der Geschäftsleitung, von einem zunächst subventionierten "Profit-Center" IVS müßten mindestens nach drei Jahren Betrieb Gewinne oder wenigstens kostendeckende Einnahmen zu erwarten sein. Bei einer geförderten Stelle führten diese Mißverständnisse zum Bruch des IVS-Mitarbeiters mit der Geschäftsleitung, zur Auflösung der IVS und dazu, daß dieser Mitarbeiter, der sich sehr für den Aufbau der IVS engagiert hatte, nicht mehr auf seinen ehemaligen Arbeitsplatz zurückkehren konnte.

2. Bei einigen kleineren Dienstleistungsunternehmen führten falsche Erwartungen zu den Gewinnpotentialen der gewerblichen Informationsvermittlung sowie Fehleinschätzungen bezüglich der innerbetrieblichen Verwendbarkeit und zu den weitreichenden Kombinationsmöglichkeiten von Online-Recherchen mit anderen Dienstleistungen dazu, daß aufgrund anhaltend frustrierender Erfahrungen mit dem Verkauf von Online-Recherchen an Dritte dem Betrieb und der Weiterführung der IVS nicht mehr so viel Aufmerksamkeit geschenkt wurde. Insbesondere bei kleinen innovativen Dienstleistungsunternehmen aus der EDV-Branche hat sich schnell die Erkenntnis eingestellt, daß "das Interesse der KMU an Online völlig überschätzt" wurde und daß auch "generell kein interner Bedarf an der IVS" bestand. Die Schwierigkeiten einer dieser IVS in EDV-Firmen lassen sich aus der Einschätzung ableiten, daß "trotz hoher Anstrengungen und hoher Investitionen ein gewinnbringendes Betreiben der IVS nicht gegeben ist".

3. Die intensive Beschäftigung mit dem Datenbankretrieval, gepaart mit übersteigerter Euphorie und fehlenden Ökonomieüberlegungen zu den Möglichkeiten und Grenzen der Informationsdienstleistung bewirkten im Zusammenhang mit den massiven Bemühungen, aus der Vermittlung von Online-Informationen ein Geschäft zu machen, bei zwei Modellvorhaben in privaten Beratungsunternehmen die Abkehr vom eigentlichen Tagesgeschäft und auf diese Weise nicht zu verkraftende Geschäftsverluste. Nach eigenen Angaben einer dieser Stellen führten "die intensiven Aktivitäten im Marketing der Informationsvermittlung im Verlauf des Projekts unbeabsichtigt zu einer Vernachlässigung der ursprünglichen Unternehmensaktivitäten." Bei der anderen Stelle wurde "während des gesamten Zeitraums des Modellversuchs selbst unter Anrechnung der Zuwendungen des BMFT ein Verlust von ca. 147.000 DM erwirtschaftet". Dies führte dazu, daß die IVS-Aktivitäten nach Beendigung der Förderung mehr oder weniger ruhten, um die Verluste durch andere Schwerpunkte auszugleichen. Bei dieser voraussichtlich nicht mehr weitergeführten Stelle führten die Erfahrungen aus dem Modellversuch zu folgendem Resümee: "Wäre das jetzt bekannte Ergebnis des Modellversuchs für unser Projekt zum Zeitpunkt der Projektierung vorhersehbar gewesen, hätten wir uns nicht beteiligt."

4. Bei anderen privatwirtschaftlichen Beratungsunternehmen führten kritische Wirtschaftlichkeitsberechnungen und das Wissen um die Grenzen der eigenen Retrievalfertigkeiten dazu, daß für die Beratung benötigte Recherchen nicht mit Hilfe der eigenen IVS durchgeführt, sondern als externer Auftrag an andere Informationsvermittler vergeben wurden [vgl. TANGHE 1989]. Eines dieser Beratungsunternehmen kommt dabei zu der folgenden Beurteilung: "Der für die Akquisition von Rechercheaufträgen erforderliche Aufwand steht in keiner Relation zum Ertrag im Vergleich zu den Aufwendungen bei technisch-wirtschaftlichen Beratungsleistungen." Einer der geförderten Patentanwälte, der seine IVS nicht weiter betreiben wird, zog aus der Teilnahme am Modell-

versuch dennoch einen positiven Aspekt: "Ich bin nun in der Lage, Rechercheaufträge Informationsbrokern gezielt zu erteilen und die Ergebnisse noch besser zu beurteilen, als es der Fall war, ehe ich mich mit den geförderten Maßnahmen befaßt habe. [...] Es hat sich nur herausgestellt, daß es für meine
Kanzlei wirtschaftlichere Angebote gibt." Bei einem anderen Modellvorhaben,
in dem eine innerbetriebliche IVS vor allem technische Fachinformationen für
Ingenieure aus dem eigenen Haus recherchieren sollte, kam die verantwortliche
Vermittlerin zu dem Schluß, daß von der Geschäftsleitung und von den internen Nutzern zumindest für den Bereich des beratungsrelevanten Ingenieurwis-
sens andere Wege der Informationsbeschaffung als ergiebiger und kostengünstiger angesehen werden.

Daß insgesamt nur 9 % der geförderten Trägerinstitutionen die IVS-Modellvorhaben nach der Anstoßförderung durch den BMFT nicht weiterführen werden, kann als Indikator für die vergleichsweise hohe Akzeptanz der neuen
Informierungstechnik bei den anderen beteiligten Stellen gewertet werden. Die
niedrige Zahl der IVS, die nicht dauerhaft etabliert werden konnten, läßt keine Rückschlüsse auf im Modellversuch repräsentierte sektorale oder fachliche
Bereiche zu, in denen die Akzeptanz und Nutzung von Informationsvermittlungsstellen als überdurchschnittlich gering bezeichnet werden muß. Bei denjenigen Modellvorhaben, die während oder unmittelbar nach dem Modellversuch
abgebrochen worden sind, sind insbesondere individuelle und nicht institutio-
nen-bezogene Ursachen für eine Erklärung des Scheiterns heranzuziehen.

Als Gründe für den Abbruch einzelner IVS-Vorhaben sind sowohl falsche
Erwartungshaltungen in Bezug auf die Nachfrage nach den IVS-basierten
Dienstleistungen und naive Einschätzungen über die Durchführbarkeit kommerzieller IVS-Konzepte als auch fehlende personelle und finanzielle Grundlagen
zum dauerhaften Betrieb einer wider Erwarten nicht kostendeckend arbeitenden Informationsstelle zu nennen. Eine nur ungenügend durchdachte und auf

unrealistischen Erwartungen aufgebaute Konzeption, mit öffentlichen Fördermitteln dauerhaft eine funktionsfähige IVS unterhalten zu können, hat bei den 12 nicht weitergeführten Modellvorhaben zum Scheitern der IVS beigetragen.

4.9.6 Spezifische Probleme der IVS in Hochschulen

Aufgrund der Interviews mit den im Modellversuch geförderten Hochschul-IVS und auf der Grundlage der Erfahrungen, die die geförderten Hochschulen in ihren Halbjahresberichten weitergaben, können einige der wesentlichen Schwierigkeiten identifiziert werden, mit denen sich die Projektleiter, die Rechercheure und die Nutzer der Hochschul-IVS konfrontiert sahen.

Zahlreiche Probleme mit der Anschaffung, der Installierung und der Inbetriebnahme der notwendigen retrievaltechnischen Ausstattung der IVS standen in Zusammenhang mit den oft komplizierten EDV- und DFÜ-technischen Konfigurationen, die in den Hochschulen in vielen Fällen über das jeweilige zentrale Rechenzentrum realisiert worden sind. Dabei traten sowohl Kompatibilitätsprobleme mit retrievalunterstützenden Kommunikations-Softwarepaketen als auch Schwierigkeiten mit der Implementierung funktionsfähiger Datenübertragungslösungen in Zusammenhang mit hochschulinternen Netzen und öffentlichen Postnetzen auf. Die Probleme können in der Zwischenzeit jedoch als weitgehend gelöst angesehen werden.

Bei der Frage nach der personellen Ausstattung der Stellen wurde das Problem häufigen Personalwechsels und mangelnder Kontinuität insbesondere von Stellen genannt, die von wissenschaftlichen Hilfskräften oder Doktoranden mit sehr begrenztem Stundenkontingent betreut wurden. Dagegen war bei den IVS, denen eine feste Stelle zugeordnet ist, ein Minimum an Kontinuität bei der Einarbeitung zusätzlicher, aber häufig wechselnder Mitarbeiter gewahrt.

Die von den Vertretern der befragten Hochschul-IVS geäußerten Verbesserungsvorschläge laufen auf drei zentrale Forderungen hinaus:

- intensivere Bezuschussung von Recherchekosten durch die Länder;
- langfristige finanzielle Sicherung von IVS-bezogenen Personalstellen;
- Einrichtung fester (Teilzeit-)Stellen, deren Tätigkeitsmerkmale auf die Betreuung und Koordinierung der Hochschul-IVS und die inhaltliche Beratung bei Rechercheproblememen festgelegt werden.

Die Einbindung der IVS in die Lehre ließ nach Meinung mehrerer Gesprächspartner ebenfalls zu wünschen übrig, obwohl die Akzeptanz der Online-Informationsnutzung durch eine bessere Aufklärung über die online-gestützte Informationsbeschaffung im Studium nachhaltig verbessert werden könnte. Voraussetzung dafür sei jedoch, daß spezielle Lehrveranstaltungen zur Online-Nutzung als eigenständige scheinpflichtige Seminare eingerichtet würden.

4.9.7 Subjektive Bewertung des Modellversuchs

Im Vergleich zu den nicht ins Gewicht fallenden Gewinnaussichten der reinen Informationsvermittlung scheinen die nur schwer quantifizierbaren Nutzeffekte einer IVS eine besondere Rolle zu spielen. Bei den Auswertungen des Modellversuchs Informationsvermittlung wurde von den zahlreichen qualitativen Merkmalen, die bei den Stellen erhoben wurden, erstens der Einschätzung der Wirkungen des Modellversuchs auf die IVS, zweitens der subjektiven Bewertung des Mediums Online-Information und drittens der Kardinalfrage, ob einzelne Stellen vor oder nach Auslaufen der Förderung die IVS aufgeben, besondere indikatorische Aussagekraft beigemessen.

Da die Wirtschaftlichkeit der Nutzung von Online-Informationsdiensten im innerbetrieblichen Kontext nur unzureichend gemessen und bewertet werden kann, müssen bei der Analyse der Online-Akzeptanz auch subjektive Einschätzungen und Urteile berücksichtigt werden. Die subjektiven Einstellungen zur Online-Information gibt die Abb. 18 wieder.

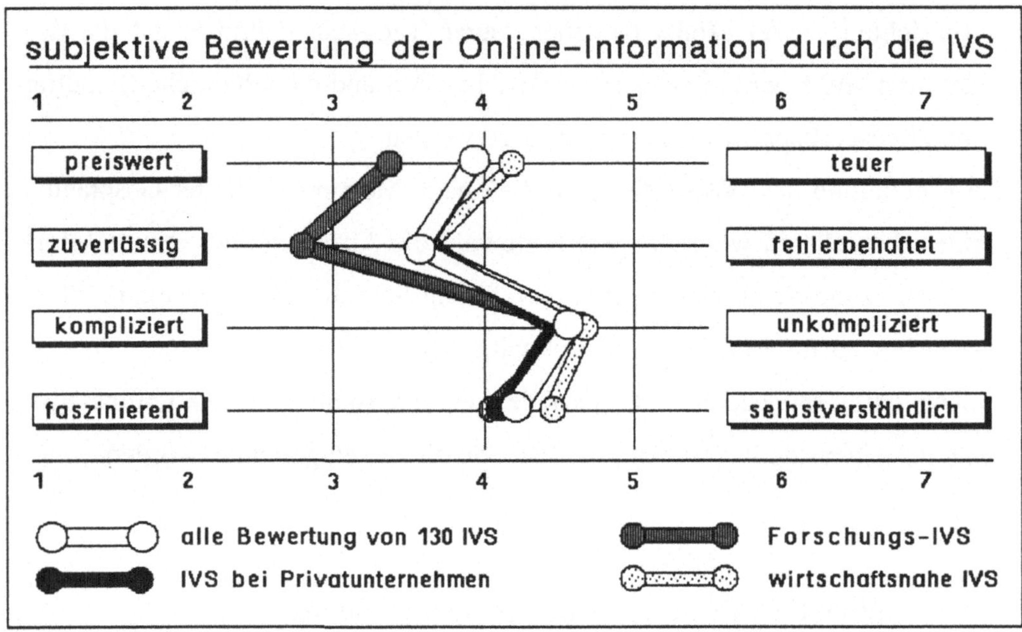

Abb. 18: Subjektive Wertungen der IVS zur Online-Information

In allen drei Hauptgruppen wurden die Kosten der Online-Information für angemessen gehalten. Lediglich die Hochschulen, denen bei der Recherche in STN besondere Rabatte gewährt wurden, bewerteten die Informationen als relativ preiswert; gleichzeitig hielten die Rechercheure in Wissenschaft und Forschung die von ihnen genutzten Datenbanken für besonders zuverlässig. Darüber, daß Online-Datenbanknutzung unkompliziert ist, herrschte in allen drei Hauptgruppen Einigkeit. Der Ausschlag der Profillinien bei dem Faszinationsindikator zeigt allerdings an, daß sich bei der Beschäftigung mit Online-Recherchen ein gewisses Gefühl der Selbstverständlichkeit und der Routine mit einem Rest an Faszination und Begeisterung für das neue Medium paart.

Nach den Einschätzungen der befragten Rechercheure und Vermittler ist das Instrument Online-Information

- im Preis angemessen (aufgrund spezieller Rabatt-Regelungen halten die universitären IVS Online-Nutzung für preiswerter als die Vergleichsgruppen);
- eher zuverlässig (bei den Hochschul-Rechercheuren ist die Eingrenzung des Urteils auf wenige naturwissenschaftliche Datenbanken zu berücksichtigen);
- wenig kompliziert;
- eine Mischung aus selbstverständlich genutztem Werkzeug und neuer Wissenstechnik, die den Nutzer in gewisser Hinsicht fasziniert.

4.10 Typisierung von Informationsvermittlungsstellen

Aus drei Gründen erweist sich eine Systematisierung und Typisierung der funktionalen Informationsdienste als schwierig:

1. Da in einer modernen Dienstleistungsgesellschaft die meisten Dienstleistungsformen in der einen oder anderen Form die Beschaffung, Verarbeitung und individuelle Verbreitung von Information beinhalten, ist es generell schwer, administrative, organisatorische oder strukturelle Dienstleistungen von den funktionalen Informationsdiensten abzugrenzen.

2. Die Palette bestehender, sich entwickelnder oder noch zu etablierender Informationsdienstleistungen ist so umfangreich, daß kaum geeignete Klassifizierungsmerkmale für eine sachbezogene Typisierung anzugeben sind.

3. Zuletzt sind typische Informationsdienstleistungen in reiner Form nirgends zu finden, da Informationsunternehmen, die ihre Auftraggeber in Informationsangelegenheiten unterstützen, eine Vielzahl von sich durchdringenden funktionalen Diensten anbieten, um ihr Dienstleistungsspektrum für viele potentielle Zielgruppen attraktiv zu machen.

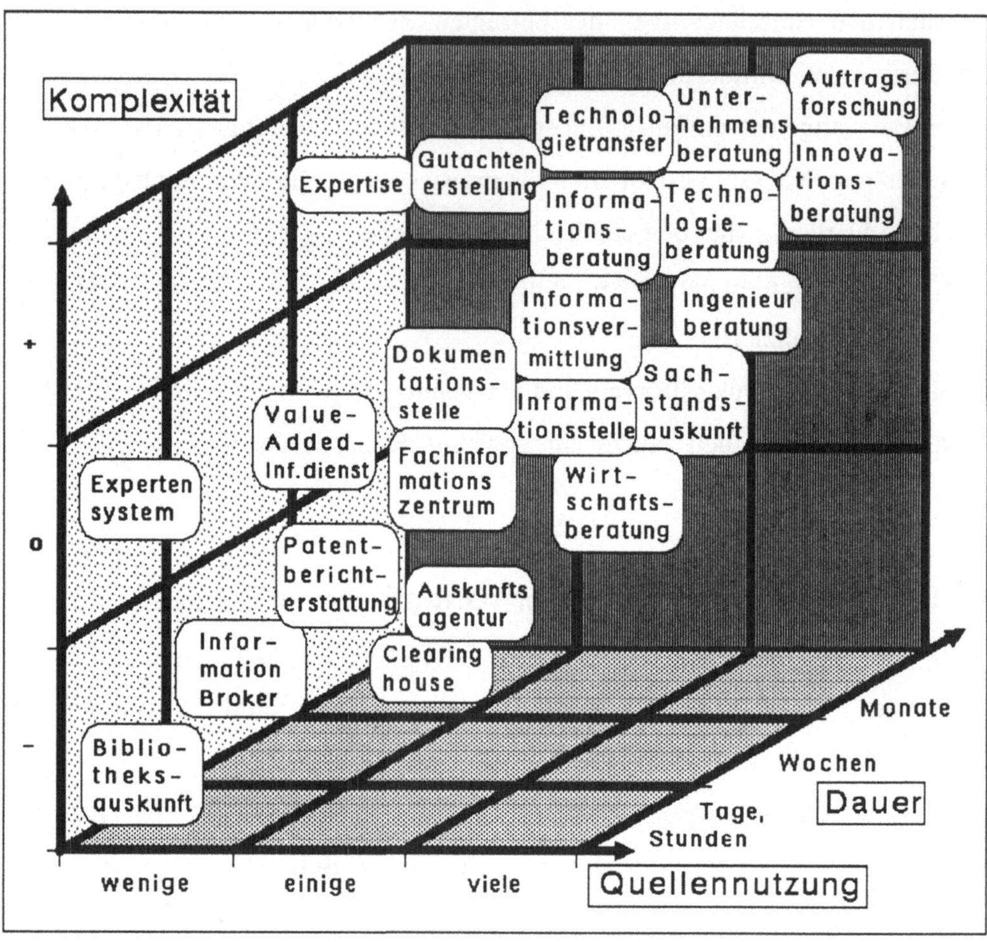

Abb. 19: *Komplexitätstypen in der Informationsdienstleistung*

Als geeignetes Merkmal, mit dem funktionale Informationsdienste typisiert werden können, wird die Komplexität funktionaler Dienste herangezogen. Dabei bezieht sich dieses Merkmal sowohl auf die Komplexität der Probleme, mit deren Lösung das Unternehmen beauftragt wird, als auch auf die bereitzustellende Informationsverarbeitungskapazität der Dienstleistungsagentur und auf die Komplexität der erarbeiteten Auskunft oder Problemlösung (vgl. Abb. 19).

Da funktionale Dienste nach dem Grad ihrer Komplexität voneinander unterschieden werden können, sollen Dienstleistungstypen anhand der folgenden

Einteilung beschrieben und mit zunehmender Komplexität dargestellt und verdeutlicht werden.

- Standardisierte Informationsdienstleistungen, deren Erstellung einem weitgehend systematisierten Schema folgt;
- modifizierende Informationsdienstleistungen, die aufgefundene Information strukturell den Nutzerwünschen anpaßt;
- qualifizierende Informationsdienstleistungen, die Entscheidungsprozesse des Nutzers informatorisch unterstützen können;
- evaluierende Informationsdienstleistungen, die dem Nutzer die Bewertung und problembezogene Transformation von Informationen abnehmen.

4.10.1 Standardisierte Informationsdienstleistung

Die Vermittlung von nicht veränderten Fachinformationen aus konventionellen bibliothekarischen und dokumentarischen Quellen oder aus elektronisch gespeicherten Datenbeständen eignet sich als eigenständige Dienstleistung nur für spezielle Einsatzbereiche. Standardisierte Informationsdienstleistungen, bei denen schematisierbare Rechercheprozesse einen Hauptanteil des Dienstes ausmachen, können in solchen Bereichen gewinnbringend genutzt werden, in denen ein wissenschaftlich geschultes Informationsverhalten vorherrscht und wo regelmäßig größere Mengen an standardisierter Referenz- und Fakteninformation benötigt werden.

Informationsvermittler, die ihre Recherchen fast ausschließlich mit der Nutzung von Online-Datenbanken realisieren und die gefundenen Daten und Literaturreferenzen inhaltlich nicht weiterverarbeiten, arbeiten z. B. als festangestellte Rechercheure bei größeren Konzernen, Unternehmen und Institutionen. Standardisierte Informationsdienstleistungen werden demzufolge in den Entwicklungsabteilungen großer Maschinenbaufirmen, in chemischen Hochschulinstituten, in Labors der Pharmaindustrie, in Marketingabteilungen internationaler Konzerne, bei der Bonitätsprüfung durch Bankinstitute oder in den Informationsabteilungen der Massenmedien genutzt. Auch bei wirtschaftsnah arbeitenden Infrastruktureinrichtungen wie Industrie- und Handelskammern, Handwerkskammern, Landesgewerbeämtern, Berufs- und Fachverbänden oder Technologiezentren können die angeschlossenen Mitglieder standardisierte Informationsvermittlungsdienste in Anspruch nehmen. Allerdings hat sich in den letzten Jahren gezeigt, daß ein Bedarf für die Vermittlung einfacher Fachinformationsdienste gerade bei kleinen und mittelständischen Firmen so gut wie nicht existiert.

4.10.2 Modifizierende Informationsdienstleistung

Als modifizierend können Informationsdienstleistungen bezeichnet werden, die recherchierte Informationen den Nutzerbedürfnissen entsprechend selektiv und strukturell verändern, ohne die Inhalte der Informationen wesentlich zu verarbeiten und zu transformieren. Rechercheergebnisse vorwiegend aus dem Online-Retrieval werden einer themenkritischen Auswahl unterzogen, die gefundene themenrelevante Literatur wird beschafft und das gesammelte Material zu einem strukturierten, aber nicht bewerteten Ergebnis zusammengestellt.

Diese Form der Informationsvermittlung findet sich vor allem bei selbständigen Information Brokern, die ihre Dienstleistungen bevorzugt potentiellen Nutzern aus Wirtschaft und Industrie anbieten [vgl. DODD 1976]. Einen Sonderfall stellen in diesem Zusammenhang Patentberichterstatter dar. Diese Berufsgruppe hat sich darauf spezialisiert, für Patentanwälte oder im Auftrag von Patentabteilungen größerer Unternehmen zum Teil in Patentdatenbanken, zum Teil in den Patentauslegestellen nach gewerblichen Schutzrechten zu suchen, die für Patentanmeldungen, für Stand-der-Technik-Recherchen, für Einspruchsverfahren oder für Markt- und Technologieanalysen verwendet werden können. Gerade in diesem Dienstleistungsbereich ist nicht nur das Geschick im Datenbankretrieval und in der Recherchemethodik, sondern auch in langjähriger Erfahrung mit Ordnungssystemen und die Fähigkeit zu assoziativem Suchen von grundlegender Bedeutung für den Erfolg der Recherchetätigkeit.

4.10.3 Qualifizierende Informationsdienstleistung

Das Endergebnis eines qualifizierenden Informationsdienstes trägt wesentlich zur Vorbereitung und Begründung von informationsabhängigen Entscheidungen bei. Typische Produkte dieser Form funktionaler Dienste sind Expertisen, Dossiers, Fortschrittsberichte ober Übersichtsstudien, die Resultate umfangreicher Informationsrecherchen systematisieren, zusammenfassen, gewichten und dem Wissensstand des Klienten entsprechend aufbereiten. Diese Dienstleistungen müssen sich inhaltlich und intellektuell intensiv mit den Fragestellungen des Klienten auseinandersetzen und können deshalb nicht standardisiert werden. Andererseits bewirkt das Ergebnis nicht unmittelbar eine konkrete Problemlösung, sondern befähigt den Auftraggeber und Nutzer der Informationsdienstleistung zu qualifizierten Entscheidungen und Argumentationen.

Um Informationsdossiers und Gutachten erstellen zu können, werden neben Online-Datenbanken und traditionellen Informationssystemen auch informelle Informationsquellen wie externes Expertenwissen, Auskünfte durch Fachverbände oder Anfragen bei anderen Informationsagenturen genutzt. Abnehmer für solche Informationsdienste sind große und mittlere Unternehmen, Marktforschungsinstitute, Unternehmensberatungen oder Behörden, die zu einer Entscheidung notwendigen Daten und Informationen nicht selbst beschaffen können. Da die Bearbeitungszeit für qualifizierende Informationsdienste oft mit mehreren Wochen veranschlagt werden muß, kann für eine umfangreichere Markt- und Technikrecherche durchaus ein Preis von über 10 000 DM verlangt werden [KAMINSKY 1983].

Qualifizierte Informationsdienste werden von selbständigen Informationsberatern, von Recherchebüros, von Beratungsfirmen, in besonderen Fällen aber auch von spezialisierten Forschungsinstituten, von anerkannten Fachgutachtern oder von Expertengremien übernommen. Besonders in angelsächsischen Ländern haben sich größere Informationsunternehmen etabliert, die im Rahmen ihrer Tätigkeit qualifizierende Literaturstudien, Auftragsanalysen oder Fortschrittsberichte erstellen. Weitaus stärker als in der BRD ist in Großbritannien und in den USA die Bereitschaft von Industrieunternehmen und Fachinstitutionen vorhanden, Angelegenheiten der Informationsbeschaffung, -verarbeitung und -analyse professionellen Informationsspezialisten zu übergeben.

4.10.4 Evaluierende Informationsdienstleistung

Informationsdienstleistungen, die dem Nutzer die problembezogene Bewertung und anwendungsorientierte Transformation von nachgefragten Informationen abnehmen, können als evaluierende funktionale Dienste bezeichnet werden. Die Bewertung von Daten und Fakten und damit die Überführung von Information in Anwendungswissen ist neben der Umsetzung dieses Wissens in Problemlösungen die Endstufe eines Verdichtungsprozesses, den hochqualifizierte Informationsagenturen im Rahmen ihrer Dienstleistungstätigkeit durchführen. Informationsagenturen wirken dabei wie Filter, die aus den Informationsströmen, die auf sie wie auf ihre Klienten einwirken, die problemrelevanten Informationen recherchieren, selektieren und beschaffen, danach verdichten und in einer letzten Phase bewertend umsetzen. Evaluierende Informationsdienste nutzen die so transformierten Informationen als integrierten Bestandteil einer umfassenden Beratungstätigkeit (vgl. Abb. 4, S. 35).

Die Integration von Informationsrecherchen in komplexere Aufgabenbereiche der Beratung und Unterstützung hat sich bei privaten Dienstleistungsunternehmen als erfolgversprechendstes Modell der Informationsvermittlung erwiesen. Technische oder betriebswirtschaftliche Unternehmensberatungen, die für größere Betriebe oder für Unternehmen der mittelständischen Wirschaft arbeiten, sind typische Vertreter dieses Informationsvermittlungsmodells. Die Nutzung von Informationsquellen und -medien geschieht hier in der Regel nur innerbetrieblich, und oft kann der Endnutzer einer Informationsdienstleistung nicht erkennen, welche Informationen wie und wo zur Erstellung einer Beratungsleistung recherchiert worden sind [GRAUMANN 1986].

Neben den klassischen Unternehmensberatungen, die immer häufiger auf die Möglichkeiten der Online-Recherche zurückgreifen, sind in den letzten Jahren zahlreiche Institutionen entstanden, die im Rahmen der Wirtschafts-, Innovations- und Technologieförderung beraten, Informationen vermitteln und kleine und mittlere Unternehmen unterstützen. Als Innovations-Beratungs-Stelle, als Technologieberatungsunternehmen oder als Technologie-Transfer-Agenturen bieten diese Stellen innovierenden mittelständischen Firmen, Erfindern mit Patentierungsabsicht, technologieorientierten Unternehmen oder modernisierenden Handwerksbetrieben eine weitgefächerte Palette von Beratungsdienstleistungen an, die sich nicht zuletzt auf den Transfer von Fachinformation stützen.

Die Motive der beratenen Unternehmen können dabei sehr unterschiedlich sein: Die angeforderten Beratungsleistungen erstrecken sich auf die Bewertung technischer Ideen, Entwicklungsvorhaben oder Umstellungen in technischer und wirtschaftlicher Hinsicht, sie umfassen die Mithilfe bei der Lösung technischer Detailprobleme oder sie bieten zusätzliche Informationen zu bereits konzipierten oder vorgeschlagenen Lösungswegen. Oft reicht es auch aus, wenn die Beratungsagenturen Hinweise auf Hilfestellungen bei der Inanspruchnahme öffentlicher Finanzierungshilfen geben oder wenn sie einmal eingeschlagene Problemlösungswege und Geschäftsstrategien bestätigen oder nachträglich legitimieren [BRÄUNLING 1982]. Die Zukunftsentwicklung evaluierender funktionaler Informationsdienste ist damit auf lange Zeit gesichert.

4.10.5 IVS-Typen im Modellversuch

Großangelegte, umfassende und repräsentative Untersuchungen über Funktion, Arbeitsweise und Wirtschaftsverhalten von Institutionen und Unternehmen der Informationsdienstleistung gehören bislang auch im angelsächsischen Bereich zu den Ausnahmen. In der Anfangszeit der professionellen Informationsvermittlung sind zwar einige Analysen in diesem Bereich erfolgt [vgl. z. B. KEENAN u.a 1980; HURT 1983], spätere Studien begnügten sich hingegen mit einzelnen IVS-Teilgruppen einer Region aus einem fachlichen Sektor oder in einem institutionellen Bereich.

Im Modellversuch Informationsvermittlung konnten für den bundesdeutschen Raum Daten und Erfahrungen einer größeren Anzahl repräsentativ ausgewählter IVS ermittelt und Aussagen über die Akzeptanz und die Nutzung von Online-Informationen in unterschiedlichen institutionellen Umgebungen gewonnen werden. Die empirische Untersuchung zur Struktur und Arbeitsweise der 134 am Modellversuch beteiligten IVS diente als Grundlage zur systematischen Beschreibung unterschiedlicher Formen der Informationsdienstleistung und zur differenzierten, wirkungsbezogenen Typisierung von Institutionen und Funktionen im Informationstransferbereich. Zu diesem Zweck wurden sowohl institutionelle Faktoren wie wirtschaftliche Bedeutung, geographischer Wirkungsbereich, Dienstleistungsspektrum und Klientelstruktur des IVS-Trägers erhoben, aber auch die personell-bedingten Einflußgrößen wie Ausbildungsstand, Qualifikation, subjektive Bewertung des Bereichs Online-Information oder individuelle Einstellung zur Informationstätigkeit der Vermittler und Rechercheure erfragt.

Aus den Ergebnissen der strukturierten Befragung aller untersuchten IVS und aus den Daten zum Rechercheaufkommen wurde ein multivariates Indikatorensystem entwickelt, mit dessen Hilfe Gemeinsamkeiten und Unterschiede im Informationsverhalten der Stellen bei der Realisierung von Informationsvermittlungskonzepten und bei der Wahl von Strategien zur Distribution von Informationsdienstleistungen herausgearbeitet werden konnten [vgl. SCHMIDT 1990e]. Dabei wurden unter anderem die folgenden, skaliert vorliegenden Variablen auf der Grundlage einer Ward-Clusteranalyse miteinander verknüpft und gruppiert:

- Rechercheaufkommen in einer IVS, bezogen auf ein Quartal;
- Anzahl genutzter Hosts und Datenbanken bei einer Recherche;
- Art der Fragestellung und Rechercheart nach Datenbanktyp;
- Anteil konventioneller Informationsquellen an der Recherche;
- Aufbereitungsgrad des Rechercheergebnisses;
- interne oder externe Verwendung des Rechercheergebnisses;
- Typ des Auftraggebers.

Die Ergebnisse aus der mit qualitativen und statistischen Verfahren gewonnenen Gruppierung und Typisierung der untersuchten Modellvorhaben läßt erkennen, daß sowohl institutionelle als auch funktionelle Faktoren bei der Systematisierung von Informationsvermittlungsstellen zu berücksichtigen sind.

Die Beobachtungen und Hypothesen zur Typisierung von Informationsdienstleistungen im Modellversuch sind mit Hilfe der durchgeführten Clusteranalyse zum Teil bestätigt worden. Bei einer Clustertiefe von vier Untergruppen entsprachen die so gebildeten IVS-Mengen in etwa den bereits beschriebenen vier Vermittlertypen mit ihren besonderen funktionellen Unterscheidungsmerkmalen. Dabei fanden sich alle vier Vermittlertypen in den drei institutionellen Formen der Informationsvermittlung wieder: nicht-kommerzielle Infrastrukturleistung, wirtschaftsnahe Service-Leistung und kommerzielle Informationsdienstleistung. Im einzelnen können die vier geclusterten IVS-Gruppen durch folgende Merkmale charakterisiert werden:

- In der Gruppe I sind 6 IVS in chemischen Hochschulinstituten und eine IVS aus einem privaten Forschungsinstitut zusammengefaßt. Diese IVS bearbeiteten im Quartal durchschnittlich 26 bis 50 meist bibliographische Recherchen, die sie fast ausschließlich für interne wissenschaftlichc Zwecke nutzten. Diese IVS-Gruppe kann dem Typ 'Informationsrechercheur' zugeordnet werden.

- 21 IVS mit gleichen Anteilen in allen drei Institutionengruppen bildeten die Gruppe II, in der pro Quartal im Mittel ca. 16 bis 20 Recherchen benötigt wurden. Außer einem hohen Anteil an Faktenrecherchen wies diese Gruppe sonst jedoch keine charakteristischen Merkmale auf. Dieses Cluster entspricht am ehesten dem Typ 'Informationsbearbeiter'.

- Gruppe III umfaßte 26 Stellen, bei denen neben kleineren Dienstleistungsunternehmen die IVS aus wirtschaftsnah arbeitenden Institutionen überrepräsentiert sind. Diese Gruppe führte im Durchschnitt 6 bis 20 Recherchen im Quartal durch, von denen über 80 % in modifizierter Form an externe Nutzer weitergegeben wurden. Mit dieser Gruppe kann der funktionelle Typ 'Information Broker' assoziiert werden.

- Die Gruppe IV bildet mit 73 IVS, von denen über drei Viertel in privaten Dienstleistungsunternehmen aus dem Beratungsbereich eingerichtet wurden, das größte Cluster. Hier wurde durchschnittlich nur 1 bis 10 mal im Quartal für interne Zwecke recherchiert. Eine detaillierte Analyse der IVS in dieser Gruppe zeigt die Präsenz von überdurchschnittlich vielen IVS vom Typ 'Informationsberater'. In dieser Gruppe der innovationsorientierten Berater wurden insbesondere Recherchen zur Marktanalyse, zu Patentanmeldungen, zu öffentlichen Ausschreibungen, zu Normen und technischen Vorschriften sowie zu öffentlichen Finanzierungshilfen benötigt.

Die Untersuchungen zur Typisierung der IVS im Modellversuch haben gezeigt, daß der Erfolg von Informationsdienstleistungen nicht nur vom institutionellen Wirkungsbereich einer IVS abhängt. Gleichzeitig sind funktionelle Strategiekonzepte und nicht zuletzt die persönlichen Voraussetzungen und Veranlagungen der jeweiligen IVS-Mitarbeiter mit dafür verantwortlich, daß eine IVS akzeptiert und gewinnbringend genutzt wird.

4.11 Zusammenfassende Einschätzungen

Die Erfahrungen, die die einzelnen IVS-Modelle mit der Online-Nutzung gesammelt haben, sind nur schwer zu generalisieren. Bei der Erprobung des neuen Mediums Online-Datenbank wurden im Modellversuch recht unterschiedliche und individuelle Verhaltensweisen, Problemlösungen und Bewertungen gefunden.

Die Mehrheit der geförderten Stellen hat im Verlauf des Modellversuchs rasch erkannt, daß die Marktchancen für informationsbezogene Broker-Dienste gering sind. Die extern orientierten Vermittlungsstellen haben sich jedoch flexibel an diese Situation angepaßt und die interne Nutzung intensiviert. Daß dabei der Grad der Zufriedenheit mit der internen Online-Nutzung vergleichsweise hoch ist, zeigen die in Tab. 37 angegebenen Einschätzungen der IVS zu den Effekten des Modellversuchs.

Leistungen, Merkmale und Eigenschaften der geförderten IVS	Gesamtmenge der IVS abs. %	Private IVS abs. %	wirtsch.-nahe IVS abs. %	IVS in der Forschung abs. %	externe Inf.verm. abs. %	< 6 Rech. im Quartal abs. %	>16 Rech. im Quart. abs. %
Anzahl der IVS	134 100,0	85 -63,4	28 -20,9	21 -15,7	56 -41,8	42 -31,3	41 -30,6
Effekte durch den MIV							
keine neuen Nutzeffekte	4 3,0	4 3,0	- -	- -	1 0,7	2 1,5	- -
rationellere Informierung	105 78,4	66 49,3	19 14,2	20 14,9	43 32,1	29 21,6	38 28,4
Förderung des Image	77 57,5	52 38,8	19 14,2	6 4,5	36 26,9	23 17,2	22 16,4
Gewinnung neuer Kunden	31 23,1	21 15,7	9 6,7	1 0,7	14 10,4	9 6,7	8 6,0
Verbesserung des Know-how	92 68,7	55 41,0	21 15,7	16 11,9	37 27,6	31 23,1	32 23,9
Büroautomatisierung	45 33,6	27 20,1	13 9,7	5 3,7	21 15,7	12 9,0	13 9,7
Verbesserung der Dienstl.	98 73,1	64 47,8	25 18,7	9 6,7	40 29,9	35 26,1	25 18,7
sonstige Effekte	43 32,1	29 21,6	8 6,0	6 4,5	16 11,9	11 8,2	15 11,2

Tab. 37: Effekte bei den IVS durch Teilnahme am Modellversuch

Mehr als 100 Stellen nennen die neuen Möglichkeiten zur rationelleren Beschaffung von fachlichen Informationen als wichtigen Effekt. Insbesondere die privaten Unternehmen und die wirtschaftsnahen Einrichtungen konnten durch den unterstützenden Einsatz von Online-Informationen die Qualität ihrer Dienstleistungen verbessern.

Als weitere Effekte, die sich für die IVS aus der Teilnahme am Modellversuch ergaben, wurden die Verbesserung des informationstechnischen Knowhows sowie die Förderung von Marketingstrategien und Imagewirkungen der beteiligten Institutionen und Unternehmen angeführt. Weniger oft wurden als Nebeneffekte die Möglichkeiten zur Automatisierung von Büroarbeiten oder die Nutzung von Online-Datenbanken zur Unterstützung bei der Kundenakquisition genannt (vgl. Abb. 20).

Andererseits hatten insbesondere jene IVS große Schwierigkeiten mit der Abwicklung von Recherchen, bei denen die Online-Station nur selten und sporadisch genutzt wurde; das Online-Retrieval in den zur Zeit angebotenen Datenbanken erfordert nämlich fachliches Können, das in vielen Fällen nur durch intensive Weiterbildung und durch kontinuierliche Arbeit am Terminal beibehalten werden kann.

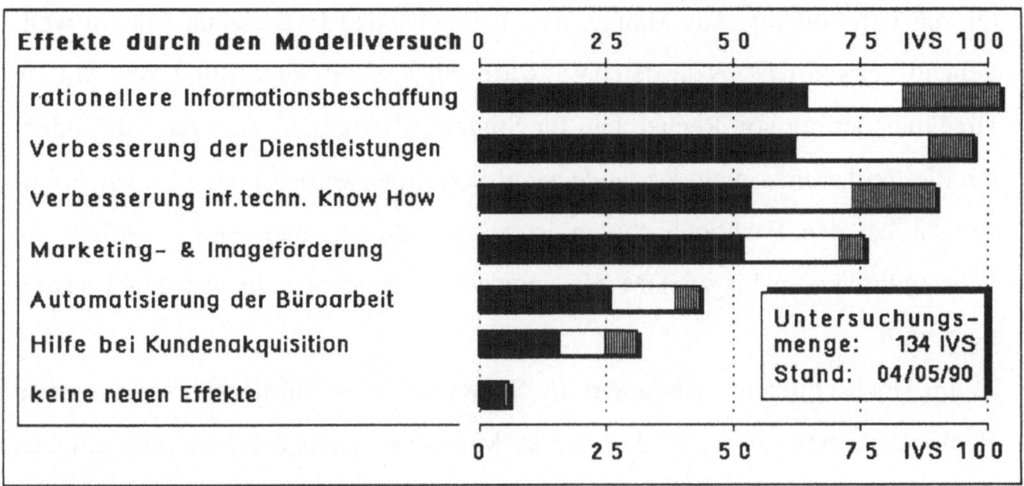

Abb. 20: Effekte für die IVS im Modellversuch

In einer Reihe von Erfahrungsberichten und vorläufigen Ergebnissen des Modellversuchs Informationsvermittlung finden sich Hinweise darauf, daß dem Multiplikatoreffekt der IVS an Ausbildungseinrichtungen ein besonderer Stellenwert und eine hohe Priorität einzuräumen ist. Für die Nutzung dieses Multiplikatoreffekts bieten sich den geförderten IVS zwei Ansatzpunkte:

- die Heranführung von Studenten an die Nutzung von Datenbanken über entsprechende Lehrangebote und Übungen,
- die Öffnung der IVS für studentische Nutzer.

Bei der Realisierung von Ausbildungsangeboten zur Nutzung von Datenbanken für Studenten sind in der Zwischenzeit bereits eine Reihe von geförderten IVS aktiv; die übrigen Stellen planen derzeit ein solches Angebot. Da den Studenten bei der Einführung in die Datenbanknutzung auch entsprechende Geräte und Möglichkeiten für Übungsrecherchen angeboten werden müssen, halten einige Stelle in diesem Zusammenhang eine Unterstützung bei der Finanzierung der zusätzlichen Geräte und der Übungsrecherchen für erforderlich.

Die Öffnung der IVS für Studenten ist bisher nur bei der Mehrheit der IVS an Fachhochschulen realisiert, während an Universitätsinstituten den Studenten die IVS-Nutzung aus Mangel an entsprechenden finanziellen Mitteln weitgehend verwehrt ist. Von den IVS wird daher die Bereitstellung von Mitteln zur Finanzierung von Recherchen für Studenten vorgeschlagen, da den Studenten die Recherchen nicht kostendeckend berechnet werden können. Den Erfahrungen bei den Fachhochschulen ist zu entnehmen, daß voraussichtlich ein Pauschalpreis von bis zu DM 50,- von vielen Studenten in der Regel akzeptiert wird.

Im Hochschulbereich konnten die Schwierigkeiten mit der Abrechnung von Recherchekosten im Lauf des ersten Modellversuchsjahres im wesentlichen ausgeräumt werden. Die Finanzierung der anfallenden Recherchen für einzelne Professoren, für Arbeitsgruppen, für Doktoranden und Diplomanden oder für Studenten wurden in den untersuchten Hochschul-IVS auf unterschiedliche Art und Weise abgewickelt.

Keine Auswirkungen hatte der Modellversuch auf nur 2 der 113 untersuchten IVS. Negative Effekte wurden zwar nicht mit eigenen Antwortvorgaben abgefragt; bei der Angabe zu sonstigen Effekten wurden jedoch nur selten Negativwirkungen genannt. Unvorhergesehene finanzielle Belastungen durch die Teilnahme am Modellversuch (50 % der Kosten für Personal, Investitionen und Sachmittel mußten die Stellen selbst aufbringen), unrealistische und übersteigerte Anfangserwartungen zu den Markterfolgen der gewerblichen Informationsvermittlung oder in einigen Fällen auftretende Interessenskonflikte zwischen engagierten IVS-Mitarbeitern und dem Führungsstab einzelner Unternehmen und Institutionen waren einige der Gründe, die bei einigen geförderten IVS zu negativen Bewertungen des Modellversuchs geführt haben.

Die Wirkungen des Modellversuchs für die geförderten Stellen lassen sich in einer These zusammenfassen: Als wichtigste Effekte des Modellversuchs bewerteten die geförderten Stellen, daß durch die Online-Nutzung Arbeitsabläufe zur Informationsbeschaffung aus externen Quellen merklich rationalisiert wer-

den konnten und daß dadurch die Qualität von beratungs- und entscheidungs-
bezogenen Dienstleistungen verbessert worden ist. Dem relativ hohen Grad der
Zufriedenheit bei den IVS, die neue Erfahrungen im praktischen Umgang mit
Datenbankrecherchen gesammelt haben, entspricht die geringe Zahl der geförderten Stellen, die nach Ablauf der Anstoßförderung ihre IVS-Aktivitäten einstellten.

5   Fallbeispiele der Online-Informationsnutzung

Die Entwicklungen, Erfahrungen und Ergebnisse im Modellversuch lassen sich nicht nur mit Hilfe statistischer Analysen, graphischer Datenauswertungen und qualitativer Bewertungen vorstellen und veranschaulichen. Im Rahmen der Analyse von Modellen der Informationsvermittlung wurden auch eine Reihe von Fallbeispielen zusammengestellt, aus denen Erfahrungen und Probleme aus der praktischen Online-Informationsvermittlung im Modellversuch deutlich werden. Die insgesamt zwölf ausgewählten Fallbeispiele übernehmen folgende Aufgaben: sie zeigen ausschnitthaft ein Spektrum der vorhandenen Dienstleistungsangebote, sie verdeutlichen Unterschiede und Gemeinsamkeiten zwischen den untersuchten Vorhaben, und sie verdeutlichen Formen der Integration von Online-gestützter Informationsvermittlung in Service-Leistungen. Die Fallbeispiele sind folgendermaßen aufgebaut: zwölf Informationsvermittler stellen sich und ihre Institution vor, beschreiben ein spezifisches Beratungsproblem und erläutern das von ihnen erarbeitete Dienstleistungsangebot.

Fallstudien spiegeln sicherlich immer individuelle und subjektive Erfahrungen wider; sie besitzen jedoch auch den Vorteil, über wesentliche Details, kennzeichnende Besonderheiten und typische Merkmale einer ganzen Gruppe von Institutionen anschaulich zu informieren. Gerade bei der sehr heterogenen Gesamtheit der im Modellversuch geförderten Informationsvermittlungsstellen, die in privaten Wirtschaftsunternehmen, in öffentlichen Institutionen und in Forschungseinrichtungen angesiedelt sind, können deshalb Firmenprofile und Beratungsbeispiele die bisher gewonnenen Eindrücke anschaulich ergänzen.

Informationsbezogene Beratungsaktivitäten, die auf eine datenbankgestützte Recherche zurückgreifen, sind in unterschiedlichsten Dienstleistungsbereichen zu finden. Dennoch lassen sich auf der Basis der ausgewählten Fallbeispiele die drei Typen von Informationsvermittlungsstellen herausfiltern, die alle geförderten IVS stellvertretend und treffend repräsentieren:

- IVS in öffentlichen Institutionen (wirtschaftsnahe Infrastruktur, Forschung), die für interne Nutzer Datenbankrecherchen nach bibliographischer Fachinformation (auch mit der Komponente Online-Ordering) durchführen;

- IVS sowohl in öffentlichen als auch in privaten Umgebungen, die im Kundenauftrag Datenbankrecherchen durchführen und die Ergebnisse unverdichtet oder nur wenig bearbeitet weitergeben;

- IVS in privaten Wirtschaftsunternehmen, die im Rahmen ihrer umfangreichen Dienstleistungen unter anderem Datenbankrecherchen durchführen, um deren Ergebnisse sowohl zur Unterstützung der eigenen Beratungsarbeit zu nutzen, aber auch, um sie in unterschiedlicher Form an ihre Kunden weiterzugeben.

Die zwölf Fallbeispiele wurden so ausgewählt, daß alle drei genannten IVS-Typen anhand mehrerer Einzelfälle vorgestellt werden. Der überwiegende Teil der Stellen stammt aus dem privatwirtschaftlichen Bereich; vier IVS sind in öffentlichen Einrichtungen angesiedelt. Zehn der zwölf Beispiel-IVS führen Online-Recherchen sowohl für die interne Nutzung als auch für externe Auftraggeber durch. Dabei legen die meisten IVS den Schwerpunkt auf die interne Nutzung von Datenbankrecherchen - erklärtes Ziel der Unternehmen ist dabei die qualitative Verbesserung der Beratungsleistung mit Hilfe des Instrumentes Online-Recherche.

5.1 Fallbeispiel 1: Beratung für den Mittelstand

IVS-Träger ist eine seit 1978 bestehende Unternehmensberatung mit ca. 20 Mitarbeitern.

Das Dienstleistungsangebot des Unternehmens umfaßt schwerpunktmäßig die Beratung bei der Lösung technisch-organisatorischer Aufgabenstellungen. Die Beratungsprojekte erstrecken sich von der Analyse über die Planung bis zur Realisierung individueller Komplettlösungen. Klienten sind sowohl Klein- und Mittelunternehmen als auch Großbetriebe im gesamten Bundesgebiet. Beratungsschwerpunkte bilden Investitionsplanung, Fabrikplanung, CAD/CAM/CIM-Anwendungen, Ablauf-und Aufbauorganisation sowie Produktionsplanung und -steuerung. Durch langjährige Erfahrung wurden in den Bereichen Angebotserstellung, Kalkulation und Rückgriffssystematik Standard-EDV-Lösungen auf PC-Basis entwickelt [vgl. HÖTH 1989].

Das Beratungsunternehmen nahm 1986 am Modellversuch Informationsvermittlung des BMFT teil und erwarb sich mit Hilfe der Unterstützung des Förderprogramms das notwendige Know-how und die technischen Voraussetzungen zur Durchführung von Datenbankrecherchen. Das Konzept bestand darin, keine reine Informationsbeschaffung, sondern Problemlösungen anzubieten, d. h. Datenbankrecherchen in erster Linie als effektives Hilfsmittel im Rahmen von Beratungsprojekten einzusetzen.

Das Problem: Ein Unternehmen mittlerer Größe aus der kunststoffverarbeitenden Industrie wollte eine effektive Auftragsabwicklung in der Produktion mit dem Schwerpunkt im Bereich der Produktionsplanung und -steuerung entwickeln und einführen und erteilte dem Unternehmen einen Beratungsauftrag.

Nach detaillierten Analysen konnte ein Planungs- und Steuerungskonzept entwickelt werden, das im wesentlichen darauf abzielte, in der Arbeitsvorbereitung eine zentrale Rahmenplanung durchzuführen. Bei der Feinplanung und Steuerung sollte eine verantwortliche und aktive Mitarbeit durch die Meister in den verschiedenen Produktionsbereichen erfolgen.

Anstoß für eine Datenbankrecherche war der Wunsch des Kunden, die erarbeitete Lösung durch Suche nach Erfahrungsberichten von Firmen mit ähnlichen Aufgabenstellungen und nach Anwendungsberichten des erarbeiteten Planungs- und Steuerungskonzeptes abzusichern.

Die Dienstleistung: Als Ergebnis der von dem Beratungsunternehmen durchgeführten Datenbankrecherche wurden zwei geeignete Referenzfirmen gefunden. Dadurch konnte der Vorschlag zur Besichtigung eines geeigneten Anwenders gemacht werden. Die erarbeitete Organisationslösung konnte somit abgesichert und bestätigt werden; die Beratungsleistung und das Beratungsergebnis wurden qualitativ verbessert.

Die Akzeptanz zur Nutzung des Mediums Datenbankrecherche steigt, wenn wie im genannten Beispiel erfolgreiche Rechercheergebnisse erzielt und genutzt werden können. Somit wird auch eine Basis dafür geschaffen, in Zukunft eigenständige Aufträge zur Informationsbeschaffung übernehmen zu können. Das aufgeführte Beispiel einer Einbindung von Datenbankrecherchen in Beratungsaufträge ist exemplarisch für eine Reihe weiterer Projekte, die von dem geförderten Unternehmen durchgeführt worden sind. Dazu zählen ein Auftrag zum Redesign vorhandener technischer Produkte (Stand der Technik, konstruktive Detaillösungen für einzelne Funktionen), ein Projekt zum Marketing für Software-Systemanbieter (Marktanalyse, Wettbewerbsanalyse, Kundenstruktur) sowie die Unterstützung bei der Vermarktung von US-Produkten in der Bundesrepublik (Suche nach geeigneten Vertriebsstellen, Marktanalyse).

Als Resümee kann festgestellt werden, daß sich die Nutzung von Datenbanken im Rahmen von Beratungsaufgaben als ein sehr effektives Hilfsmittel zur schnellen und aktuellen Informationsbeschaffung bewährt hat. Für die Zukunft ist hierbei mit einer verstärkten Nutzung der Recherchen in Datenbanken bei dem geförderten Beratungsunternehmen zu rechnen.

5.2 Fallbeispiel 2: CIM im Technologie-Transfer

IVS-Träger ist Teil einer seit 1982 gegründeten Technologievermittlung an einer Technischen Universität.

Diese Transferstelle stellt Kontakte zwischen der Wirtschaft (vorwiegend in der Großregion) und den Professoren in den verschiedenen Arbeitsbereichen der Technischen Universität her.

Der Rahmen dieser Tätigkeit wird von den folgenden sechs Bereichen abgesteckt:

1. Informationstransfer;
2. Personaltransfer;
3. Technologietransfer;
4. Existenz-Gründungsberatung;
5. Forschungs- und Verwaltungsassistenz;
6. Informationstransfer.

Der letzte Teil - Informationstransfer - umfaßt außer der Veröffentlichung des Forschungskataloges und des Forschungsberichtes, der Erläuterung von Fördermodalitäten von regionalen und überregionalen Fördermittelgebern (z. B. EG), der Herausgabe einer Hochschulzeitung und von Wissenschaftsbroschüren auch den Bereich Datenbankrecherchen.

Das Problem: Die Abteilung eines Automobil-Konzernes plante, im Bereich CIM (Computer Integrated Manufacturing) mit der Technischen Universität zu kooperieren. Vor der eigentlichen Kooperation wurde eine Literatur-Recherche bei der Technologievermittlung in Auftrag gegeben. Gesucht werden neue Literatur- und Forschungsergebnisse in den Bereichen Leitstand, Werkstattplanung, Produktionssteuerung und Auftragsfeinplanung.

Die Dienstleistung: Der eigentliche Prozeß der Dienstleistung umfaßte dabei drei Zwischenschritte:

- die Aufgabe wurde in direkter Zusammenarbeit mit dem Auftraggeber formuliert;

- unter Zuhilfenahme der Datenbankrecherchen, von Nachschlagewerken sowie Experten in der Technischen Universität wurde das anstehende Problem genauer untersucht und die Resultate dem Auftraggeber als Zwischenergebnis übermittelt;

- der dritte Schritt war eine genau definierte Fragestellung, die umfassend recherchiert wurde und die dann die Grundlage für eine spätere Kooperation zwischen dem Auftraggeber und der Technischen Universität bilden konnte.

Anhand dieser Ergebnisse konnte die Betriebsleitung ihre Kooperationswünsche an die Arbeitsbereiche der Technischen Universität genauer formulieren. Dadurch verfügte die Technologievermittlung mit dem Hilfsmittel der Datenbankrecherche über ein zusätzliches Instrument zur Initiierung von Kooperationsprojekten zwischen der regionalen Wirtschaft und der Technischen Universität.

5.3   Fallbeispiel 3: Errichtung eines Biosensorik-Instituts

IVS-Träger ist eine in einem Technologiezentrum im Ruhrgebiet ansässige Ingenieur- und Beratungsgesellschaft.

Das Unternehmen führt umfassende Technologieberatungen durch. Die Dienstleistungen reichen von der Analyse technischer und ökonomischer Aufgabenstellungen bis zur Ausarbeitung kompletter Lösungskonzepte [vgl. HEEGE 1989].

Das Problem: An der Universität Münster sollte mit Beteiligung der Industrie ein Forschungsinstitut für Chemo- und Biosensorik errichtet werden. Hinter dem Begriff des Chemo- bzw. Biosensors verbirgt sich ein Forschungs- und Technologiegebiet, in dem weltweite FuE-Anstrengungen alle Charakteristiken eines exponentiellen Wachstums zeigen. Das grundsätzlich Neue dieser Technologie besteht in der Verwendung von Biomolekülen als "erkennendem" Sensorelement.

Diese Sensoren ermöglichen in Anwendungsgebieten, wie z. B. Umweltanalytik, Medizin, Verfahrenstechnik, Biotechnologie etc., die erforderliche Spezifität bzw. hohe Nachweisempfindlichkeit und Selektivität für eine Vielzahl von chemischen (biochemischen) Verbindungen. Die technische Unternehmensberatung war an der organisatorischen Projektierung und Planung des Instituts beteiligt, einschließlich der Erstellung von Förderanträgen.

Die Akquisition von Mitteln für Projektmanagementleistungen für eine vorzuschaltende Technologieagentur und für das komplexe Forschungsinstitut selber war eine der schwierigsten Phasen der Auftragsabwicklung.

Die Dienstleistung: Phase 1 - Am Anfang stand die Idee - geboren von der Forschungsgruppe "Biosensoren" an der Universität Münster, mitgetragen und unterstützt von der IHK zu Münster. Wesentliches Ziel in dieser entscheidenden Anfangsphase war es, der Idee die notwendige konkrete Überzeugungs- und Durchsetzungskraft zu verleihen, um insbesondere für die Mittelakquisition zunächst die Unterstützung von Ministerien, dann aber auch von Industrieunternehmen zu gewinnen.

Die Entscheidungsträger in diesen Institutionen waren überwiegend mit dem noch jungen Bereich der Chemo- und Biosensoren nicht vertraut. (Der Bundesforschungsminister und die Deutsche Forschungsgemeinschaft haben erstmals 1988 in diesem neuen Gebiet Förderschwerpunkte eingerichtet). Deshalb mußten zunächst viele wichtige Ansprechpartner in einer zusammenfassenden, gut verständlichen Form über dieses schwierige interdisziplinäre Forschungsgebiet informiert werden. Sie mußten vor allem davon überzeugt werden, daß der Aufbau eines Forschungsinstituts für Chemo- und Biosensorik einen wesentlichen Beitrag zur Stärkung der internationalen Wettbewerbsposition der BRD leisten würde.

Ausgangspunkt der Informationsbeschaffung waren zunächst einschlägige Fachbücher, anhand derer sich der Mitarbeiter der Beratungsgesellschaft, gleichzeitig Diplomingenieur und Diplomphysiker, schnell grundlegendes Wissen über die Funktionsprinzipien, Probleme und Technologiezusammenhänge der Biosensorik verschaffen konnte. Dieses Basiswissen ermöglichte es ihm, gezielt in internationalen online-Datenbanken zu recherchieren, um sich einen schnellen, weltweiten Informationsüberblick über aktuelle Entwicklungen sowie Marktaussichten zu verschaffen.

Eine Patentanalyse auf der Basis von CAD-online lieferte als groben Indikator für die internationalen technologischen Wettbewerbspositionen die Zahl der Patente für Chemo- und Biosensoren in den wichtigsten Industrieländern. Datenbanken, wie z. B. EMED, vermittelten einen Überblick über Anwendungsmöglichkeiten von Biosensoren in der Medizin. Aus der Datenbank PTBN (Predicast Newsletters) gewann der Mitarbeiter direkt numerische Tabellen über prognostizierte Entwicklungen des Marktpotentials und zahlreiche Hinweise auf internationale Biosensor-Marktstudien.

Ergänzend zu den Fachliteratur- und Online-Datenbank-Recherchen sowie der fachlichen Kommunikation mit Forschern der Münsteraner Arbeitsgruppe nahm der Mitarbeiter an einer internationalen Konferenz über Biosensoren im Ausland teil, um die letzten "hot news" von der Forschungsfront zu erfahren. Als ein Ergebnis dieser Phase 1 entstand eine Technologie-Expertise "Chemo- und Biosensorik".

Phase 2 - Die Technologie-Expertise bildete eine Grundlage für die anschließende Diskussion und Interessenabstimmung der am Projekt beteiligten Kooperationspartner: Biosensorforschergruppe der Universität, Wissenschafts- und Wirtschaftsministerium NRW, Industrie- und Handelskammer, potentielle Kooperationspartner aus der Industrie sowie das projektbegleitende Beratungsunternehmen.

Phase 3 - Auf der Grundlage des Abstimmungsprozesses sowie ergänzender Feinrecherchen in der Phase 2 wurde die Projektanzeige für die Finanzmittelbeantragung erstellt. Auf der Basis der im Rahmen der Beratungstätigkeit aufbereiteten Informationen wurde die Errichtung des Instituts gemeinsam von dem Wissenschafts- und Wirtschaftsminister beschlossen.

Um möglichst wenig Zeit während der Aufbauarbeiten zu verlieren, wird eine "Technologieagentur Chemo- und Biosensorik" eingerichtet, die später in das Institut integriert werden soll. Im Rahmen der Projektunterstützung spielen nicht zuletzt die anfallenden umfangreichen Detailrecherchen (über Technik, Schutzrechte und Märkte) in Online-Datenbanken eine wichtige Rolle bei der Realisierung des Projektes.

5.4   Fallbeispiel 4: Chemiesynthese und Datenbankanalyse

IVS-Träger ist eine Informationsvermittlungsstelle an einem Universitätsinstitut für Chemie.

Für den Aufbau einer Informationsvermittlungsstelle an einem chemischen Institut ergaben sich aus dieser Situation besondere Anforderungen. Soll die neue Technik von den Chemikern akzeptiert werden, so muß der Zugriff zur Datenbank direkt und schnell erfolgen können, da die gesuchten Antworten oft sofort im Laboratorium umgesetzt werden sollten. Dies heißt aber auch, daß die Online-Terminals in der Institutsbibliothek bzw. an Arbeitsplätzen der Chemiker stehen müssen und daß die Chemiker selbst in den Datenbanken recherchieren.

Der Informationsvermittler im Bereich der Chemie mußte nur bei schwierigeren Fragen Hilfestellung leisten, er führte neue Mitarbeiter in das System ein und organisierte das Umfeld des umfangreichen Recherchebetriebes. Zugangsberechtigt waren an dem hier beschriebenen chemischen Institut alle Mitglieder der wissenschaftlichen Arbeitsgruppen, d. h. Chemiker nach bestandenem Hauptdiplomexamen. Studenten erlernten die neuen Techniken in einer Vorlesung und mit Demo-Programmen an einem weiteren PC in der Bibliothek Chemie, der jedoch keinen Online-Anschluß besaß.

Der offene Betrieb des Datenbankzugriffs, der praktiziert wurde, führte zu Problemen des Password-Schutzes oder zum Phänomen des "gestohlenen Buchs online", das sich bei ca. bei 5 % der Recherchekosten bewegte. Aufgrund der Kostenlage war CAS-online bei STN mit dem Academic Account praktisch die einzige Datenbank, die benutzt werden konnte. Einen Grundanteil der Kosten übernahm für jede Arbeitsgruppe der Fachbereich. Überstieg der Recherchebedarf diesen Grundbetrag, mußte aus Forschungs-Drittmitteln die Differenz bezahlt werden.

Das Problem: In einem chemischen Universitätslabor wurde an der Tafel die Synthese einer chemischen Substanz diskutiert. Ohne eigene Datenbankerfahrung mußte sich der Doktorand an die IVS wenden, um das Problem online zu lösen.

Die Dienstleistung: Es erfolgte zunächst eine mündliche Absprache mit dem Rechercheur, bei der dem Doktoranden empfohlen wurde, in den gedruckten Formelregistern der CA-Sammelbände die Registriernummer der fraglichen Substanz ausfindig zu machen (dies ist für Online- und Offline-Suchen ungefähr derselbe Zeitaufwand).

Mit dieser Registry-Number, mit der man in den CA-Datenbanken exakt eine chemische Verbindung identifizieren kann, gestaltete sich die Online-Recherche extrem kurz: Nach dem Einlog-Vorgang bei dem Host STN wurde die Datenbank CA unter Angabe des Rechnungsempfängers (Arbeitskreisleiter) angewählt und dort mittels der Registry-Number nach allen relevanten Veröffentlichungen gesucht, die die Synthesevorschrift für die betreffende Substanz enthalten.

Im konkreten Fall konnten so drei Literaturstellen gefunden werden. Nach Ausdruck dieser Literaturstellen war die Online-Recherche bereits beendet. Bis zu diesem Punkt betrug der Gesamtzeitaufwand mit Vorbereitung durch den Auftraggeber ca. zehn Minuten; die Datenbankrecherche selbst ca. zwei Minuten. Die entsprechende Offline-Suche in den gedruckten CA-Sammelbänden hätte sich hingegen auf insgesamt ca. 60 Minuten belaufen. Darüber hinaus ermöglichte die Zusammenstellung der drei Literaturstellen "auf einen Blick" natürlich auch einen schnelleren Vergleich verschiedener Synthesen für ein und dieselbe Verbindung. Zu diesem Zeitpunkt war die Dienstleistung der IVS für den Auftraggeber der Recherche beendet. Die Literaturbeschaffung erledigte der Doktorand in der FB-Bibliothek selbst.

5.5 Fallbeispiel 5: Industriedenkmal Wasserturm

Die IVS, die 1986 von einem innovationsfreudigen Architekten gegründet wurde, berät in Fragen der Stadt- und Bauplanung. Sie ist seitdem für die interne Informationsversorgung (Architekturbüro und IVS arbeiten in einer Bürogemeinschaft) ebenso tätig wie für externe Planer in der Baubranche, auch über

den direkten Standort im Ruhrgebiet hinaus bis in andere Teile der Bundesrepublik.

Das Problem: Ein alter Wasserturm stand als industrielles Kulturdenkmal
seit Beginn der 80er Jahre leer. Der Planungsauftrag zur Umnutzung sah vor,
diesen zu einer kulturellen Einrichtung mit überregionaler Bedeutung umzuge-
stalten. Dem Architekten war ebenso wie dem Eigentümer und der regionalen
Denkmalpflege das Konstruktionssystem im allgemeinen bekannt, aufgrund dessen der Turm als Denkmal eingestuft worden war; Ende des 19. Jahrhunderts
hatte Prof. Otto Intze das System entwickelt. Die Bedeutung speziell dieses
Turms innerhalb der Entwicklungsgeschichte von Wassertürmen, sein denkmal-
pflegerischer Stellenwert in der Technikgeschichte war jedoch ungeklärt.

Für den Architekten, dessen erster Vorentwurf sich bereits besonders ein-
fühlsam der Umgestaltung der vorhandenen Bausubstanz widmete, ergab sich
die dringende Notwendigkeit, seine Kenntnisse über das Konstruktionssystem
von Prof. Intze zu vervollständigen, weitergehende Einblicke in die Entwicklungsgeschichte von Wassertürmen zu erhalten und im Zuge der erforderlichen Informationsbeschaffung andere Beispiele für die Umnutzung von Wassertürmen kennenzulernen. Diese Fragen sollten in einem bestimmten Zeitraum
möglichst umfassend und schnell bearbeitet werden. Der Auftrag an die Informationsvermittlung schloß außerdem ein, konzentriert Folgerungen aus den
gefundenen Informationen zu ziehen, die im Rahmen einer noch erforderlichen
Finanzakquisition unterstützend herangezogen werden könnten.

Die Dienstleistung: In der Bearbeitung dieses Informationsauftrags konnte
der erste Schritt einer sonst üblichen Problemerörterung entfallen; die Fragestellungen waren, bedingt durch den internen Auftrag, bereits genau bekannt.
Nach einer Recherche in sechs deutschen und amerikanischen Datenbanken mit

einer anschließenden Zwischenauswertung konnte die Beschaffung von Originalliteratur in diversen Fachbibliotheken aus der Umgebung vorgenommen werden. In der folgenden Hauptauswertung wurden die wichtigsten Inhalte der Literatur zusammengestellt und gemeinsam mit den Ergebnissen der Datenbankrecherche strukturiert als schriftlicher Teil vorgelegt.

Alle Fragen der Aufgabenstellung konnten von der Informationsvermittlungsstelle innerhalb kürzester Zeit (4 Tage) bei hohem Qualitätsniveau bearbeitet werden, wobei insbesondere drei Thesen zu formulieren waren - interessant sowohl unter Gesichtspunkten der Akquisition als auch unter Forschungsaspekten durch einen Zuwachs des Kenntnisstandes:

- Das Konstruktionssystem von Prof. Intze wurde bei der Durchbildung des Behälterbodens am untersuchten Objekt offensichtlich systemlogisch erweitert; als Ergebnis entstand eine Sonderentwicklung des "Stützbodenbehälters".

- Einen derartigen Wassertank, speziell mit der vorliegenden Ausbildung des Behälterbodens, gibt es voraussichtlich nur einmal.

- Bei dem Behälter handelt es sich höchstwahrscheinlich um Europas größten, freiliegenden Stahl-Wasserbehälter nach dem "Intze-System".

Dieser Bearbeitungsteil wurde mit einer anschließenden Expertenbefragung ergänzt und zusammen mit dem Schriftteil in offiziellen Gesprächsrunden präsentiert.

Neben den direkten Ergebnissen der Recherchen sowie ihrer wissenschaftlichen Bedeutung war als Effekt der Informationstätigkeit die Aufwertung des Bauobjektes und mithin der Umbauplanung zu verzeichnen. Die Auftraggeber und geplanten Betreiber des Veranstaltungshauses hatten sich unwissentlich ein Bauwerk zur Umnutzung ausgesucht, das in seiner eigenen Bedeutung adäquat zu dem geplanten Betriebskonzept paßte - ein Synergieeffekt ganz besonderer Art.

Beim Abschluß der Beratung standen endgültige Entscheidungen zwar noch aus. Die Informationstätigkeit leistete jedoch einen außerordentlich wichtigen Beitrag, um diesem Projekt auf die Beine zu helfen - um womöglich aus einem leergelaufenen Wasserturm ein Industriedenkmal mit hohem Kulturwert entstehen zu lassen.

5.6 Fallbeispiel 6: Einrichtung einer Online-Station

IVS-Träger ist ein Informationsvermittlungs- und Beratungsunternehmen.

Anfang des Jahres 1987 wurde die Abteilung "Wissenschaftliche Dokumentation" eines in Ostwestfalen ansässigen Unternehmens der chemischen Industrie schriftlich über das Leistungsspektrum dieser Informationsvermittlungsstelle informiert.

In einem Telefonat konnte kurzfristig ein Termin im Haus des Unternehmens vereinbart werden, in dem ausführlich die Dienstleistungen der Infomationsvermittlung konkret in Bezug auf die Anwendungsgebiete in der chemischen Industrie dargestellt werden konnten.

Das Problem: Unternehmen aus der chemischen Industrie benötigen u. a. laufend Informationen aus den Bereichen chemische Patente, Informationen über Chemikalien, über chemische Halb- und Fertigprodukte und anderes mehr.

Das Beratungsunternehmen ist in der Lage, aus den verschiedensten Online-Datenbanken in aller Welt nach den von Kunden gewünschten Informationen zu recherchieren. So wurden für das ostwestfälische Unternehmen Recherchen nach Patentinformationen durchgeführt, die sich auf eine bestimmte unter Anwendung von verschiedenen Chemikalien angemeldete Verfahrenstechnik beziehen.

Die Dienstleistung: Innerhalb dieses Auftrags wurden während der folgenden 12 Monate nach Abwicklung der ersten Recherche weitere Fragestellungen des Unternehmens mit Hilfe von Datenbankinformationen beantwortet. Im Vordergrund standen dabei Dienstleistungen im Zusammenhang mit dem Produkt "Information". Dies bedeutete, daß die umfangreichen Fragestellungen des Kunden jeweils in persönlichen Gesprächen detailliert ausgearbeitet wurden. Nach Durchführung der Recherchen wurden die Ergebnisse mit dem Kunden gemeinsam geprüft, um so die Umsetzung und Anwendung im Industrieunternehmen sicherstellen zu können.

Ein weiterer Vorteil der stark dienstleistungs-unterstützten Abwicklung von Datenbankrecherchen lag darin, daß die beratende Firma einen tieferen Einblick in die Fragestellungen des Unternehmens erhielt und somit besser in der Lage war, Fragen zu beantworten, Informationen auf Relevanz zu prüfen- kurzum wertvolle Ergebnisse beim Kunden abzuliefern.

In einem weiteren Schritt konnte die Firma für den genannten Kunden tätig werden. In umfangreichen Beratungsgesprächen wurde erörtert, aus welchen Bereichen das Unternehmen fachliche Informationen benötigte und ob die Möglichkeit bestand, diese Informationen im eigenen Haus durch eine entsprechende Abteilung ermitteln zu lassen.

Diesem Vorschlag der Berater stimmte die Geschäftsleitung der Unternehmung zu, und sie erteilte den Auftrag, folgende Maßnahmen zu realisieren:

- genaue Ermittlung der für das Unternehmen erforderlichen Datenbankanschlüsse;
- Installation einer vollständigen EDV-Anlage, die auf die Arbeit mit externen Datenbanken spezifisch abgestimmt ist;
- Einrichtung der Datenbankzugänge (d. h. Erarbeitung automatischer Login-Prozeduren etc.);
- Einweisung in die Bedienung der Anlage;

- Durchführung von Trainingskursen in den entsprechenden Datenbankabfragesprachen.

Das Unternehmen recherchiert seitdem selbständig in spezifischen, für Ihre Fragestellungen relevanten Datenbanken. Bei komplexen Fragestellungen wird das Beratungsunternehmen jedoch nach wie vor mit der Durchführung dieser speziellen Recherche beauftragt. Das Unternehmen vermeidet hierdurch Fehlschläge, die durch unzureichende Kenntnisse im Bereich Datenbankvielfalt und Recherche-Know-How entstehen können.

Zwischenzeitlich wurde die Abteilung Marktforschung des Unternehmens ebenfalls kontaktiert, und unter Zuhilfenahme der bereits bekannten Erfahrungen mit Datenbanken konnte das Beratungsunternehmen erste Rechercheaufträge im Market-Research-Bereich erhalten. Es wurden z. B. folgende Fragestellungen mit Hilfe von Volltext- und Referenzdatenbanken beantwortet:

- ”Marktvolumen verschiedener chemischer Produkte in den Ländern Frankreich, England, Italien”;
- ”Auswirkungen im Chemiemarkt allgemein bezogen auf den EG-Markt 1992”;
- ”Wie sind die in den genannten Ländern vorhandenen Distributionsmöglichkeiten strukturiert?”;
- ”Firmeninformationen über die entsprechenden Mitbewerber des Unternehmens inkl. Presseauskünfte, Wallstreet-Analysen etc.”

Es ist nicht auszuschließen, daß der Kunde in absehbarer Zeit beabsichtigt, auch im Market-Research-Bereich erste eigene Recherchen durchzuführen, nach dem das IVS-Beratungsunternehmen die infrastrukturellen Voraussetzungen sowie das nötige Know-How vermittelt hat. Das beschriebene Beispiel zeigt deutlich, daß die hier genannte Unternehmung durch die Beratungs- und Abwicklungsleistung des im Modellversuch geförderten Informationsvermittlungs- und Beratungsunternehmens konkret an neue Technologien - in diesem Fall den Einsatz von elektronischen Datenbanken - herangeführt worden ist.

5.7 Fallbeispiel 7: Fachleute für Kunststoff-Recycling

IVS-Träger ist ein Beratungsunternehmen in Oldenburg mit 10 Mitarbeitern aus dem kaufmännischen und technischen Bereich, das insbesondere für mittelständische Unternehmen in der Weser-Ems-Region tätig ist. Das Beratungsangebot reicht von der strategischen Unternehmensberatung bis hin zur kompletten Marketing-Beratung. Zu den Kunden sind vor allem technologieorientierte Betriebe zu zählen.

Das Problem: Im Rahmen eines Akquisitionsgespräches bei einem Beratungskunden aus der kunststoffverarbeitenden Branche im Großraum Bremen wurde auch über dessen grundsätzliche Unternehmensstrategie diskutiert. Der Unternehmer suchte nach einem Kunststoff-Recycling-Verfahren, mit dessen Hilfe er preisgünstigere Rohstoffe erschließen wollte. Über den Außendienst-Mitarbeiter eines Lieferanten hatte er von einem süddeutschen Unternehmen gehört, das ein solches Verfahren entwickelt und bereits erfolgreich eingeführt hat.

Die ursprüngliche Hoffnung des Unternehmers, über den Außendienst-Mitarbeiter nicht nur Name und Anschrift des Unternehmens zu erfahren, sondern dort auch noch die Gelegenheit zu einer Betriebsbesichtigung zu erhalten, erfüllte sich leider nicht.

Die Dienstleistung: Im Verlauf des Beratungsgesprächs mit dem Mitarbeiter des Beratungsunternehmens wurde deshalb vorgeschlagen, eine Datenbank-Kurzrecherche zum Stand der Technik bei Recycling-Verfahren für Kunststoffe durchzuführen, um auf diese Weise Hinweise auf geeignete Verfahren zu bekommen und/oder einschlägige Experten ausfindig machen zu können.

In einer Patent-Datenbank wurde der Rechercheur schließlich fündig. Es ergab sich sogar ein Hinweis auf eben das süddeutsche Unternehmen, von dem der Unternehmer bereits gehört hatte.

Dieses Unternehmen hatte für das Recycling-Verfahren Schutzrechte beantragt. Die daraufhin sofort beschaffte Anmeldeschrift enthielt alle gewünschten Firmen- und Erfinderdaten sowie eine detaillierte Verfahrensbeschreibung. Auf der Grundlage dieser Informationen nahm der Unternehmer mit einem der beiden Erfinder Kontakt auf, um über Verwertungsmöglichkeiten des Patents für den eigenen Betrieb zu verhandeln. Im Gespräch stellte sich heraus, daß sich die beiden Erfinder in der Zwischenzeit miteinander überworfen hatten und daß ihre gemeinsamen Pläne für ein neu zu gründendes Unternehmen nicht realisiert werden konnten.

Dadurch gelang es schließlich dem Inhaber des kunststoffverarbeitenden Betriebes, einen der Erfinder als Mitarbeiter zu gewinnen und das Verfahren - samt dem kompletten Know-how - für den eigenen Betrieb zu übernehmen. In dem geschilderten Fall führte die Kurz-Recherche und die Beschaffung eines einzelnen Dokuments zu den zentralen Informationen, die die gesamte Unternehmensstrategie und die heutige Marktstellung des Unternehmens wesentlich beeinflußt haben.

5.8   Fallbeispiel 8: Markt für Kunststoff-Formteile

IVS-Träger ist eine Beratungsfirma mit Spezialisierung im Bereich Kunststoffe, Polymere, Elektronik, Optik und Elektrotechnik. Zur Abrundung ihrer Dienstleistungspalette gibt das Unternehmen gemeinsam mit dem Kunststoff-Verlag den Informationsdienst "Kunststoffe für die Elektronik und Optik" heraus.

Typische Aufgaben für die Informationsdienste des Bratungsunternehmens sind,

- neue Produkte zur Nutzung von Marktchancen oder zur Auslastung vorhandener Kapazitäten zu finden (dies geschieht entweder durch Impulse für die hauseigene Entwicklung oder durch die Lizenznahme);
- die Kunden mit aktuellen Informationen über neue Werkstoffe und neue Produkte zu versorgen, damit Marktchancen rechtzeitig erkannt werden; über Entwicklungen in den Bereichen nichtschrumpfende Klebstoffe, hochreine Polymer-Werkstoffe für die Mikroelektronik, Kunststoffe mit Formgedächtnis (Memory Plastics) werden die Kunden auf Anfrage regelmäßig informiert;
- bei der Erschließung neuer Marktchancen z. B. durch Know-How-Export, durch Technologieexport oder durch die Lizenzvergabe in Länder außerhalb des eigenen Vertriebsbereiches zu unterstützen (beispielsweise bei der Markteinführung einer deutschen digitalen Sprachausgabe in Großbritannien und in Belgien).

Das Problem: Eine Anmerkung vorab: Aus der Sicht des Unternehmers gibt es kein Informationsproblem, sondern nur Kosten- und Ertragsprobleme. Eventuell treten noch Probleme bei der Fertigung und beim Marketing auf; aber auch diese Schwierigkeiten können auf Kosten- und Ertragsprobleme zurückgeführt werden.

Ein Kunde des Beratungsunternehmens fertigt Kunststoff-Formteile, vorwiegend für drei weltweit operierende Konzerne, die diese Formteile für eines Ihrer Massenprodukte einsetzen. Im Laufe des Jahres 1988 stieg einer dieser Großkunden auf einen neuen Werkstoff um und sofort sank von 1988 auf 1989 der Umsatz des Zulieferers um ca. 25 %. Damit ergab sich die Notwendigkeit, neue Absatzmöglichkeiten zu ermitteln und neue Kunden zu finden.

Die Dienstleistung: Das Beratungsprojekt wurde in sechs Schritten abgewickelt:

1. Schritt: Klärung der Aufgabenstellung und Zielsetzung im Gespräch mit dem Kunden. Zunächst wurde die beim Kunden bereits formulierte Aufgabenstellung aufgrund der Empfehlungen des Beratungsunternehmens überarbeitet und erweitert.

2. Schritt: Auf der Grundlage dieser Aufgabenstellung und Zielsetzung wurde die Suchstrategie zur Eingrenzung der Marktsegmente für solche Kunststoff-Formteile entwickelt, die mit dem vorhandenen Maschinenpark hergestellt werden. Die Recherche wurde dann mit einem PC in Online-Datenbanken, aber auch mit Hilfe eigener Unterlagen sowie in der Patentauslegestelle durchgeführt.

3. Schritt: Auswertung der Recherche, Zusammenfassung der ermittelten Produkte in acht Marktsegmenten und Diskussionen des Zwischenergebnisses mit dem Auftraggeber.

4. Schritt: Die Gespräche mit dem Kunden führten zur Konzentration der Arbeit auf drei prioritäre Bereiche.

5. Schritt: Fortsetzung und Abschluß der Recherche unter Berücksichtigung der prioritären Bereiche.

6. Schritt: Zusammenfassung des endgültigen Rechercheergebnisses mit Empfehlungen für eine Markteinstiegsstrategie, einschließlich der Informationen über wichtige Kontaktadressen und Ansprechpartner in den prioritären Bereichen.

In den drei prioritären Bereichen wurden dem Auftraggeber neue Marktsegmente erschlossen. Als Lieferant von Kunststoff-Formteilen für Träger elektronischer Bauelemente konnte der kunststoffverarbeitende Betrieb neue Kunden gewinnen und wurde dadurch unabhängiger von den bereits belieferten Großkunden.

5.9 Fallbeispiel 9: Stand-der-Technik bei Hochdruckpumpen

IVS-Träger ist ein im Rahmen des Technologieprogramms eines norddeutschen Bundeslandes gegründetes Erfinderzentrum. Das 1981 gegründete Zentrum arbeitet inzwischen in der Rechtsform einer GmbH im Bereich der Erfinder-Beratung und -Förderung für die norddeutschen Länder auf der Grundlage von Richtlinien und Verträgen. Darüber hinaus bietet das Zentrum auch überregional für die Industrie Dienstleistungen in den Bereichen Technologie-Transfer, Informations-Vermittlung und technisch-wissenschaftliche Projektbegleitung an.

Die Informationsvermittlung hatte im Erfinderzentrum von Beginn an maßgebliche Bedeutung für die Begutachtung von Erfindungsvorschlägen. Seit 1987 bietet die Einrichtung diese Dienstleistung auch externen Nutzern an. Zu Beginn der Förderung hatte das Erfinderzentrum 14 festangestellte Mitarbeiterinnen und Mitarbeiter, darunter 9 Ingenieure verschiedener Fachrichtungen. Alle technisch-wissenschaftlichen Mitarbeiter haben Industrie- und Recherchiererfahrung.

Das Problem: Vor Beginn der umfangreichen, zeit- und kostenaufwendigen Entwicklung der neuen Pumpen-Generation für die neuen, extremen Einsatzfelder durch das anfragende Industrieunternehmen bestand die Aufgabe des Erfinderzentrums darin, den Stand der Technik so präzise und umfangreich zu ermitteln, um finanzielle und zeitliche Verluste durch "Doppelentwicklungen" sowie Verletzungen fremder Schutzrechte möglichst zu vermeiden.

Das projektierte Pumpensystem ging sowohl von der Konstruktion als auch vom Einsatzgebiet her absolut neue Wege. Auftraggeber war ein norddeutsches mittelständisches Maschinenbauunternehmen mit über 450 Beschäftigten. Der

Kontakt zum Erfinderzentrum wurde vom Auftraggeber hergestellt, nachdem dieser in der Presse einen Bericht über die Arbeit des Erfinderzentrums gelesen hatte.

Die Dienstleistung: Aufgrund der umfangreichen Informationsermittlung sowie der zweckentsprechenden sorgfältigen Aufbereitung des Informationskomplexes gelang es dem Auftraggeber mit Hilfe des Erfinderzentrums, die anfangs erheblichen Vorbehalte des Projektträgers hinsichtlich der Risiken des Vorhabens auszuräumen und die für die Entwicklung erforderlichen finanziellen Mittel in Höhe mehrerer Millionen DM - unter anderem auch aus Förderprogrammen des Bundes - zu beschaffen.

Während der etwa ein Jahr andauernden Phase der Beschaffung, Bewertung und Interpretation der Daten entschloß sich der Auftraggeber, die Experten des Erfinderzentrums nicht nur für die zweckdienliche Beurteilung des recherchierten Informationsmaterials einzusetzen, sondern auch bei der laufenden Durchführung des FuE-Vorhabens als Berater. Das betraf nicht zuletzt die Beschaffung peripherer Technologien, die für eine erfolgreiche Abwicklung des begonnenen Projekts von großer Bedeutung waren, im eigenen Haus aber nicht zur Verfügung standen.

Zur Bearbeitung des Auftrages wurden im wesentlichen Datenbankinformationen (weit über 1.000 Zitate) und über Datenbankrecherchen gefundene Originaltexte ausgewertet. Analyse und Bewertung der Literatur erfolgte durch Mitarbeiter des Erfinderzentrums. Während der langen Informationsbeschaffungsphase wurde der Dialog mit dem Auftraggeber intensiv gepflegt. Die Weitergabe der Arbeitsergebnisse erfolgte ausschließlich in Form stark komprimierter Zusammenfassungen, die sich auf die wesentlichen Informationen beschränken. So wurde der Zeitaufwand beim Auftraggeber ohne Qualitätsverlust so gering wie möglich gehalten.

Da die recherchierten Informationen keine Hinweise auf einen der geplanten Entwicklung nahekommenden relevanten Stand der Technik erbracht hatten, konnte das Projekt in dem ursprünglich konzipierten Umfang und mit den projektierten technischen Zielen begonnen werden. Das Risiko der Verletzung fremder Schutzrechte oder einer eventuell früher abgeschlossenen gleichwertigen Entwicklung eines Wettbewerbs konnte durch laufende Nachrecherchen ausgeschlossen werden.

Durch die vom Erfinderzentrum initiierte Kooperation mit einem dritten Unternehmen wurde darüber hinaus durch Transfer einer wichtigen weiteren Technologie das technische Risiko der Basisentwicklung beträchtlich reduziert. Diese zusätzliche Technologie ist vom Auftraggeber nicht gezielt gesucht, sondern während der Mitarbeit des beratenden Zentrums als für das Projekt als besonders wichtig erkannt worden.

5.10   Fallbeispiel 10: Recherchen für die Polarforschung

IVS-Träger ist eine Großforschungseinrichtung, das Alfred-Wegener-Institut für Polar-und Meeresforschung (AWI) in Bremerhaven. Es wurde 1980 als eine Stiftung des öffentlichen Rechts gegründet und erhielt den Namen des Geophysikers und Polarforschers Alfred Wegener, der 1930 im Grönlandeis starb. Es wird zu 90 % vom Bundesminister für Forschung und Technologie (BMFT) und zu 10 % vom Land Bremen finanziert.

Das Institut hat die Aufgaben,

- selbständig Forschung zu betreiben;
- eine leistungsfähige Logistik für die Polarforschung in der Bundesrepublik Deutschland bereitzustellen;
- die nationale Koordination von Forschungsvorhaben durchzuführen;
- als Kontaktstelle für internationale Zusammenarbeit zu dienen.

Das AWI beschäftigt ca. 320 Mitarbeiter, darunter 120 Wissenschaftler verschiedener wissenschaftlicher Disziplinen.

Die Informationsvermittlungsstelle des AWI ist organisatorisch an das Rechenzentrum gekoppelt, räumlich aber in die Institutsbibliothek integriert, die mittlerweile einen Bestand von ca. 14.000 Monographien (Büchern) sowie 31.000 Bände aus rund 1.000 verschiedenen laufenden Zeitschriften oder Serien umfaßt.

Neben der Möglichkeit, in den Datenbanken von acht Datenbankanbietern zu recherchieren, kann die IVS auf einen Großteil des Datenbestandes der "Aquatic Sciences and Fisheries Abstracts", einer der für die Forschung am Institut wichtigsten Datenbanken, per Compact-Disc zurückgreifen. Während die Online-Recherchen von den beiden mit Datenbankrecherchen befaßten Bibliothekaren durchgeführt werden, kann in der Compact-Disc-Datenbank nach einer kurzen Einweisung von den Benutzern selbst recherchiert werden. Die ASFA-CD wird neben dem EDV-Bibliothekskatalog von den Bibliotheksnutzern als Teil des Bibliotheks-Service akzeptiert und wie ein Nachschlagewerk benutzt.

Die IVS des Instituts wird zum überwiegenden Teil (80 % der Recherchen im Jahr 1988) von Institutsangehörigen genutzt. Entsprechend den Aufgaben des Instituts beziehen sich die Rechercheanfragen vorwiegend auf Forschungsvorhaben und beinhalten Fragen aus dem naturwissenschaftlichen Bereich oder EDV-Probleme. Darüber hinaus dienen Recherchen auch bibliotheksinternen Zwecken, wie etwa dem Nachweis von benötigter Literatur.

Das Problem: Ein Bibliotheksbenutzer aus dem EDV-Bereich hatte über die Fernleihe zwei Aufsätze aus der Fachpublikation "Technical Reports" bestellt, die, wie sich später herausstellte, nur aus dem Ausland beschafft werden konnten. Nachdem zwei Monate vergangen waren, fragte der Nutzer in der Bibliothek an, ob eine Möglichkeit der schnelleren Beschaffung der Dokumente bestünde.

Die Dienstleistung: Eine Online-Recherche in der Datenbank NTIS zeigte, daß die bibliographischen Angaben zu den bestellten Aufsätzen unrichtig waren, so daß die Fernleih-Bestellung nicht korrekt ausgeführt werden konnte. Als "Nebenprodukt" der Recherche fand sich in der Datenbank ein dritter Literaturhinweis, der für den Nutzer von Interesse war.

Alle drei Zitate wurden elektronisch gespeichert und dem Nutzer, dessen Arbeitsplatz sich in einem anderen Gebäude des Instituts befindet, via Hausnetz auf sein Terminal übermittelt. Der Benutzer wurde darauf hingewiesen, daß die in der Datenbank gefundenen Zitate die Anschrift des Verfassers aufweisen und somit die Möglichkeit bestünde, den Autoren der Arbeit direkt um Sonderdrucke seiner Arbeiten zu bitten.

Nach Rücksprache mit dem Nutzer wurden die bibliographischen Angaben zu den per Fernleihe georderten Dokumenten korrigiert und das zusätzlich aufgefundene Dokument über die Datenbank per "Online-Orderung" bestellt. Das "online" bestellte Dokument traf zehn Tage später als Microfiche ein, von dem mit Hilfe des Microfiche-Rückvergrößerungsgerätes für den Nutzer Papierkopien angefertigt wurden. An Kosten wurden dem Institut für das online georderte Dokument DM 10,-- in Rechnung gestellt.

5.11   Fallbeispiel 11: Standortberatung in der Bauindustrie

IVS-Träger ist ein seit 1958 bestehendes beratendes Ingenieurbüro im Bereich Bauwesen, das 1979 um die Abteilung technisches Sachverständigenwesen erweitert wurde. 1987 wurde zusätzlich die Abteilung Forschung und Entwicklung gegründet, nachdem 1986 ein Fachinformationszentrum BAU angeschlossen worden war.

In dem Ingenieurbüro sind die Beratenden Ingenieure hauptsächlich mit Planungen im konstruktiven Ingenieurbau, in der Tragwerksplanung, im Straßen- und Brückenbau, im Schutzraumbau, im Industriebau und in der thermischen Bauphysik tätig.

In der Abteilung Technisches Sachverständigenwesen werden technisch-wissenschaftliche Gutachten zu allen Fragen des Bauwesens erstellt. Im Info-Zentrum werden vorwiegend technische Probleme dadurch gelöst, daß Wissen aus Datenbanken teils als Kurzberichte, teils aber auch in Form von Referaten aufbereitet wird.

In derselben Abteilung werden technisch-wirtschaftliche Unternehmens- und Technologieberatungen durchgeführt, die sich unter anderem im Auftrage der Europäischen Kommission auf die Anbahnung von Unternehmenskooperationen zwischen kleinen und mittleren Unternehmen in allen EG-Partnerländern beziehen (BC-NET).

Der Sitz des Ingenieurbüros liegt in einem bekannten Kurort in Nordbayern. Das Info-Zentrum ist bundesweit, als Sachverständigenbüro ist das Unternehmen überregional und als Beratendes Ingenieurbüro ist die Firma regional tätig.

Das Problem: Ein großer Baustoffhersteller in der Bundesrepublik plante, seine Auslandsaktivitäten auszuweiten. Er hatte sich bereits ein Zielland ausgewählt und eigene Standortanalysen erstellt. Der Hersteller beabsichtigte in dem Land ein Zweigwerk zu errichten und dort Baustoffe bestimmter Art herzustellen.

Ein Informationsproblem entstand bei der Frage, auf Grundlage welchen technischen Wissensstandes die Produktion aufgebaut werden konnte. Es sollten alle bestehenden Erfahrungen über die Technologie, die Entstehungsgeschichte, über die Produktionsformen, die Güteprüfung, über die Normung sowie über die Herstellung und Handhabung von Betondachsteinen zusammengetragen werden.

Der Auftraggeber wurde durch ein Fachbuch mit dem Titel "Umgang mit Datenbanken" auf das am Modellversuch beteiligte Ingenieurbüro aufmerksam. Da in dem technischen Beratungsunternehmen von Anfang an großer Wert auf Marketing gelegt wurde, hatte es sich frühzeitig in Fachzeitschriften, in allen einschlägigen Fachbüchern sowie in Info-Diensten registrieren lassen, so daß es bundesweit durch Einträge und Anzeigen präsent ist.

Die Dienstleistung: Die Beratung wurde in einzelnen Phasen durchgeführt. Nachdem das Problem des Kunden über Telefax mitgeteilt worden war, wurde daraufhin in der zur Verfügung stehenden Fachliteratur und in den Normenwerken, in anderen Nachschlagewerken sowie in Herstellerhandbüchern aus dem deutschsprachigen Raum recherchiert. Auf diese Weise konnte das Problem thematisch eingegrenzt werden.

Daraufhin wurden die angeschlossenen Online-Datenbanken abgefragt, in denen problembezogenes Wissen vermutet wurde. Nach Feststellung von inhaltsbeschreibenden Deskriptoren und Auswahl der Thesauri wurden die vorhandenen Titel als Abstracts aus sieben verschiedenen Datenbanken ausgedruckt.

Nachdem dem Auftraggeber ein kurzes Zwischenergebnis mitgeteilt worden war, erhielten die Rechercheure den Zusatzauftrag, nunmehr das recherchierte Wissen zu komprimieren. Daraufhin wurden 50 verschiedene Veröffentlichungen fachspezifisch analysiert und auf 15 essentielle Titel reduziert.

In einer zweiten Phase wurden von den zehn wichtigsten Veröffentlichungen die Volltexte und Broschüren beim Informationszentrum RAUM und BAU

(IRB) in Stuttgart oder beim Deutschen Institut für Technische Regeln (DITR) über Telefax beschafft. Über alle Titel wurde ein Inhaltsverzeichnis mit eigenen Kurztexten über den Inhalt angefertigt. Dem Auftraggeber konnte nach einer Woche eine komplette Dokumentation zu seinem Informationsproblem überreicht werden.

Die fachliche Problemlösung war mit der Übergabe des Informationspaketes zunächst erledigt. Eine weitere Beratungsphase sollte sich jedoch mittelfristig anschließen.

Für die Planung und Realisierung des Produktionswerkes im Ausland bildeten die gelieferten Informationen das Basiswissen für die Produktionsplanung, die Güteüberwachung sowie für die sinnvolle Herstellung und Verwendung des für den fremden Markt produzierten Baustoffes. Der Produktionsbetrieb wurde auf der Grundlage des heutigen technischen Wissensstandes errichtet, so daß dem Auftraggeber eine echte Hilfe für einen erfolgreichen Start geboten werden konnte.

5.12   Fallbeispiel 12: Konzept für einen Getränkemarkt

Träger der Informationsvermittlungsstelle ist eine technische Unternehmensberatung im Großraum Nürnberg, die seit 1980 mittelständische Unternehmen aus den Branchen Elektrotechnik, Maschinenbau und kunststoffverarbeitende Industrie berät.

Schwerpunkte der Dienstleistungen sind die Lösung vernetzter technischer Probleme und die Unterstützung der Unternehmen bei der Einführung neuer Technologien im Betrieb, wobei die Informationsbeschaffung aus Online-Datenbanken eine wichtige Grundlage und Ergänzung für die Beratung darstellt.

Das Problem: Aufgrund von Vorträgen und Demonstrationsrecherchen bei Unternehmerverbänden und Ausschüssen der Industrie- und Handelskammer wurde ein Inhaber eines Lebensmittelgroßmarktes auf die Dienstleistungen des Beratungsbüros aufmerksam. Dieser Unternehmer plante die Errichtung eines neuartigen Getränkemarktes, in dem die Kunden die Getränke kästenweise in den Kofferraum ihres eigenen Fahrzeuges laden und an einem Kassenterminal bezahlen sollten.

Bei einem ersten Kontaktgespräch bestand Interesse an Informationen über technische Daten, Preise und Bezugsquellen von automatischen Leergutannahmesystemen. Im weiteren Verlauf des Gesprächs stellte sich jedoch heraus, daß das eigentliche Problem darin lag, für das bis dahin in Europa völlig unbekannte Konzept Informationen über ein angeblich existierendes amerikanisches Vorbild zu erhalten. In der entsprechenden Weise wurde dann ein Auftrag erteilt.

Die Dienstleistung: Die Problemlösung wurde durch eine Kombination von klassischer und elektronischer Informationsbeschaffung unter Einbeziehung von Experten erreicht: Bei den Leergutrücknahmeautomaten wurden die international anbietenden Hersteller in einem Katalog einer Getränkeindustriemesse schnell gefunden; die Beschaffung von technischen Daten und Preisen war dann eine Routineangelegenheit.

Die Suche nach dem amerikanischen Vorbild in Online-Datenbanken, die Informationen aus der Getränkeindustrie beinhalten und in den Datenbanken PTS/PROMT und PTS/F&S-Indexes, gestaltete sich zu einer regelrechten Odyssee:

Nach ersten Übersichtsrecherchen mit den Suchbegriffen "drive-in" und "beverage" stellte sich heraus, daß die gesuchte Einrichtung in den USA mit "drive-through beverage market" bezeichnet wird.

Mehr durch Zufall fiel dem Rechercheur in einem Abstract eines Datenbank-Dokuments die Schreibweise "drive-thru" auf. Mit dieser Suchwortformulierung konnte schließlich ein Artikel in den "National Petroleum News" von 1984 mit dem Titel "Ocean View »Brew Thru« Cashes In" ausfindig gemacht werden.

Glücklicherweise hatte der Rezensent in die Datenbank PTS nicht den Originaltitel, sondern die leicht abgewandelte und wesentlich aussagefähigere Bildunterschrift eingegeben: "Drive-thru beverage/gasoline station concept brings in $ 100,000 in summer sales".

Über die Technische Informations-Bibliothek in Hannover konnte ca. drei Wochen später die Kopie des Originalartikels beschafft werden. Dort fand sich ein sehr detailliertes Konzept mit Informationen über Einrichtung, Sortiment und Jahresumsatz eines Drive-through-Getränkemarktes, der in eine Tankstelle in North Carolina/USA integriert ist. Dieser Getränkemarkt macht in Spitzenmonaten 100.000 $ Umsatz, wovon ungefähr 30 % auf den Verkauf von Benzin entfallen.

Aufgrund weiterer relevanter Informationen aus den verschiedensten Sekundärquellen konnte unter Einbeziehung der örtlichen Gegebenheiten und der finanziellen Rahmenbedingungen des Auftraggebers eine Unternehmenskonzeption für einen Getränkemarkt in Deutschland erstellt werden, die durch Literaturhinweise auf bereits realisierte Projekte in den USA abgesichert werden konnte.

Das Problem des Kunden konnte schließlich dadurch gelöst werden, daß er seiner Hausbank ein fundiertes Entwicklungskonzept vorlegte, das die verschiedenen zukünftigen Ausbaustufen seines projektierten Betriebes detailliert und glaubwürdig beschrieb.

Im Rahmen einer Wirtschaftlichkeitsrechnung des geplanten Marktes wurde zudem festgestellt, daß durch eine geschickte Anordnung des Kassenterminals

- ähnlich wie bei dem amerikanischen Vorbild - auf den Leergutrücknahme-automaten verzichtet werden konnte. Seit Mitte 1988 ist der Getränkemarkt mit Erfolg in Betrieb.

6   Die Fördermaßnahme - eine Bewertung

Die am Modellversuch beteiligten Stellen wurden bewußt in unterschiedlichen institutionellen Umgebungen, in einer Vielzahl fachlicher Bereiche und in verschiedenen geographischen Regionen gefördert. Nur so konnte erprobt werden, unter welchen Rahmenbedingungen mit der Nutzung von Datenbankinformationen positive Effekte erzielt werden konnten und wie Informationsvermittlungsstellen in bestehende Betriebsstrukturen und Dienstleistungsfunktionen eingebettet wurden; es wurde aber auch beobachtet und ermittelt, in welchen Bereichen und aus welchen Gründen für Online-Informationen ein nur geringer Bedarf festzustellen ist.

Der Funktion, der Zielsetzung und dem Charakter eines experimentellen Programms entsprechend konnte es innerhalb des Modellversuchs eine "typische" Informationsvermittlungsstelle nicht geben. Zu unterschiedlich waren die ausgewählten Modellvorhaben, die Ausgangsbedingungen der einzelnen geförderten Stellen, die verschiedenen Erwartungen, die an die Teilnahme an dem Modellversuch geknüpft wurden, und die Konzepte, mit denen die 134 Stellen die Nutzung der Online-Information in ihre tägliche Arbeit, ihre Strategien und ihre Pläne integriert hatten.

Um so schwieriger war es, im Rahmen der begleitenden Evaluation die Kriterien festzulegen, nach denen der Erfolg oder der Grad der Zielerreichung im Modellversuch objektiv bemessen werden kann. Eine stark differenzierende und dabei vergleichende Untersuchung der Modellvorhaben war in diesem Zusammenhang unerläßlich. Im Rahmen der Auswertungen wurden deshalb nicht einzelne institutionelle IVS-Typen untersucht und deren Vermittlungskonzepte bewertet; die horizontale Betrachtung einzelner Merkmale und Vergleichskriterien über alle beteiligten IVS-Gruppen hinweg erschien besser geeignet, die

Effekte, Wirkungen und Grenzen des Modellversuchs erkennen, beschreiben und interpretieren zu können.

6.1 Programmgestaltung und -durchführung

Bei dem Modellversuch handelte es sich um eine Art Feldexperiment mit all den damit verbundenen Vorteilen, aber auch mit unvermeidbaren Nachteilen. So konnte vieles lediglich bestätigt werden, was an anderer Stelle bereits als bekannt vorausgesetzt wurde: Reine (private) Informationsvermittlungsstellen haben in der Regel nur eine geringe Chance, auf Dauer erfolgreich zu operieren, insbesondere im Hinblick auf die Zielgruppe kleine und mittlere Unternehmen und bei dem noch immer sehr limitierten (Online-)Angebot für diese Klientel. Benötigt wird vielmehr eine umfassende, intensive, auf persönlichem Vertrauen aufgebaute Beratung der KMU, bei der Datenbanken nur eines von vielen Hilfsmitteln zur Problemlösung sein können [vgl. KAMINSKY 1989]. Vordringlich ist außerdem eine Verbesserung des auf den Bedarf von KMU zugeschnittenen Datenbankangebotes.

Von einigen Beobachtern des Modellversuchs wurde befürchtet, daß die im Modellversuch als prioritär angesehenen Ziele mit den dafür eingesetzten Fördermaßnahmen nicht in Übereinstimmung zu bringen seien, so daß Probleme während des Verlaufs des Modellversuchs vorprogrammiert gewesen wären [vgl. STROETMANN 1989]. Diese Durchführungsprobleme seien dabei weniger auf eine unzureichende Vorbereitung des Modellversuchs als vielmehr auf die schwierigen Rahmenbedingungen zurückzuführen gewesen, innerhalb derer Fachinformationspolitik umgesetzt werden muß. Zu diesen erschwerenden Rahmenbedingungen wurden von STROETMANN (1989, S. 470) gezählt: "- Dominanz der Naturwissenschaften - Im Fachinformationsprogramm verankerte

Nicht-Förderung der Bereitstellung von Wirtschaftsinformationen - Weiterhin dominante Förderung im Bereich des Online-Angebotes - Zuständigkeitskonflikte zwischen dem BMFT und anderen Ressorts (z.B. Zuständigkeit des BMWi für Strukturpolitik, Beratungswesen für KMU etc.)."

Während die genannte Bedingung des Primats der Förderung von Online-Informationen im Rahmen aktueller Fachinformationspolitik durchaus den Blick auf wesentliche und wichtige Entwicklungsoptionen im Bereich der Fachinformationsversorgung behindern kann [vgl. STOLZ-WILLIG 1989], wurden die beiden zusammenhängenden Punkte 1 "Schwerpunktsetzung bei naturwissenschaftlich/technischer Information" und 2 "Förderausschluß von Recherchen in Wirtschaftsdatenbanken", die bei der Bewilligung mancher Anträge noch eine ausschlaggebende Rolle gespielt hatten, auf massive Intervention der beteiligten IVS schon im Laufe der ersten beiden Projektjahre deutlich zurückgenommen.

Es setzte sich nämlich rasch die Erkenntnis durch, daß gerade im Bereich der Informationsvermittlung für die mittelständische Wirtschaft Fragestellungen der naturwissenschaftlich/technischen Forschung und Entwicklung nicht von Fragen der Vermarktbarkeit neuer Produkte, der Wettbewerbsüberwachung, der Kooperationsanbahnung oder der langfristigen ökonomischen Produktionsplanung getrennt werden können. Auch die unterschiedlichen Zuständigkeiten der verschiedenen politischen Ressorts für verschiedene Fördersektoren im Bereich von Technologie und Informationstransfer spielten - zumindest im Modellversuch Informationsvermittlung - keine wesentliche Rolle.

Die Gefahr, daß staatliche Förderung zu Verzerrungen im Marktgefüge führen kann, war den Verantwortlichen zu Beginn des Modellversuchs bewußt und vor Inangriffnahme des Versuchs in Argumenten und Diskussionen ausgiebig behandelt worden. Aus ordnungspolitischer Sicht kann eine Startfinanzierung innovationsunterstützender Vorhaben im Fachinformationssektor ebenso angezeigt sein wie die laufende Förderung kleiner und mittlerer Unternehmen im

Rahmen forschungs- und technologieorientierter Maßnahmen der Strukturpolitik [vgl. NICOLAS 1991].

Als bedenklicher wurde während der Durchführung des Modellversuchs angesehen, daß bereits aus anderen öffentlichen Programmen geförderte Träger von Informationsvermittlungsstellen in diesem Programm eine zusätzliche finanzielle Unterstützung erhalten sollten. Diese scheinbare Doppelförderung einiger Modellvorhaben widersprach scheinbar dem Ziel, die private Initiative selbständiger Information Broker zu stärken und zu fördern. Durch die Bevorzugung einzelner, bereits etablierter Stellen - so die kritische Argumentation - würden die Chancen neuer Marktakteure im Informationssektor beschnitten und Neugründungen erschwert. Doch im Nachhinein erwies sich diese Strategie, keine Existenzgründungen im Modellversuch zu fördern, als durchaus angemessen, da aufgrund der mangelnden Nachfrage nach Online-Informationsdiensten deren Überlebenschancen nur gering geblieben wären.

Die Förderung von Hochschulinstituten und anderen öffentlichen Einrichtungen im Modellversuch erschien einigen Beobachtern auf den ersten Blick deshalb problematisch, weil die dort durchgeführten Recherchen nur hausintern verwendet wurden und angeblich nicht dem Informationstransfer für die kleinen und mittleren Unternehmen zugute kämen. Übersehen wurde dabei allerdings, daß Informationsrecherchen im wissenschaftlichen Umfeld auf eine größere Akzeptanz als in der Wirtschaft stoßen und daß auf diese Weise das Ziel, die Online-Nutzung anzuregen, weitaus direkter erreicht wurde. Auch wurde vielfach übersehen, daß für die Hochschulen eine gesonderte (reduzierte) Förderkonzeption entwickelt worden war, die unter anderem auf Zuwendungen für Marketingausgaben verzichtete (vgl. HILF 1991).

Nachträglich erweist sich das förderpolitische Konzept eines experimentellen Programms zur Erprobung neuer Informierungstechniken für innovationsorientiert arbeitende Dienstleistungsunternehmen als geglückter Versuch, neue und verläßliche Daten und Resultate zur Akzeptanz von Online-Diensten zu gewinnen, zu denen üblicherweise nur selten objektive und kritische Bewertungen in Erfahrung zu bringen sind. Wenn auch manche der (sei es von den beteiligten IVS selbst oder von den Initiatoren des Programms) erwarteten Ziele im Modellversuch nicht oder nur eingeschränkt erreicht werden konnten, so zeigte sich jedoch im nachhinein, daß die Gestaltung und die Durchführung der Fördermaßnahme zu einem größtmöglichen Ertrag an neuen Erkenntnissen und wertvollen zusätzlichen Informationen über die Verwertbarkeit von elektronisch gespeicherter Fachinformation geführt hat. Dieser Erfolg des Modellversuchs ist insbesondere auf die aktive und kritische Mitwirkung der beteiligten Modellvorhaben zurückzuführen.

6.2   Flankierende Maßnahmen

Wichtigstes Forum für den Austausch von Erkenntnissen, Beobachtungen, Erfahrungen und Kritikpunkten bildeten neben den beiden Statusseminaren und den verschiedenen Experten-Workshops im Modellversuch die regelmäßig regional oder fachlich organisierten Veranstaltungen mit den geförderten IVS-Mitarbeitern. Im Rückblick auf 48 Erfahrungsaustauschrunden, die im Zeitraum zwischen dem 6. November 1986 und dem 12. Juni 1989 vom ISI für die Teilnehmer am Modellversuch Informationsvermittlung organisiert und durchgeführt worden sind, läßt sich feststellen, daß die Konzeption und die Realisierung dieser flankierenden Maßnahmen zum Modellversuch bei den geförderten Stellen auf ein positives Echo gestoßen ist. Eine Fortführung der Erfahrungsaustauschrunden und damit eine Weiterführung der Kommunikation zwischen den Informationsvermittlern auch der Beendigung des Modellversuchs wurde von vielen Teilnehmern als wünschenswert angesehen.

Die angebotenen Veranstaltungen lassen sich vier verschiedenen Seminartypen zuordnen, mit denen unterschiedliche Zielsetzungen verfolgt wurden:

- acht Veranstaltungen zu Beginn des Modellversuchs waren nach dem gleichen Prinzip organisiert und hatten die Funktion;

  - die Vertreter der IVS, die sich in der Startphase befanden, über die Ziele und Organisationsstrukturen des Modellversuchs zu informieren,

  - sie untereinander und mit den ISI-Mitarbeitern bekanntzumachen,

  - ihnen Gelegenheit zum ersten Erfahrungsaustausch über technische, methodische und organisatorische Fragen zu geben

  - sowie dem ISI-Team einen ersten Überblick über die Konzeption, Zielsetzung und den Unterstützungsbedarf der einzelnen IVS zu ermöglichen;

- eine größere Veranstaltung richtete sich an alle IVS und diente der Diskussion zu Fragen der administrativen Abwicklung im Modellversuch;

- die meisten Seminare richteten sich an eine entweder nach *fachlichen* oder *regionalen* Aspekten auswählte IVS-Teilgruppe und hatten zum Ziel,

  - den Teilnehmern am Modellversuch die Möglichkeit zu bieten, fachliche und methodische Probleme mit Fachleuten aus dem Marketingbereich, von den Datenbankhosts und aus dem Fachinformationssektor zu besprechen,

  - die IVS über aktuelle Entwicklungen in den behandelten Fachinformationsgebieten und über neue Strategien des themenspezifischen Informationsretrievals zu informieren,

  - den geförderten Institutionen mit vergleichbarer fachlicher Ausrichtung und ähnlich gelagerten fachlichen Interessen die Gelegenheit zum Erfahrungsaustausch über inhaltliche Fragen und Probleme bei der fachorientierten Informationsrecherche zu geben,

  - dem ISI einen Einblick in die technischen, methodischen und inhaltlichen Probleme zu verschaffen, mit denen sich Informationsvermittler unterschiedlicher fachlicher Orientierung auseinanderzusetzen haben.

Eine nicht unbedeutende Rolle bei der Ausrichtung der Veranstaltungen spielte die Überlegung, wie diejenigen IVS, die der Begleitung des Modellversuchs durch das ISI eventuell noch gewisse Vorbehalte entgegenbrachten, durch das Angebot an fachlicher und problembezogener Information zu einer Teilnahme an diesen und an weiteren Erfahrungsaustauschrunden motiviert werden könnten. Der Durchführung der Seminare war eine schriftliche Erhebung bei den IVS zu Themenwünschen und Teilnahmeabsichten vorausgegangen.

Das Konzept scheint sich insofern bewährt zu haben, als die Resonanz auf das Veranstaltungsangebot und die Beteiligung an den Seminaren, gemessen an der Teilnahmerate bei den ersten Erfahrungsaustauschrunden, verhältnismäßig hoch ausgefallen ist. Tab. 38 zeigt die einzelnen Orte, Termine und Teilnehmerzahlen der Veranstaltungen und gibt einen groben Überblick über die fachliche Interessenstruktur der teilnehmenden Informationsvermittlungsstellen.

Erfahrungsaustausch in ...	Veranstaltungen	Teilnehmer
Schleswig-Holstein	1	13
Hamburg	3	68
Bremen	1	21
Niedersachsen	4	55
Berlin	1	4
Nordrhein-Westfalen	10	251
Hessen	8	215
Rheinland-Pfalz	4	63
Saarland	1	20
Baden-Württemberg	8	131
Bayern	7	134
Bundesrepublik und Berlin	**48**	**975**

Tab. 38: Teilnehmer bei den Erfahrungsaustauschrunden

Die vom ISI organisierten Veranstaltungen zum Erfahrungsaustausch wurden im Förderzeitraum bis Juni 1989 insgesamt ca. 975 mal von Informationsvermittlern und Informationsvermittlerinnen aus dem Modellversuch besucht. Nach der Durchführung aller 48 Erfahrungsaustauschrunden kann festgestellt werden, daß die durchaus rege Beteiligung an den angebotenen Erfahrungsaustauschrunden, die bereitwillige Unterstützung der großen Informationsanbieter bei der Durchführung der Seminare und die in der Überzahl positiven Reaktionen der Teilnehmer auf das Veranstaltungsangebot als Bestätigung und Befürwortung dieser Art flankierender Maßnahme zum Modellversuch gewertet werden können. Insbesondere wurde erreicht:

- daß der Erfahrungsaustausch zwischen den Teilnehmern am Modellversuch und der fachliche Kontakt von Informationsvermittlern zu Vertretern von Datenbankproduzenten und Hosts intensiviert werden konnte;

- daß die Vorstellungen und Meinungen zum Problem Informationsmarketing für IVS auf eine wissensmäßig untermauerte und weniger abstrakte Ebene der Diskussion gebracht wurde;

- daß konkrete Maßnahmen zur Anbahnung von Kooperationen zwischen den Informationsvermittlern sowie Aktivitäten zur Entwicklung von Marketingstrategien und -instrumenten für die IVS initiiert worden sind;

- daß für die wissenschaftliche Auswertung und Evaluation des Modellversuchs aus den Erfahrungsaustauschrunden wertvolles Hintergrundwissen und aussagefähiges Untersuchungsmaterial gewonnen werden konnte.

6.3 Die Wirkungen des Programms

Aufgrund der sehr unterschiedlichen Reaktionen der geförderten IVS auf die Entwicklungen im Modellversuch muß darüber nachgedacht werden, ob die Ziele und Erfolgskriterien, die für den gesamten Modellversuch aufgestellt worden sind, notwendigerweise auch mit den Zielen und Erfolgskriterien übereinstimmen müssen und können, die für das einzelne Modellvorhaben relevant sind. So muß die Steigerung von Recherchezahlen nicht immer und nicht unmittelbar ein Indikator für die intensivierte Nutzung von Online-Informationen sein. Auf der anderen Seite stellt sich eine Zunahme des Rechercheaufkommens dann ein, wenn ein Modellvorhaben sein individuelles Erfolgskonzept der Informationsvermittlung gefunden und realisiert hat. Die Gesamtheit des individuellen Erfolgs schlägt sich für diesen Fall kumuliert in einer positiven Entwicklung des gesamten Modellversuchs nieder, ohne daß einzelne Stellen mit unterdurchschnittlicher Rechercheleistung ohne weiteres als weniger erfolgreich bezeichnet werden könnten.

Auch darf der Modellversuch Informationsvermittlung nicht nur als Einzelmaßnahme zur Förderung des Informationssektors gesehen werden; vor dem viel umfassenderen Hintergrund des Innovations- und Technologietransfers, in Zusammenhang mit der Unterstützung innovationsorientierter Dienstleistungen kann man dem Modellversuch auch eine weitere Funktion zuweisen: durch die Intensivierung nicht nur der Nutzung von Online-Datenbanken, sondern auch des darüber hinaus weisenden Wissenstransfers zwischen Wirtschaft, Wissenschaft und Gesellschaft könnte der Modellversuch dazu beitragen, fachliche Kommunikation, transdisziplinäre Kooperation, technische Innovation und wirtschaftliche Initiative anzuregen, zu fördern und zu stärken.

Die Primärwirkungen, die der Modellversuch auf die teilnehmenden Informationsvermittler, auf deren Kunden, Klienten, Mandanten und auf die interessierte Fachöffentlichkeit ausgeübt hat, sind unübersehbar. Von ebenso großer Bedeutung sind jedoch auch die Sekundärwirkungen, die eine intensivierte Informationsvermittlung nachsichzieht, und die Synergieeffekte, die durch die Nutzung neuer technischer Möglichkeiten der Informationsbeschaffung und

Problemlösung hervorgerufen worden sind. Im Modellversuch sind eine Vielzahl neuer und unerwarteter Nutzungsformen für die Informationsvermittlung gefunden worden. Die beteiligten IVS haben schnell gelernt, die eigentlichen Vorteile der Online-Recherche zu erkennen und für ihre eigenen Arbeitsbereiche souverän zu nutzen.

6.4   Lern- und Motivierungseffekt

Es hat sich gezeigt, daß der Modellversuch für die meisten der teilnehmenden Stellen - wenn auch keine finanziellen -, so doch inhaltliche Gewinne gebracht hat. Auch wenn viele der anfänglich hochgesteckten Erwartungen nicht erfüllt wurden und manche euphorisch geprägte Zukunftsvorstellung schnell realistischeren Einschätzungen weichen mußte, so sind viele Aspekte des Modellversuchs, z. B. im Bereich der Lern- und Erprobungseffekte, der Online-Nutzenbewertung, der Kenntnisse über die Möglichkeiten und Grenzen des Informationsmarktes positiv zu bewerten. Die Strukturen der Informationsvermittlung sind weit komplexer und vielfältiger als manche der Beobachter des Modellversuchs erwartet hatten.

Keine andere Informationsmethode kann entscheidungsrelevante Daten aus Naturwissenschaft und Technik, aus Markt und Wirtschaft, aus dem Patent- und Lizenzbereich so umfassend und dabei schnell nachweisen wie die Datenbankrecherche. Zur Unterstützung von Wissenschafts- und Technologietransfer können im wesentlichen online-recherchierbare Datenbestände genutzt werden, die im naturwissenschaftlich-technischen Bereich meist bibliographische Nachweise von einschlägigen Fachveröffentlichungen und grauer Literatur enthalten (Literaturdatenbanken), die aber auch Hinweise auf solche Forschungseinrichtungen, Fachleute oder Forschungsprojekte enthalten, die für den Wissenschaftstransfer von Bedeutung sind. Recherchen in Patentdatenbanken lassen sich für das Auffinden bestimmter technischer Lösungen, von Erfindern, innovativen Unternehmen und Konkurrenzentwicklungen oder für die Analyse internationaler Technologietrends nutzen. Wirtschaftsdatenbanken mit Produkt-, Unternehmens- und Marktinformationen schließlich eignen sich vor allem für Hinweise auf Hersteller, auf potentielle Geschäftsverbindungen, auf Kooperationsangebote und -gesuche, sie unterstützen das Auffinden geeigneter Lizenzgeber und -nehmer, sie können Vertriebskooperationen anbahnen helfen, oder sie unterstützen die Entscheidung über geeignete Marketingstrategien und Absatzgebiet.

Den Anforderungen des Wissenstransfers steht damit ein Instrument zur Verfügung, mit dem hochwertige anwendungsrelevante Fachinformationen selektiv und bedürfnisorientiert in die Anwendungsbereiche Wirtschaft und Industrie eingebracht werden könnten. Doch die Vorteile, die die Datenbankrecherche bietet, werden durch neu entstandene Informationsbarrieren und Ressentiments wieder relativiert.

Für den Nutzer der elektronisch gespeicherten Fachinformation entstehen Kosten für die notwendigen ADV-Geräte, für die Datenfernübertragung, für die Nutzung des Großrechners, auf dem die Datenbanken verwaltet werden, und für die Nutzung der Datenbankinhalte selbst. Gründe für die nur zögernde Nutzung von Datenbanken sind darin zu suchen, daß sich die anfallenden Kosten nur schwer vor Durchführung einer Online-Recherche kalkulieren lassen, daß die Gebührenordnungen und Abrechnungsmodalitäten der Datenbankhosts für den Kunden nicht transparent genug sind und daß sich der Wert einer Informationsrecherche kaum mit gängigen betriebswirtschaftlichen Methoden berechnen läßt. Hinzu kommt, daß das Datenbankangebot, so umfangreich und vielfältig es heute ist, eine ausreichende Qualität und Vollständigkeit der ermittelten Nachweisinformationen nicht garantiert, daß die Inhalte der Datenbanken nur unzureichend auf die tatsächlichen Informationsbedürfnisse nicht-wissenschaftlicher Nutzer abgestimmt sind [KRUPP 1982, S. 32] und daß das für die erfolgreiche und effiziente Durchführung einer Datenbankrecherche benötigte methodisch-technische Know-how nur sehr mühsam über den Besuch von Spezialseminaren und durch die Lektüre von umfangreichen technischen Handbüchern erlangt werden kann.

Der Wissenschaftstransfer muß sich mit dem Dilemma technologischer Ambivalenz auseinandersetzen: Stärker als früher können die fachliche Kommunikation und der Wissenstransfer auf die Unterstützung durch technische Informationshilfsmittel zurückgreifen; gleichzeitig ruft die Technisierung der Informationsbestände und -prozesse Barrieren hervor, die deren intensivere Nutzung behindern [vgl. SCHMIDT 1988b]. Die Auflösung dieses Widerspruchs kann die folgende These leisten: Sowohl für die Nutzung technischer Informationsquellen als auch für den Abbau von Informationsbarrieren und insbesondere zur Verbesserung des Transfers von wissenschaftlichen Informationen sind die Vermittlungs- und Beratungsleistungen von Informationsspezialisten unverzichtbar.

Auf Datenbankinformation kann im Prinzip jederzeit, überall und umfassend zugegriffen werden; ihre Nutzung setzt jedoch technisches Know-how über Datennetze, Retrievalsprachen und Recherchestrategien voraus, ihre souveräne Beherrschung erfordert institutionelles Wissen über Datenbankproduzenten, Datenbankanbieter und Netzbetreiber, und die Beurteilung von Inhalten, Qualität und Wertungen von Datenbankinformationen setzt solide fachliche Kenntnisse voraus [vgl. BRÄUNLING u.a. 1986]. Hinzu kommt, daß die nach wissenschaftlichen Gesichtspunkten geordneten Informationen aus den Datenbanken für den anwendungsorientierten Transfer von Wissen nicht unmittelbar geeignet sind. Für die Anwendung wissenschaftlicher Ergebnisse sind zusätzliche Wissenskomponente im Wissenschaftstransfer erforderlich, die etwas über zusätzliche Bedingungen und Bedingungskonstellationen aussagen, unter denen ein gewünschtes Resultat eintritt [KRAAK 1985, S. 14].

Die zu Beginn des Modellversuchs angestrebten Lern- und Demonstrationseffekte sowie die im Rahmen des Modellversuchs gesammelten Erfahrungen sind von nicht zu unterschätzender Bedeutung und dürften bei entsprechend sachgerechter, handlungsorientierter Auswertung für die Entwicklung des Informationssektors sehr anregend sein. Der Modellversuch Informationsvermittlung:

- hat dazu beigetragen, Konzepte der medien-, problem- und bedarfsgerechten Nutzung von Datenbankinformation zu erkennen, zu entwickeln, zu bewerten und zu verbreiten;

- er führte zu einem Erfahrungszuwachs im Bereich der elektronisch gestützten Informationsbeschaffung und deren Marktfähigkeit;

- er förderte die realistische Einschätzung zu Möglichkeiten und Grenzen der Fachinformationsnutzung;

- er bewirkte eine positive Anpassung und Gewöhnung der beteiligten Dienstleistungsunternehmen an die Nutzung von Online-Information im Rahmen der üblichen geschäftlichen Informations- und Beratungsabläufe;

- und das Programm hat dabei geholfen, die oft unkritischen, nicht selten euphorisch gefärbten Erwartungen zur Vermarktbarkeit von Online-Informationsdiensten in sachgerechte, realitätsbezogene und vor allem praktikable Handlungsstrategien der Informationsvermittlung zu verwandeln.

Im gesamten Spektrum des Wissenstransfers kann die Nutzung von Online-Informationen nur eine sehr spezielle, vorbereitende und damit untergeordnete Rolle spielen. Stärker als auf Literaturreferenzen zu wissenschaftlich-technischem Wissen ist vor allem die mittelständische Wirtschaft auf Beratungshilfen angewiesen, um entscheidungsrelevante Informationen beschaffen, interpretieren, bewerten und in endgültige Problemlösungen umwandeln zu können.

7   Schlußfolgerungen

Die meisten der geförderten Stellen, die Online-Datenbanken nutzten, arbeiteten zum Zeitpunkt dieser Abschlußbilanz zum Modellversuch noch keine fünf Jahre. Ihre Erfahrungen können nur bedingt verallgemeinert werden, da sie neben der Informationsvermittlungstätigkeit meist noch weitere Dienstleistungen unterschiedlichen Inhalts für unterschiedliche Zielgruppen und Kundenkreise anbieten. Insbesondere muß kritisch überprüft werden, ob die zur Zeit vorliegenden (eher verhalten positiven) Erfahrungen und Einschätzungen der kommerziell orientierten Information Broker angesichts des raschen Wandels im Fachinformationssektor auch für die kommenden Jahre noch Gültigkeit besitzen.

Stark zusammengefaßt lassen sich die wichtigsten Ergebnisse und Schlußfolgerungen aus dem Modellversuch Informationsvermittlung wie folgt darstellen [vgl. SCHMIDT / WELLEMS 1991a,b]:

1. Mit Durchführung eines experimentellen Modellversuchs zur Förderung der Informationsvermittlung aus Online-Datenbanken konnten in der Bundesrepublik 134 Modelle für die Einbindung von Informationsvermittlungsstellen in unterschiedliche institutionelle und organisatorische Umgebungen implementiert, erprobt und analysiert werden.

2. Aufgrund umfangreicher flankierender Maßnahmen und mit Hilfe teilnehmender Beobachtung durch ein projektbegleitendes Forschungsteam wurden die unterschiedlichen Akzeptanzprobleme und Nutzungsstrategien für Online-Information bei den geförderten IVS eingehend untersucht, differenziert verglichen und detailliert bewertet.

3. Als Teil innovationsunterstützender Dienstleistungen kann die innerbetrieblich genutzte oder auch im Auftrag externer Abnehmer kommerziell ver-

marktete Vermittlung von Online-Fachinformation aus Datenbanken dazu beitragen, innovative Prozesse in den Funktionsbereichen Forschung, Entwicklung und Produktion zu beschleunigen, zu rationalisieren und gegebenenfalls zu verbessern.

4. Allerdings wird die ausgeweitete Nutzung von Online-Information nur in jenen Institutionen und Unternehmen die gewünschten Optimierungseffekte bewirken können, die auch schon vorher auf einen intensiven Fachinformationsaustausch mit ihrer fachlichen Umwelt angewiesen waren, die regelmäßig und nicht nur sporadisch neue, unbekannte Fachfragen bearbeiten müssen und die gewährleisten können, daß eine betriebsinterne IVS von qualifizierten Fachkräften bedient werden kann.

5. Diese Voraussetzungen für eine effiziente Nutzung von innerbetrieblichen IVS treffen insbesondere auf beratend tätige Dienstleistungsunternehmen, auf öffentliche und private Forschungsinstitute, auf Einrichtungen, die mit unterstützenden Aufgaben im Sektor Technologietransfer und Innovationsberatung betraut sind, auf Patentanwaltskanzleien und Patentberichterstatter sowie auf dezentrale Spezialbibliotheken und Hochschulinstitute im naturwissenschaftlich/technischen Bereich zu.

6. Keine deutlichen Vorteile ziehen solche Einrichtungen und Unternehmen aus der Nutzung von Online-Datenbanken, die aufgrund fehlender konzeptioneller Voraussetzungen einen nur sporadischen Recherchebedarf entwickelten, deren Ziel es war, als neuen Dienstleistungszweig Recherchen aus Datenbanken an potentielle Interessenten in mittelständischen Unternehmen und in der Industrie zu veräußern, die sich als private Information Broker selbständig machen wollten oder die kein qualifiziertes Recherchepersonal für die Aufgaben der Informationsvermittlung finden konnten.

7. Im Modellversuch hat sich gezeigt, daß insbesondere offensive und auf schnellen Erfolg zielende Maßnahmen aus dem Bereich des Kommunikations-

marketings, die potentielle Kunden von den Vorteilen eines an einen Informationsvermittler vergebenen Rechercheauftrags überzeugen sollten, eher einen gegenteiligen Effekt bewirken; kommerziell erfolgreiche Informationsdienstleistungen setzen die Existenz eines langfristig aufgebauten, begründeten und soliden Vertrauensverhältnisses zwischen Informationsberater und Informationsnachfrager voraus.

8. Die Wirschaftlichkeit des Betriebes einer IVS in einer Institution oder einem Unternehmen läßt sich quantitativ nur unzureichend bemessen; Effizienz und Nutzen einer innerbetrieblichen IVS hängen von qualitativen Wertungen und Entscheidungen und damit entscheidend von der subjektiven Zufriedenheit innerbetrieblicher IVS-Nutzer ab.

9. Die Möglichkeiten, den Wert der Online-Information annähernd objektiv einzuschätzen, wird durch die ausschließlich positive und durchweg unkritische Darstellung zu den Vorteilen der Online-Datenbanknutzung erheblich erschwert.

10. Im Verlauf des Modellversuchs wurde immer deutlicher, daß zwischen der positiven Haltung in bezug auf Online-Fachinformation sowohl von seiten der geförderten IVS-Betreiber, die Online-Recherchen kommerziell vermarkten wollten, als auch von politischen Instanzen und industriellen Anbietern, denen an einer Ausweitung der Online-Nutzung gelegen ist, und der eher zurückhaltenden Reaktion der kleinen und mittleren Unternehmer auf die Angebote der IVS, die den Unternehmen den Zugang zur Online-Information erleichtern sollten, eine nicht zu übersehende Diskrepanz besteht.

11. Allerdings lassen sich Online-Datenbankrecherchen in Verbindung mit komplexen, nachfrageorientiert angebotenen Beratungsleistungen durchaus bedarfsgerecht verwerten; unter dieser Voraussetzung können sie auch zu einer intensiveren Rationalisierung und Qualifizierung von innovationsorientierten Dienstleistungen beitragen.

7.1 Der Modellversuch im internationalen Vergleich

In der Bundesrepublik wurden Funktion und Bedeutung der online-unterstützten Informationsvermittlung für die Wettbewerbs- und Innovationsfähigkeit der Wirtschaft seit dem Ende der siebziger Jahre in einer Reihe von Studien diskutiert [vgl. COENEN / PASCHEN 1978, BEYER 1982, BRINK / HOENE 1987, AHREND 1990]. Aus den achtziger Jahren liegen Berichte über Konzepte und erste Ergebnisse staatlicher Fördermaßnahmen in diesem Bereich sowie Erfahrungen aus Infrastruktureinrichtungen vor, die sich auf den Informations- und Technologietransfer in kleinen und mittleren Unternehmen und Handwerksbetrieben beziehen [vgl. DONHAUSER 1980, BRÄUNLING 1982, GOKL 1988].

Eine Analyse der Literatur zu vergleichbaren Entwicklungen und Fördermaßnahmen sowie zur Situation der online-unterstützten Informationsvermittlung in anderen europäischen Staaten und in den USA macht deutlich, daß aufgrund unterschiedlicher historischer Voraussetzungen im IuD-Sektor und infolge der jeweils spezifischen sozio-ökonomischen und politischen Rahmenbedingungen jedes Land neben einer Reihe von Gemeinsamkeiten vor allem auch viele Besonderheiten aufweist [vgl. BIS MACINTOSH 1988b; EMMERICH 1988; WILLIAMS / MILLS / HARRISON 1980; VAHLGREN WALL 1986]. Die Literaturanalyse ergab jedoch keinen Hinweis darauf, daß ein vom Förderumfang und von der Gesamtkonzeption her vergleichbares Programm für die Informationsvermittlung in einem der EG-Staaten oder in den USA durchgeführt wurde.

Der detaillierte Überblick über die Situation der Information Broker in den europäischen Staaten von STERN / DORE / DEGOUT 1982 [vgl. auch LANGHEIN 1982a] führt staatliche Förderprogramme nur für die Bundesrepublik im Rahmen des Fachinformationsprogramms der Bundesregierung auf; für die übrigen untersuchten Staaten werden vergleichbare Programme nicht erwähnt. Wie die Autoren beschreiben, findet lediglich in Frankreich in gewissem Rahmen eine staatliche Finanzierung spezifischer unternehmensorientierter Informationsdienstleistungen statt: hier entstanden seit Ende der siebziger Jahre 19 regionale wirtschaftsorientierte Informationsagenturen, die ARISTs (Regional Agencies for Scientific and Technical Information) [STERN / DORE / DEGOUT 1982, S. 49].

Großbritannien besaß und besitzt trotz der Sparmaßnahmen der Thatcher-Regierung auch heute eine aktive, nutzerorientierte und leistungsfähige staatliche Bibliotheks- und Informationsinfrastruktur, die flexibel genug ist, Nischen im Informationsmarkt zu besetzen und die zum Teil mit staatlicher Zusatzfinanzierung Auskunftsdienste für regionale Wirtschaftsunternehmen anbietet [vgl. VICKERS 1985]. Die USA als das Land mit dem größten Binnenmarkt, mit einem großen Bedarf an Informationsdienstleistungen und mit nur wenigen staatlich subventionierten Diensten sind die Nation, in der die meisten wirtschaftsorientierten Informationsdienstleistungen entwickelt und vermarktet werden [vgl. WARNKEN / FELICETTI 1982].

7.1.1 Die jüngere Situation in den USA

Für die USA liegen nur wenige gesicherte Daten über die Zahl, den Umsatz und die Marktaktivitäten der extern orientierten Information Broker sowie über die marktorientierten Angebote an Informationsvermittlung von Großunternehmen (z. B. Verlage, Fernsehanstalten) oder über staatliche IuD-Aktivitäten vor. Dennoch läßt sich aus Erfahrungsberichten von Experten und aus nicht-repräsentativen Umfragen ein relativ deutliches Bild der Situation und Entwicklung seit den sechziger Jahren zeichnen [vgl. BELLOMY 1979; KLAUS / SCHMIDT 1989a].

Bereits vor etwa 25 Jahren und damit im Vergleich zu den europäischen Staaten sehr früh formierten sich in den USA privatwirtschaftlich organisierte Information Broker in Kleinunternehmen, häufig auch als "Cottage Broker" bezeichnet [KLAUS / SCHMIDT 1989b, S. 119]. Die insgesamt recht große Gruppe dieser ersten privaten Information Broker entstand vorwiegend in Kalifornien, und ihr Auftreten läßt sich unter anderem damit erklären, daß wegen der "Freisetzung" zahlreicher im öffentlichen Dienst tätiger Bibliothekare aufgrund der Sparmaßnahmen in Kalifornien die jetzt beschäftigungslosen "Librarians" eigene Unternehmen gründeten [BIGGS 1982, S. 82f]. Die vorwiegend weiblichen Unternehmensgründer bilden den Kern der heute im Haupt- oder Nebenberuf arbeitenden Information Broker.

Bereits 1969 wurde die Information Industry Association als Lobby für eine neue Informationsindustrie gegründet. Allerdings umfaßt diese Industrie zu einem großen Anteil Großunternehmen, die traditionell mit Informationen handeln (z. B. Verlage und Fernsehanstalten) und die im Lauf der Zeit im Rahmen der vertikalen Diversifizierung auch EDV-gestützte Informationsdienstleistungen intern nutzen oder extern vermarkten. Seit 1972 existiert ein entsprechender Berufsverband der "Association of Independant Informations Professionals" (AIIP) in den USA [PUGSLEY / LENNON 1990, S.17].

Die Informationsindustrie in den USA, die sich mit der Sammlung, Speicherung und Vermittlung von Informationen im weitesten Sinne beschäftigt, wird deutlich von den Großunternehmen dominiert. Von den 1200 erfaßten Informationsfirmen verzeichnen nur 12 % etwa 85 % der Einnahmen aus dem Informationsmarkt [PUGSLEY / LENNON 1990, S. 16]. Mehr als die Hälfte der erfaßten Unternehmen weist einen Umsatz von weniger als einer Million Dollar auf. Den zahlreichen vertikal diversifizierenden Großunternehmen, für die online-unterstützte Informationsvermittlung ein Nebenprodukt darstellt, das nicht unmittelbar auf die Erwirtschaftung von Profiten angelegt ist, stehen die selbständigen Information Broker gegenüber, für die Informationsdienstleistungen das Hauptbetätigungsfeld darstellen. In den USA existiert - im Gegensatz zu allen europäischen Staaten - ein Beruf des Brokers, 528 Information Broker waren 1990 im Burwell Directory erfaßt. Geschätzt wird die Zahl jedoch von den Herausgebern des Directorys auf gut 1.000.

Für die USA scheint auch heute noch die Feststellung zu stimmen, die ETTEL 1980 formulierte: "Daß das Thema 'Informationsvermittlung' als solches die derzeitigen informationspolitischen Betrachtungen nicht bestimmt" [ETTEL 1980, S. 185]. Auch zu diesem Zeitpunkt waren es - wie in den heutigen US-amerikanischen Veröffentlichungen auch - vor allem die neuen Informationstechniken, die die Diskussion beherrschten.

JAMES [1988, S. 83] stellt fest, daß für die Zielgruppe der Endbenutzer von Datenbanken in kleinen und mittleren Unternehmen bisher in den USA kaum Benutzerforschung betrieben wurde. Ein großer nationaler Markt, relativ große Marktnischen für fachlich, branchenmäßig oder regional orientierte Broker, die für Kunden "on demand" Informationen sammeln, speichern, veredeln und vermitteln, und wenig Präsenz staatlicher Einrichtungen oder von Infrastruktureinrichtungen mit subventionierten Preisen, dies sind die Vorteile, die das Brokertum in den USA möglich und zumindest für eine Reihe von Unternehmen profitabel machen. Untersuchungen zur Integration und Gestaltung von online-unterstützten Informationsdiensten für Unternehmen, für Wirtschaft und Wissenschaft liegen aus den USA nicht vor.

Neuere Entwicklungen gehen dahin, den Begriff des Information Brokerage bzw. des "information on demand service" durch die Bezeichnung "fee-based information service" zu ersetzen [ROSEN 1988, S. 7]; mit diesem Ausdruck soll die Komplexität der angebotenen Dienste stärker betont werden. Gleichzeitig ist eine deutliche fachliche Spezialisierung z. B. auf Wirtschaftsinformationen, auf Patente oder andere Fachbereiche zu beobachten [vgl. WARNER 1981].

Dies bestätigt die im Modellversuch gewonnenen Erkenntnisse, das vorwiegend fachlich spezialisierte Informationsvermittlung in der Lage ist, qualitativ hochwertige Recherchen bedarfsgerecht durchzuführen und zu vermarkten.

Als interessantes Beispiel für die Integration von Online-Recherchen in eine informationsbezogene Dienstleistungspalette wird das große Informationsunternehmen FIND/SVP beschrieben, das in den siebziger Jahren Online-Recherchen in seine Leistungen aufnahm. POTTER [1980, S. 299] betont aber ausdrücklich, daß nur die Nutzung aller Arten und Formen von Informationsressourcen zur Befriedigung des Informationsbedürfnisses eines Kunden den wahren Wert der Tätigkeit ausmache.

Für Kanada beschreibt WARREN [1988] die Situation ähnlich wie sie sich in den USA darstellt. Information Broker begannen auch hier bereits Ende der sechziger Jahre als "spin-off-Unternehmen" ehemaliger Bibliothekare. Heute unterscheidet man die Information Broker aus der bibliothekarischen Tradition, die wissenschaftlich-akademische Datenbanken nutzen und die jüngeren wirtschaftsorientierten Broker, die schnelle Antworten auf Fragen zum Börsenmarkt und zu Investitionen geben und überwiegend Ressourcen wie CompuServe nutzen. Allerdings gibt es in Kanada regionale Unterschiede im Informationsangebot und -markt: wo eine gute Bibliotheksinfrastruktur fehlt (z. B. in der Provinz Quebec) werden die Dienste von Spezialbibliotheken und Information Brokern stärker nachgefragt [WARREN 1988, S. 48].

7.1.2 Entwicklungen in Großbritannien

In Großbritannien erscheint die Situation der Online-Informationsdienstleistungen wesentlich komplexer. Hier steht eine traditionell benutzer- und serviceorientierte, leistungsfähige und flexible Bibliotheks- und Dokumentationsinfrastruktur zur Verfügung, die bereits in den sechziger Jahren "neue" Wege der Informationsversorgung ging [vgl. SCHMIDT 1990a]. Staatlich subventionierte Versorgung regionaler Wirtschaftsunternehmen mit Recherchen und Document Delivery durch die British Library und Einrichtungen für die Informations-dienstleistungen (als Beispiel sei hier nur das häufig beschriebene HERTIS genannt [BULPITT 1988]) führten dazu, daß Informationsvermittlung für die Wirtschaft in Großbritannien bereits eine Tradition hat. Die gezielte Förderung und Erprobung von IVS in unterschiedlichen Umgebungen, wie sie in der Bundesrepublik im Modellversuch realisiert wurde, ist jedoch in Großbritannien nicht zu finden. In einer frühen Studie von 1982 zur Informationsversorgung von KMU in Großbritannien wurde die Empfehlung gegeben, im Form eines Förderprogrammes Vermittlungsdienste aufzubauen, mit denen die heterogenen und häufig nicht wahrgenommenen Informationsbedürfnisse des Mittelstandes befriedigt werden können [BRITISH LIBRARY RESEARCH AND DEVELOP-MENT DEPARTMENT 1982]. Aufgrund der Thatcher-Politik mit ihren Sparmaßnahmen und dem Trend zur Privatisierung von Infrastrukturdiensten und den Versuchen, von öffentlichen Einrichtungen kommerziell erfolgreiche Dienste anzubieten, entstand in Großbritannien ein starker Anreiz, marktorientierte und kostendeckende Dienste zu entwickeln.

Insgesamt stellt sich die Situation in Großbritannien ähnlich dar wie die in den alten Bundesländern der Bundesrepublik Deutschland. WEBBER [1990] unterscheidet folgende Typen von Informationsunternehmen, die sich in vergleichbarer Form auch in der BRD finden lassen:

- große Unternehmen, die ihre bereits gesammelten Information, als Nebenprodukt verkaufen wie z. B. die Zeitschrift Financial Times oder die BBC (diese Situation ist in den USA ähnlich);
- Beratungsfirmen, die ihre Dienstleistungsangebote um informationsbezogene Leistungen erweitern ("information consultancy" meint sowohl die Beschaf-

fung und Bewertung von Informationen als auch die Beratung der Kunden hinsichtlich der Implementierung von Informationstechnik);

- wenige große ausschließlich oder vorwiegend mit Informationsvermittlung beschäftigte Unternehmen wie FIND/SVP;
- kleine private Unternehmen, von denen 1977 etwa 50, 1986 etwa 78 und 1987 etwa 112 gezählt wurden [CRAWFORD 1988];
- große Organisationen, Verbände und Institutionen.

7.1.3 Die Schweiz

Aus der Schweiz liegt ein Bericht über ein Förderprogramm zum Aufbau eines Online-Retrieval-Dienstes für die Versorgung der Klein- und Mittelbetriebe des Landes vor [EVERS 1982]. Die 1979 mit staatlicher Finanzierung eingerichtete Stelle "Swiss Institute for Technical Information" führt als Information Broker Online-Recherchen, Dokumentbeschaffung und Beratung gegen Gebühren durch. Erste Erfahrungen aus dem Jahre 1982 sind: niedrige Nutzerzahlen und geringes Wachstum der Anzahl der Anfragen, bei den einmal gewonnenen Nutzern jedoch eine hohe Akzeptanz für die neue Dienstleistung, trotz des intensiven Marketings geringe Kenntnisse über Online-Recherchen bei potentiellen Kunden und relativ hohe Bedeutung von Patentrecherchen [EVERS 1982, S. 349f].

7.1.4 Frankreich

Neben den bestehenden staatlichen IuD-Einrichtungen und den für die Mitglieder tätigen Online-Stationen der Industrie- und Handelskammern treten in Frankreich die speziell auf die regionale Wirtschaft ausgerichteten halbstaatlichen Informationsagenturen, die ARISTs. Hier werden mit Unterstützung des Wirtschaftsministeriums (Department of Industry) und der Handelskammern im Rahmen der Innovations- und Technologieberatung für die regionale Wirtschaft spezielle online-gestützte Informationsdienstleistungen gegen Gebühr angeboten [STERN / DORE / DEGOUT 1982, S. 49f]. Nach Aussage der Autoren gilt jedoch für die staatlichen und halbstaatlichen Informationsagenturen in Frankreich ebenso wie für die zehn identifizierten Information Broker mit der Hauptaktivität Informationsdienstleistung, daß die Informationsvermittlung nicht gewinnbringend, ja nicht einmal kostendeckend erbracht werden kann. Werden Defizite bei den staatlichen und halbstaatlichen Agenturen durch Subventionierung aufgefangen, so müssen die privaten Informationsunternehmen ihre Dienstleistungspalette um andere Komponenten (Online-Training, Systeminstallation oder Innovationsberatung) erweitern, um Gewinne erzielen zu können.

7.1.5   Italien

Für die Informationsvermittlung in Italien liegt eine Situationsbeschreibung aus dem Jahre 1982 vor, die im Rahmen eines EG-Projektes für die Generaldirektion XIII erstellt wurde. Der (deutsche) Autor betont hierbei den deutlichen Gegensatz zwischen den Entwicklungen in der Bundesrepublik Deutschland und in Italien: dem deutschen Fachprogramm zum Ausbau des IuD-Wesens (1974) steht in Italien das völlige Fehlen eines übergreifenden nationalen politischen Programms entgegen. Dennoch sind zu diesem Zeitpunkt etwa 100 nationale Datenbanken im Aufbau [LANGHEIN 1982b, S. 2].

Träger der informationsbezogenen Aktivitäten sind nach LANGHEIN politik- und wirtschaftstragende Ober- und Unterzentren. Insbesondere auf Anregung von Fachpolitikern wurden in Italien praxisorientierte und praxisgeeignete Informationsysteme geschaffen. Hierbei läßt sich eine Besonderheit herausfiltern, die möglicherweise gerade auf das dezentrale und unprogrammatische Entstehen der Online-Datenbanken zurückzuführen ist: in Italien ist eine Reihe von praxisnahen Technik-, Wirtschafts- und Rechtsdatenbanken entstanden, die nach LANGHEIN [1982b, S. 11] gerade für die Alltagsprobleme und den kurzfristigen Informationsbedarf der Endnutzer in kleinen und mittleren Unternehmen, in Organisationen und Institutionen angelegt und nutzbar sind. Produzenten und Anbieter der Datenbanken sind die staatlich oder über Mitgliederbeiträge finanzierten Handelskammern, das Institut für Außenhandel sowie Technologietransferinstitutionen.

Nicht zuletzt hat auch die Verlegung des Hosts der European Space Agency (ESA) nach Frascati Auswirkungen auf die italienische Informationsvermittlung gehabt. Der internationale Host hat einerseits Vorbildcharakter, er hat außerdem den Anreiz vermindert, in Konkurrenz eigene nationale Datenbanken aufzubauen und er hat mitgeholfen, Lücken im Gesamtspektrum der nationalen Versorgung mit Online-Systemen aufzufinden [LANGHEIN 1982b, S. 23]. Noch 1988 wird jedoch in einer neueren Studie [BIS MACINTOSH 1988a] die mangelnde Ausstattung des italienischen Telekommunikationsnetzes konstatiert, die - so die Untersuchung - zu einem relativ hohen Nutzergrad von CD-ROM's geführt hat.

7.2 Fördermöglichkeiten der Informationsvermittlung

Informationsvermittlung in gesamtwirtschaftlich bedeutsamem Umfang vollzieht sich in einem Netzwerk von Institutionen und Personen über vielfältige Medien und Kanäle [vgl. BRÄUNLING / HEMBERGER / TRAXEL 1984]. Die

Produktion und Verteilung von Fachinformation ist daher nicht generell und in allen Gebieten nur eine öffentliche Aufgabe; vielmehr gibt es wie bei gedruckter Information ein arbeitsteiliges Zusammenwirken öffentlicher und privater Aktivitäten. Im Modellversuch Informationsvermittlung konnte dieses Netzwerk von Informations-, Markt- und Kooperationsbeziehungen zwischen Ideen-, Wissens-, Know-how-Lieferanten und -verwertern in allen Facetten beobachtet werden, das durch Vermittlungsinstitutionen und durch Anbieter von Informations- und Beratungsdiensten unterstützt wird.

Dabei wurde insbesondere deutlich, daß folgende Bedingungen berücksichtigt werden müssen, damit mittelständische Unternehmen entsprechende Informationsvermittlungs- und Beratungsleistungen nutzen können:

- Mittelständische Unternehmen benötigen in der Regel eine integrierte (Informations-)Beratung, die in einen vertrauenswürdigen Kontext eingebettet ist; eine (isolierte) Förderung der Online-Informationsvermittlung ist daher suboptimal und nicht erfolgversprechend (vgl. VIETZE / DRESEL 1991).

- KMU benötigen sowohl integrierte, umfassende und verdichtete Fachinformationen als auch Hintergrundwissen, Situationsberichte, kurzlebige Nachrichten und aktuelle Marktbeschreibungen aus ihrem fachlichen Umfeld; der Bedarf an Datenbankinformation bleibt in diesem Zusammenhang nur gering.

- Die Nachfrage in einem Bereich zu stimulieren, in dem das (Online-)Angebot nicht dem Bedarf kleiner und mittlerer Unternehmen entspricht, ist deshalb notwendigerweise außerordentlich schwierig [vgl. LIEBERAM 1991].

Innovationsunterstützende Informationsdienstleistungen lassen sich nach der Komplexität der Ergebnisse, nach der Problemlösungskompetenz bzw. nach der Bedarfsorientierung in drei Hauptgruppen unterscheiden:

- Beratungsdienste sind traditionelle Informationsdienstleistungen, bei denen komplexe betriebliche Problemstellungen im Auftrag analysiert und in betriebliche Handlungsalternativen verwandelt werden. Im Rahmen ihrer

Tätigkeit verarbeiten die Dienstleister eine Vielzahl betrieblicher, fachlicher und know-how-bezogener Informationen zu umfassenden, vollständigen und erschöpfenden Problemlösungen.

- Vermittlungsdienste für Fachinformation können als angebotsorientierte Dienstleistungen verstanden werden, die auf Anfrage die informationellen Wissensdefizite im unternehmerischen Bereich mit Hilfe von Recherchen in Fachinformationsbeständen und durch die Bereitstellung von relevantem Informationsmaterial ausgleichen wollen und so unternehmerische Entscheidungsprozesse unterstützen können.

- Auskunftsdienste reagieren auf Fragen aus dem betrieblichen Alltag in kürzest möglicher Zeit mit erschöpfenden Antworten. Da Auskunftsdienste nur einfache Fragestellungen vollständig beantworten können, werden komplexere Fragen durch Clearingauskünfte oder Referraldienste beantwortet [vgl. SCHMIDT / WELLEMS 1990]. Auskunftsdienste nutzen eine breite Palette bibliographischer, bibliothekarischer, datenbankgestützter, aber auch institutioneller und expertenbezogener Informationsquellen.

Da zum tatsächlichen Informationsbedarf von KMU in empirischen Studien und bewertenden Analysen bislang kaum verläßliche, quantifizierte und eindeutige Aussagen getroffen worden sind, da aber nicht zuletzt die Ergebnisse aus dem Modellversuch Informationsvermittlung darauf hindeuten, daß elektronische Fachinformation nicht als das geeignete Medium zur Informationsversorgung der KMU angesehen werden kann, können zur Zeit nur die Bestimmungsfaktoren untersucht werden, die das Informationsverhalten von mittelständischen Unternehmen beeinflussen. Aus diesen bekannten Bestimmungsfaktoren, die von Experten und durch Gespräche mit mittelständischen Unternehmern oder mit Leitern von Handwerksbetrieben genannt und bestätigt wurden, kann jedoch abgeleitet werden, daß in den KMU und im Handwerk im Betriebsalltag eine Vielzahl direkter, aber wenig komplexer Fragen anfallen, die mittels der bestehenden Datenbankangebote nicht zielsicher genug und durch etablierte Informationsvermittler nicht im Rahmen kostendeckender Dienstleistungen beantwortet werden können [vgl. THOSS / WEIRES 1988a,b].

Geeignete Maßnahmen zur Verbesserung der bedarfsgerechten Informationsversorgung von mittelständischen und handwerklichen Betrieben können in diesem Zusammenhang von den folgenden Prämissen ausgehen:

- Auf der Angebots- und Nachfrageseite der Fachinformation sollten solche Strukturveränderungen angeregt und unterstützt werden, mit deren Hilfe KMU schneller oder effizienter an fachliche Informationen herangeführt werden können (vgl. EINSPORN 1991).

- Maßnahmen zur Förderung der bedarfsgesteuerten Informationsversorgung für mittelständische Unternehmen sollten auf bereits vorhandenen Modellen und Strukturen des KMU-orientierten Informationstransfers aufbauen (evolutionäres Prinzip), anstatt durch Entwicklung und Angebot neuartiger Informationsdienste und -techniken neue Formen der Informationsvermittlung einzuführen, deren Akzeptanz und Effizienz nicht ausreichend geprüft werden können (revolutionäres Prinzip).

- Die zu empfehlenden Maßnahmen sollten nicht auf isoliert betrachtete Ziele und Effekte ausgerichtet sein, sondern sie sollten so ausgestaltet werden, daß sich aus der Durchführung der Maßnahmen eine Vielzahl von Sekundär- und Synergieeffekten im Bereich des Technologie-, Informations- und Wissenstransfers für KMU ergeben können und daß sich für die beteiligten Institutionen und Unternehmen außer den finanziellen auch inhaltliche und strategische Vorteile und Anreize ergeben.

Das im Rahmen der Untersuchungen des ISI bewertete Förderkonzept "Auskunftsagenturen" legt den konzeptionellen Schwerpunkt daher auf folgende Grundidee: Auskunftsdienste und -serviceleistungen werden *dort* qualitativ verbessert und in gewissem Rahmen harmonisiert, wo sie bereits bestehen und angeboten werden. Dabei ist anzustreben, daß das vorhandene Informations- und Kommunikationsnetz zwischen Auskunftsagenturen verdichtet und über nationale Grenzen hinaus erweitert wird, um die Qualität von Auskunftsleistungen für KMU durch engere formelle Zusammenarbeit oder informelle Kooperation der Auskunftsstellen zu intensivieren.

Zur Erreichung ihrer funktionellen Ziele nutzt die Auskunftsagentur eine breite Palette von Informationskanälen, -medien und -quellen. Zu diesem Zweck muß die Auskunftsagentur in ein umfassendes Netz von Informationsbeziehungen und -kontakten z. B. zu Bibliotheken, Dokumentationsstellen, Fachinformationszentren, zu Experten in Behörden, Universitäten und Instituten, zu Innovations- und Technologieberatern in Industrie-, Handels- und Handwerkskammern, zu Fachleuten in Fach- und Berufsverbänden eingebunden sein und diese Kontakte ständig pflegen und ausweiten. Die Verdichtung des Informationsnetzwerkes zwischen Auskunftsagenturen kann nicht aufgrund dirigistischer Maßnahmen erfolgen, sondern sollte durch eine Reihe von flankierenden Maßnahmen zur Harmonisierung der Auskunftstätigkeit, zur Qualifizierung des Auskunftspersonals, zum Auf- und Ausbau eines Auskunftsnetzwerkes sowie für eine breitenwirksame Öffentlichkeitsarbeit für Auskunftsagenturen begünstigt und angeregt werden.

Maßnahmen, die der Erprobung von nachfrageorientiert arbeitenden Auskunftsagenturen als Einrichtungen im Informationstransfer insbesondere für kleine und mittlere Unternehmen und für das Handwerk dienen, können (nach Meinung von befragten Experten) unter Umständen folgende Wirkungen nach sich ziehen:

- einen Anstoß zur Verbesserung der betrieblich-relevanten Informationsversorgung in mittelständischen Unternehmen;
- unmittelbare und bedarfsgerechte Befriedigung von KMU-spezifischen Informationsbedürfnissen;

- damit eine Stärkung des Informationsbewußtseins und des strategischen Innformationsverhaltens im Mittelstand;

- dadurch langfristig eine Intensivierung und Ausweitung der Nutzung von fachlicher Information, die auf dem Informationsmarkt angeboten wird;

- Verdichtung und Aufwertung des bestehenden informellen und formellen Informationsnetzes zwischen Auskunftsstellen und Experten;

- Anregungen zur Qualitätssicherung der Auskunftstätigkeit für mittelständische Wirtschaftsunternehmen;

- Integration von wirtschaftsorientierten Auskunftsaktivitäten und Angleichung von Auskunftsstandards in nationalem und internationalem Maßstab;

- Stärkung der Position von Informationsanbietern durch Schaffung neuer Zugangsmöglichkeiten für KMU zum Markt für Informationsdienste;

- Verdichtung der Informationbeziehungen zwischen Wissenschaft, Wirtschaft und Öffentlichkeit auf regionaler, nationaler und internationaler Ebene;

- Anregungswirkungen durch Motivierung nicht geförderter Infrastruktureinrichtungen zum Auf- und Ausbau eigener Auskunftsagenturen in spezialisierten fachlichen, sektoralen und regionalen Bereichen.

Informationspolitische Maßnahmen zur Entwicklung, Ausgestaltung und Durchführung von Förderaktivitäten im Bereich des Informations- und Technologietransfers und zur Unterstützung von FuE-Prozessen für kleine und mittlere Unternehmen sind insbesondere dann zu rechtfertigen, wenn sie einen wesentlichen Beitrag zur Aktivierung von Selbsthilfe bei diesen Unternehmen leisten. Da die bedarfsgerechte Versorgung mit Informationen einen höheren Stellenwert in der Forschungsförderung haben kann, als die Bereitstellung von Finanzmitteln, kann es unter bestimmten Voraussetzungen im Interesse der öffentlichen Hand angezeigt sein, geeignete Maßnahmen zur Einrichtung von nachfrageorientiert arbeitenden Auskunftsagenturen zu unterstützen [vgl. BMFT 1991, S. 42; NICOLAS 1990, S. 6].

Staatlicher Handlungsbedarf kann sich demnach im Bereich der rationelleren Informationsbeschaffung durch KMU dann ergeben, wenn einfache Auskunftsdienstleistungen und Servicefunktionen deshalb nicht von privaten Anbietern übernommen werden, weil die Bereitstellung entsprechender Leistungen für den privaten Träger nicht wirtschaftlich bzw. rentabel abgerechnet werden kann. Für bestehende Informationsunternehmen, wie z. B. SVP, die ihre Dienste nach marktwirtschaftlichen Gesichtspunkten kalkulieren und die im Bereich der Auskunftstätigkeit anzusiedeln sind, ergäbe sich durch eine öffentliche Förderung von Auskunftsstellen in Deutschland keine Konkurrenzsituation,

- wenn diese Informationsunternehmen zahlungsbereite Kunden aus Großunternehmen mit einem kontinuierlichen Fragebedarf als Klienten gewinnen;
- wenn der Schwerpunkt der Leistungspalette solcher Unternehmen auf komplexeren Informationsdienstleistungen liegt, die Gewinne erbringen;
- wenn viele der potentiellen Kunden aus dem KMU-Bereich eine über Pauschalen oder Abonnements abgerechnete Leistungsvergütung entsprechender Dienste nicht zu zahlen bereit wären;
- wenn neue privatwirtschaftliche Informationsunternehmen nur sehr langsam die notwendige Vertrauensbasis zu potentiellen Informationskunden aufbauen können, die als Grundlage und Ergebnis bestehender Auskunftsdienste z. B. bei Kammern und Verbänden bereits vorhanden ist.

Infrastrukturleistungen im Bereich der Auskunftstätigkeit, die heute nur punktuell und zum Teil isoliert von vielen Kammern und Verbänden, von Bibliotheken und Dokumentationsstellen oder auch von privatwirtschaftlichen Verlagen und Dienstleistungsunternehmen im Rahmen allgemeiner Servicedienste unentgeltlich angeboten werden, können demnach als Teil der informationellen Grundversorgung für KMU angesehen werden, deren Übernahme durch private Anbieter aus Wirtschaftlichkeitsgesichtspunkten noch nicht erfolgt ist und voraussichtlich auch in Zukunft nicht erfolgen kann.

8 Perspektiven der Fachinformationsnutzung

Die sich ändernden Bedingungen im Bereich der Informationsentstehung, -verteilung und -nutzung lassen erwarten, daß der Bedarf an funktionalen Informationsdiensten in den kommenden Jahren stark anwachsen wird. Während die integrierten Dienstleistungen, die ihre traditionellen Funktionen der Informationsvermittlung und -beratung allmählich den geänderten Bedarfsstrukturen anpassen und mit neuen Techniken weiterführen werden, eine maßgebliche Rolle im Gefüge der Informationsinfrastruktur einnehmen, werden viele modische Spielarten der online-fixierten Informationsvermittlung ein nur vorübergehendes Phänomen bleiben.

Unternehmen, die auf dem Markt informationsbezogene Dienstleistungen anbieten, können nur dann wirtschaftlich operieren, wenn die Erträge aus den Informationsdienstleistungen höher sind als deren Aufwendungen. Die auf der Ebene der Ergebnis-Rechnung angestellten Wirtschaftlichkeitsbewertungen für Informationsdienste sind eindeutig, solange sich das Informationsunternehmen auf reine Informationsvermittlungsdienste beschränkt. Die Nachfrage nach den reinen Informationsdiensten ist jedoch so gering, daß ein Informationsunternehmen nur dann ökonomisch arbeiten kann, wenn es das Angebot der Dienstleistungen ausweitet und dem Kundenbedarf anpaßt.

Die Ausweitung der Dienstleistungspalette und die Komplettierung des Angebots durch komplexe Informations- und Beratungsleistungen, die im Verbund mit der einfachen Informationsbeschaffung zu Mehrwertdiensten führen [TAYLOR 1986], erscheint daher aus ökonomischen Gründen zwingend erforderlich. Informationsunternehmen werden sich auf lange Sicht nur dann am Markt behaupten können, wenn sie weniger auf die Masse der Vermittlungsleistungen als vielmehr auf deren Qualität setzen [TANGHE 1988, S. 15]. Eine

Reihe von Broker-Firmen sind deshalb dazu übergegangen, den eigentlichen Umgang mit Online-Informationen zur untergeordneten Leistung zu machen und den Kunden umfassendere Beratungsleistungen beim Aufbau von informations- und kommunikationstechnischen Problemlösungen oder Unterstützungsleistungen im Informationsmanagement anzubieten [MÜLLER 1989, S. 174].

Wenn in absehbarer Zeit durch eine Vereinfachung der Speicher- und Zugriffstechniken für elektronische Informationsbestände womöglich mehr und mehr Informationsnutzer Online-Fachinformation direkt abfragen, dann könnten online-geschulte Informationsvermittler und Information Broker überflüssig werden; für die effiziente Nutzung der gesamten verfügbaren Informationsressourcen bleiben beratende Informationsfachleute und Informationsdienstleistungsunternehmen jedoch auch weiterhin unentbehrlich.

Gleichzeitig deuten heute erste Trends darauf hin, daß das Marktsegment "Informationsvermittlung" nicht den kleinen, selbständigen Information Brokern überlassen bleibt. Neben den zuerst gefürchteten öffentlichen und halb-öffentlichen 'Konkurrenten' auf dem Markt der Informationsvermittlung, den Kammern, Verbänden und Universitätsbibliotheken treten heute neue Mitbewerber auf den Plan: Im Servicebereich der Banken und Kreditinstitute ist ein neuer Boden für (auch online-gestützte) Informationsdienstleistungen entstanden. Im Zuge des Kundenkontakts, der Innovationsberatung und schließlich der Kreditvergabe für mittelständische Unternehmen bieten immer mehr Kreditinstitute Online-Recherchen an [vgl. MICHELSON 1990]. In dem sich wechselseitig verstärkenden und stark von gegenseitigem Vertrauen abhängenden Dreieck aus Beratung, Information und Kreditvergabe haben die Serviceabteilungen der Banken gegenüber den (oft noch unbekannten Information Brokern) eindeutige Imagevorteile. Zumindest im Bereich der einfachen Online-Informationsvermittlung scheint der Markt in nächster Zeit immer intensiver von den IVS der Bankhäuser und Kreditanstalten dominiert zu werden.

Dem individuellen gewinnorientierten Nutzen aus der Informationsdienstleistung, der sich trotz intensiver Marketingbemühungen für die meisten Information Broker nicht realisieren ließ, steht der gesellschaftliche Nutzen gegenüber. Eine wichtige Rolle im Modellversuch Informationsvermittlung spielten daher diejenigen Organisationen und Unternehmen, die fachliche Informationsvermittlungsdienste für eine Vielzahl von anfragenden Nutzern und Interessenten vorhalten. Kammern, Verbände, Fachgesellschaften, Bibliotheken, Informationszentren und Dokumentationsstellen offerieren Informationsdienste, die weder gewinnorientiert noch kostendeckend angeboten werden. Diese Informationsstellen haben mit ihrer Tätigkeit wichtige Infrastrukturfunktionen im Informationsbereich übernommen [vgl. SCHMIDT 1990b]; gleichzeitig werden sie von den meisten privaten Informationsunternehmern als nachhaltig hemmendes Element bei der Realisierung eines zukünftigen Marktes für Informationsdienstleistungen angesehen.

Was auf der Ebene des individuellen Geschäftsinteresses plausibel erscheint, muß unter dem Gesichtspunkt des gesellschaftlichen Nutzens nicht mehr unbedingt zutreffen. Es mehren sich Anzeichen dafür, daß ein strukturierter Markt für Informationsdienstleistungen auf einer rein kommerziellen Basis in absehbarer Zeit nicht zu realisieren ist und daß den Versuchen zur Deregulierung des Fachinformationsmarktes kein Erfolg beschieden sein könnte. Aus diesem Grund sehen sich nach wie vor die staatlichen Instanzen durch den faktischen Druck des öffentlichen Informationsbedürfnisses gezwungen, die Bereitstellung fachlicher Informationen in ausreichendem Maße zu gewährleisten [BALLWIESER / BERGER 1985, S. 13].

In diesem Zusammenhang fällt den nicht-kommerziellen Informationsstellen die Aufgabe zu, die Fachöffentlichkeit mit relevanten Informationen zu versorgen. Dabei kann dieser "auch gesellschaftspolitisch zu verstehende Auftrag [...] dem betriebswirtschaftlichen Ziel, die Kosten durch einen Beitrag wenigstens teilweise oder ganz zu decken, direkt widersprechen" [STEGEMANN 1979, S. 146]. Die Beobachtungen im Modellversuch Informationsvermittlung zum wirtschaftlichen Gelingen und Versagen von Konzepten der Informationsvermittlung weisen darauf hin, daß rein betriebswirtschaftliche Gesichtspunkte zur Bewertung der einzelnen Modellvorhaben nicht ausreichen können. Hingegen sprechen volkswirtschaftlich zu begründende Argumente dafür, daß die breitenwirksame Versorgung von Wirtschaftsunternehmen, von Forschungseinrichtungen und von wissenschaftlichen Institutionen mit fachlicher Information auch weiterhin Angelegenheit der regulierend wirkenden staatlichen Verantwortlichkeit bleibt. Fachinformationsversorgung ist eine notwendige Infrastrukturaufgabe, die nicht nur den Gesetzen des Marktes überlassen bleiben sollte.

Die im letzten Jahrzehnt mit politischem Engagement vorangetriebene Ökonomisierung des Segments Fachinformation (verstanden als Gesamtheit der dokumentarisch systematisierten, elektronisch gespeicherten und über technische Kommunikationsnetze abrufbaren Referenzdaten zum fachlichen Wissensfundus) scheint ihre Grenzen erreicht zu haben. Daß Erfolge, auf die die 'Fachinformationswirtschaft' heute verweisen kann, im Vergleich zu den anfangs euphorischen, aus Zweckoptimismus geborenen Erwartungen eher bescheiden ausfallen, hat viel mit dem speziellen Naturell der Information selbst zu tun. Das Phänomen Information läßt sich nur bedingt in die modellgeleiteten Theorien der traditionellen betriebs- und volkswirtschaftlichen Erklärungsansätze integrieren.

Erste zögernde Schritte, sich den ökonomischen Eigenschaften und Besonderheiten des Faktors Information theoretisch zu nähern, stoßen immer auf das gleiche Problem: Information läßt sich nicht wie andere Sachgüter im Wirtschaftssystem behandeln und mit gängigen marktwirtschaftlichen Kriterien bewerten. In der Diskussion um die besonderen Eigenarten des Wirtschaftsfaktors Information zeichnen sich daher Tendenzen ab, Information der Gruppe der meritorischen Güter zuzuordnen - also den zum Teil privaten Gütern, deren "Allokation kraft politischer Entscheidungen nicht ausschließlich dem Markt überlassen wird" [LENK 1984, S. 1] - oder Information sogar als öffentliches, von den Marktgesetzen entkoppeltes Gut zu sehen.

Die Abkehr von der 'Online-Euphorie' und die Besinnung auf effiziente und funktionsfähige Modelle der Informationsvermittlung zeichnen sich als Perspektivenwechsel auch in Informationswirtschaft und -politik ab. Auf den zunehmenden Beratungsbedarf im Bereich der Informationstechnik, des Informationsretrievals, der Informationsbeschaffung und der Informationsnutzung reagiert die staatliche Förderung mit einem geänderten Maßnahmenkonzept. Nach einer Phase massiver Subventionierung von elektronisch gespeicherten Datenbeständen scheint sich heute eine Politik zur intensiveren Unterstützung des intersektoralen Wissenstransfer und des Informationsdienstleistungssektors anzubahnen. So hat der Modellversuch Informationsvermittlung mit der Förderung von Informationsvermittlungsstellen bei privaten Beratungsunternehmen, bei wirtschaftsnah arbeitenden Organisationen und bei wissenschaftlichen Instituten hoffentlich eine Entwicklung eingeleitet, die auf breiter Basis einer qualifizierenden Informationsberatung den Weg bereitet und die einen wirkungsbezogenen Informationstransfer in den Mittelpunkt ihrer Zielsetzung stellt.

9 Kurzfassung der wesentlichen Ergebnisse

Ziel der Maßnahmen, die im Rahmen des Fachinformationsprogramms 1985-88 von der Bundesregierung umrissen wurden, war es unter anderem, den Austausch von Fachinformationen zwischen Forschung und Wirtschaft nachhaltig zu intensivieren. Auf diese Weise sollte der Technologietransfer angeregt und damit das Innovationspotential der Wirtschaft gestärkt werden. Vor dem Hintergrund dieser Zielsetzung entwickelte sich der vom Bundesminister für Forschung und Technologie (BMFT) geförderte Modellversuch Informationsvermittlung zu einem wertvollen Instrument, mit dem der Transfer von Fachinformation mit Hilfe von Datenbanken im Bereich privater Dienstleistungsunternehmen erprobt und das privatwirtschaftliche Angebot an Dienstleistungen zur Informationsvermittlung angeregt werden konnte.

Zielsetzung, Aufgabenstellung und Methode

Nach Aussage der im Bundesanzeiger erschienenen "Bekanntmachung über die Förderung eines Modellversuchs Informationsvermittlung" vom 30.12.1985 hatte der Modellversuch zum Ziel,

- die Nachfrage nach elektronisch gespeicherter Fachinformation in bibliographischen Informationssystemen, in Volltextdatenbanken und Faktensammlungen auszuweiten;
- die Nutzung von Online-Fachinformationen aus den Bereichen Naturwissenschaften und Technik vor allem im Bereich privater Dienstleistungsunternehmen, der öffentlichen und nicht-kommerziellen Organisationen, die industrienahe Dienstleistungen anbieten, sowie bei Forschungsinstitutionen zu erhöhen;

- die Qualität bestehender innovationsorientierter Dienstleistungen zu verbessern oder die Vermittlung von Fachinformation als eigenständige Dienstleistung an Dritte zu intensivieren;

- kleinen und mittleren Unternehmen den Zugang zu Online-Datenbanken zu ermöglichen und

- fachliche, sektorale oder regionale Defizite auf dem Gebiet der Informationsvermittlung auszugleichen.

Aus Mitteln des Modellversuchs konnten Zuwendungen für den Auf- oder Ausbau einer IVS gewährt werden, und zwar für zusätzliche Personalausgaben, zusätzliche Sachausgaben, Schulungsbedarf und Marketingmaßnahmen sowie für die Beschaffung der informationstechnischen Ausrüstung. Zuschüsse wurden für drei Jahre gewährt, wobei im ersten Jahr der Förderung 75 %, im zweiten Jahr 50 % und im dritten Jahr 25 % der zuwendungsfähigen Ausgaben bis zu einer Obergrenze von 360 TDM der Projektkosten vom BMFT übernommen wurden.

Die indirekt-spezifischen Förderziele des Modellversuchs wurden durch experimentelle Förderkomponenten und Aspekte eines Demonstrationsprogramms ergänzt. Der Modellversuch Informationsvermittlung war im wesentlichen ein Stimulierungs- und Förderprogramm, das zugleich (für die öffentliche Hand) als Experimentier- und (für die geförderten Modellvorhaben) als Lernprogramm verstanden werden konnte.

Die Mehrfachzielsetzung des Modellversuchs erforderte eine systematische Kontrolle, d. h. Beobachtung und Bewertung der Entwicklung und der Ergebnisse des Modellversuchs insgesamt sowie der einzelnen Modellvorhaben. Hierfür stand dem BMFT das ISI für flankierende Analyse- und Bewertungsaufgaben zur Verfügung. Das ISI unterstützte den BMFT bei der Sammlung, Auswertung, Bewertung und Verbreitung der im Rahmen des Modellversuchs Informationsvermittlung gewonnenen Ergebnisse und Erfahrungen sowie bei der Durchführung, Steuerung und Weiterentwicklung.

Folgende flankierende Maßnahmen dienten der Unterstützung der geförderten Modellvorhaben:

- Damit der Modellversuch zu einer breitenwirksamen Mobilisierung der Nutzung von Online-Recherchen beitragen konnte, wurden die im Modellversuch gewonnenen Informationen und Erfahrungen unter anderem durch Informationsbriefe, Publikationen in Fachzeitschriften, Statusseminare, Experten-Workshops, Fachveranstaltungen, Vorträge und Expertengespräche problemgerecht aufbereitet und verbreitet.

- Die Organisation und Durchführung von regelmäßigen Erfahrungsaustauschrunden und die Vermittlung geeigneter Aus- und Weiterbildungsangebote dienten der fachlichen Qualifizierung der geförderten Informationsvermittler.

- Die begleitende wissenschaftliche Aus- und Bewertung des Modellversuchs hatte zum Ziel, eine problem- und zielgruppenorientierte, flankierende Unterstützung der einzelnen Modellvorhaben zu ermöglichen und übertragbare und verbreitbare Ergebnisse aus dem Modellversuch systematisch zu erfassen und aufzubereiten. Damit sollte einerseits Interessenten an einer IVS eine Informations- und Entscheidungsgrundlage gegeben werden, unter welchen Bedingungen sich eine IVS wirtschaftlich trägt, und andererseits sollte aufgezeigt werden, welche Ansatzpunkte für eine Weiterentwicklung der Fachinformationspolitik in diesem Bereich bestehen.

Die wissenschaftliche Auswertung und Bewertung des Modellversuchs Informationsvermittlung durch das ISI erforderte ein umfassendes und integriertes Analysekonzept, das die folgenden Erhebungs- und Auswertungskomponenten beinhaltete:

- qualitative Bestandsaufnahme, Strukturuntersuchung und systematische Typisierung der am Modellversuch beteiligten Informationsvermittlungsstellen;

- beobachtende und bewertende Analyse zur innerbetrieblichen bzw. externen Vermittlungsfunktion der beteiligten Stellen, zur internen Arbeitsorganisation und zum Marketingkonzept der IVS;
- Erfassung und Bewertung von technischen, organisatorischen und methodischen Wissensdefiziten bei den geförderten Stellen sowie Ermittlung von Problemfeldern im Bereich der praktischen Informationsvermittlungstätigkeit;
- Analyse der bestehenden und sich entwickelnden Nutzerstrukturen bei den geförderten IVS sowie Untersuchung und Beurteilung der Akzeptanz bei den Informationsnutzern für die angebotenen Informationsdienstleistungen;
- quantitative und qualitative Analyse und Bewertung der angebotenen und nachgefragten Informationsdienstleistungen, der Entwicklung des Rechercheaufkommens und der Nutzung von Online-Informationsdiensten durch die IVS.

Für die Auswertung und Evaluation der erhobenen Daten und Informationen wurden sowohl deskriptiv-statistische als auch qualitativ-interpretatorische Analyseverfahren genutzt, um der Vielschichtigkeit der im Modellversuch zu untersuchenden Fragestellungen gerecht werden zu können.

Information und innovationsunterstützende Dienstleistung

Die Beschaffung, Vermittlung und Anwendung fachlicher Informationen ist Bestandteil jeder innovationsunterstützenden Dienstleistung. Während sich nur wenige innovationsunterstützende Dienstleistungen ausschließlich mit der Vermittlung von qualifiziertem Personal, Finanzmitteln oder technischen Ressourcen für innovative Vorhaben befaßt, kombiniert die Mehrzahl aller im Innovationssektor tätigen Dienstleistungsanbieter ihre Leistungen mit Informations- und Beratungsdiensten.

In ihrer Grundfunktion dienen Informationsdienstleistungen der Vermittlung von fachlicher Information zwischen Informationsproduzenten, Informationsanbietern und den Endnutzern von Fachinformation. Darüber hinaus sind diesem Vermittlungsprozeß drei zusätzliche Funktionen zuzuweisen, die in einem engen gegenseitigen Wirkungsverbund stehen:

- fast immer soll die vermittelte Information zur Lösung von Problemen beitragen, die ohne den Rückgriff auf Einrichtungen der Informationsinfrastruktur nicht zu lösen wären;
- Informationsvermittlung fördert sowohl horizontalen als auch vertikalen Informations-, Technologie- oder Wissenstransfer und trägt dadurch zur Entstehung und Verbreitung innovativer Prozesse bei;
- Informationsvermittlung ist als Teil des fachlichen Kommunikationsprozesses zu sehen und übernimmt eine zentrale Brückenfunktion zwischen unterschiedlichen sozio-kulturellen Sektoren.

Im Gegensatz zu den mediengebundenen Informationsdiensten handelt es sich bei Informationsdienstleistungen um Prozesse, die zur Befriedigung eines individuellen Informationsbedarfs den gegenseitigen interaktiven Kontakt von Anbieter und Nachfrager erfordern. Dabei wird in der Informationsdienstleistung die Nutzung von Informationsquellen und -medien mit der intellektuellen Informationsverarbeitung personengebundenen Wissens zu einem problembezogenen Ergebnis kombiniert. Als 'funktionale Dienste' oder 'Informationsdienstleistung' werden im weiteren alle Verrichtungen und Betätigungen bezeichnet, die von Informationsspezialisten zur Lösung von Informationsproblemen übernommen werden.

Träger dieser Funktionen sind eine Vielzahl informationsvermittelnder Betriebe und Unternehmen, Institutionen oder Personen, die als professionalisierte Informationsagenturen ihre Dienste anbieten und auf Informationsnachfrage reagieren.

Online-Information und Fachinformationsversorgung

Technischen Informationssystemen wird in der aktuellen Diskussion um Wissenstransfer, Fachinformationsversorgung und Innovationsförderung in der Regel ein sehr großer Stellenwert beigemessen. Die tatsächliche Bedeutung solcher Systeme für die Abwicklung fachlicher Kommunikationsprozesse scheint dabei jedoch ebenso überschätzt zu werden wie die Möglichkeiten, die eine intensivierte Nutzung von Fachinformationssystemen, Faktendatenbanken und computergestützten Wissensspeichern in Zukunft für den Wissenstransfer und die Innovationsförderung bieten können.

Zu oft wird übersehen, daß das zur Zeit in online-abrufbaren Datenbanken repräsentierte Fachinformationsangebot nicht auf die Informationsbedürfnisse von Nutzern aus Wirtschaft und Verwaltung zugeschnitten ist. Auch wenn wirtschaftliche, technologische oder organisatorische Schwierigkeiten oft auf Informationsprobleme zurückgeführt werden können, so ist die ausschließliche Nutzung datentechnisch vermittelter Informationsangebote kaum dafür geeignet, die Lösungen der Probleme direkt zu bewirken. Zwei Faktoren sind dafür ausschlaggebend: Zum einen wird oft vergessen, daß Datenbanken lediglich den Informationsrohstoff liefern, der durch intelligente Weiterbearbeitung und problemorientierte Veredelung zu einem Informationsprodukt verarbeitet werden kann, das zur Problemlösung beiträgt. Zum anderen entspricht die Qualität, die Vollständigkeit und die Strukturierung des Fachinformationsangebotes bei weitem nicht den Informationsbedürfnissen, die in Industrie, Gewerbe oder Handwerk vorherrschen.

Eine nachhaltig spürbare Inanspruchnahme von Datenbanken oder Informationsvermittlern durch innovationsorientierte Firmen in der mittelständischen Wirtschaft konnte nicht beobachtet werden; der 'information push' der modernen Informationsindustrie trifft auf keinen vergleichbaren 'information pull' bei kleinen und mittleren Unternehmen. Staatliche Innovationspolitik war lange Zeit von der Vorstellung bestimmt, das im Wissenschaftsbereich produzierte und wirtschaftlich anwendbare Wissen stelle eine ungenutzte 'Technologiehalde' dar, so daß es lediglich gezielter Transferanstrengungen bedürfe, um "den wissenschaftsinternen Informationsstrom anzuzapfen und innovationsfördernd in die Wirtschaft zu lenken". Die Erfahrungen der letzten Jahre haben aber deutlich gemacht, daß Fachinformation nur ein Faktor unter vielen anderen ist, die in ihrer Gesamtheit die Grundlage und Voraussetzung für innovative Prozesse in Wissenschaft und Wirtschaft bilden.

Implementierung

Das zunehmend verbesserte Angebot an Literatur-, Volltext- und Faktendatenbanken hat in den letzten Jahren dazu geführt, daß Institutionen, Organisationen, Unternehmen oder freiberuflich Tätige Dienstleistungen anbieten, die die Beschaffung und Weitergabe solcher Online-Informationen zum Gegenstand haben. Die Zahl der für Wissenschaft und Wirtschaft angebotenen Online-Informationsvermittlungsdienste bzw. -stellen ist in den letzten Jahren langsam gewachsen. Anfang 1986, also vor Beginn des Modellversuchs Informationsvermittlung, arbeiteten in der Bundesrepublik Deutschland rund 200 solcher Informationsvermittlungsstellen (IVS).

Nach der Erhebung von 1986 waren rund die Hälfte (97) der bestehenden IVS im Bereich der öffentlichen Forschung und Entwicklung angesiedelt, und ein Drittel der Stellen (60) wurde von wirtschaftsnah arbeitenden Institutionen wie Industrie- und Handelskammern, Verbänden, Wirtschaftsförderungseinrichtungen, Fachinformationszentren oder öffentlichen und nichtkommerziellen Institutionen der Technologie- und Innovationsberatung oder -unterstützung unterhalten. Nur 16,7 % der zu diesem Zeitpunkt bestehenden IVS waren dem privaten Dienstleistungsbereich zuzuordnen; der überwiegende Teil dieser Gruppe bezeichnete sich damals als Information Broker, also als kleine selbständige Informationsvermittlungsunternehmen, die im Kundenauftrag in Online-Datenbanken recherchieren.

Die vor dem Modellversuch realisierten Förderprogramme der Bundesregierung und des BMFT sahen nur punktuelle Aktivitäten im Bereich der Informationsvermittlung und -beratung vor. Zum Zeitpunkt der Bekanntmachung des Modellversuchs Informationsvermittlung war für alle Beteiligten offensichtlich, daß mit dem Förderprogramm in eine sensible Diskussion über Zuständigkeiten und Wettbewerbsfragen eingegriffen wurde.

Weniger die finanzverfassungsrechtliche Kompetenzabgrenzung zwischen Bund und Ländern bzw. zwischen den verschiedenen Bundesressorts oder die funktionale Rollenverteilung der am Fachinformationsprozeß beteiligten Produzenten, Hosts oder Verlage enthielt Diskussionsstoff, als vielmehr die schon im Vorfeld des FI-Programms der Bundesregierung geführte Wettbewerbsdebatte über (dauerhaft) öffentlich geförderte und private Informationsvermittlung. Das damalige (wie das derzeitige) FI-Programm sah den Schwerpunkt privater Informationsvermittlung im Angebot aufbereiteter Recherchen im Rahmen von umfassenden Beratungsdienstleistungen, während öffentlich geförderte Stellen sich auf die Vermittlung von unaufbereiteten Recherchen beschränken und übergreifende Markterschließungsfunktionen übernehmen sollten.

Der Modellversuch konnte das Spannungsverhältnis zwischen solchen existierenden Polen nicht grundsätzlich aufheben, jedoch vorhandenen Ungleichgewichten entgegenwirken und Rahmenbedingungen für beide Marktteilnehmer verbessern. Die Bekanntmachung zum Modellversuch hob dementsprechend hervor, daß die Privatinitiative selbständiger Dienstleistungsunternehmen bei der Vermittlung von Online-Information gestärkt werden sollte. Eine außerhalb dieses Spannungsverhältnisses stehende Zielgruppe bildeten die Hochschulinstitute. Informationsvermittlung sollte sich hier nur auf die Versorgung der Wissenschaftler und Studenten, nicht jedoch auf externe Nachfrager richten.

Mit Datum vom 01.01.1987 nahmen insgesamt 134 IVS am Modellversuch teil. 85 der geförderten IVS (63,4 %) stammten aus dem privatwirtschaftlichen Bereich und 28 der neuen Stellen (rund 21 %) wurden bei nicht kommerziellen, wirtschaftsnah arbeitenden Institutionen angesiedelt.

Von den restlichen 21 Einrichtungen aus dem Bereich der öffentlichen Forschung richteten allein 13 Hochschulinstitute eine IVS für die Versorgung der eigenen Wissenschaftler und Studenten ein. Auch hier ist zu erkennen, daß im gesamten Sektor Forschung und Wissenschaft die geförderten IVS an Hochschulen, die nur für interne Zwecke recherchierten, den größten Anteil ausmachten. Sie teilten sich den Bereich mit Forschungsinstituten, die an einer Hochschule angesiedelt wurden, mit einem Großforschungsinstitut, 4 IVS an Fachhochschulen und mit einer Stadtbibliothek.

Im Bereich der 28 wirtschaftsnah arbeitenden Infrastruktureinrichtungen sind vor allem die 9 Innovationsberatungsstellen, 4 Industrie- und Handelskammern sowie die 3 Gründer- und Technologiezentren zu nennen, die für die qualifizierte Beratung und Unterstützung kleiner und mittlerer Unternehmen Online-Recherchen benötigen und im Rahmen des Modellversuchs eine IVS eingerichtet haben. Dazu kamen einzelne geförderte Vorhaben, die bei 2 Handwerkskammern, bei 6 Wirtschaftsverbänden, bei einer Patentauslegestelle und bei einem technischen Überwachungs- und Prüfverein angesiedelt waren.

Im Privatsektor überwog der Anteil technischer und/oder betriebswirtschaftlicher Unternehmensberatungen, die ihr Dienstleistungsangebot durch die Vermittlung von Fachinformation erweitern wollten. Mit 10 IVS, die bei Patentanwälten, Patentberichterstattern und Lizenzvermittlern betrieben wurden, war der Anteil jener Stellen, die sich auf die Recherche von Patentinformationen spezialisiert hatten, besonders hoch. Hinzu kamen 6 Architekturbüros und 5 Ingenieurbüros, 9 Firmen aus dem Bereich der ADV-Dienstleistungen, 6 private Forschungsinstitute und zwei Verlage, die beabsichtigten, mit Unterstützung des Modellversuchs Online-Recherchen in ihre Dienstleistungspalette zu integrieren. Es ist bemerkenswert, daß von den insgesamt 85 geförderten privatwirtschaftlichen Antragstellern nur 11 % ausdrücklich als Information Broker auftraten, die den Verkauf von Online-Recherchen zu ihrer Haupteinnahmequelle machen wollten.

Durch die Förderung im Modellversuch ist der Anteil privater Informationsvermittler stark angestiegen. Dienstleistungsunternehmen, die ihre herkömmlichen Dienstleistungen durch den Einsatz von Online-Recherchen verbessern wollen, gehören ebenso dazu wie private Informationsvermittlungsstellen, die ausschließlich für externe Kunden Informationsrechercheaufträge übernehmen.

Ergebnisse aus dem Modellversuch Informationsvermittlung

Dem Charakter des Modellversuchs entsprechend wurden allgemeine Mobilisierungseffekte bei der Errichtung von IVS, Ausweitungseffekte für bestehende IVS, der wirtschaftlich risikoreiche Aufbau einer IVS für neue Kundenkreise, bei neuen Trägern, in Regionen mit einer bisher geringen Nutzung von Online-Fachinformation, für fachlich spezialisierte Online-Vermittlungsdienste oder für neuartige Kombinationen von Online-Diensten mit anderen Dienstleistungen gefördert. Ziel des Modellversuchs war nicht, daß alle geförderten IVS nach Ablauf der Förderung von den jeweiligen Trägern weitergeführt wurden. Ziel war vielmehr, die Voraussetzungen, Hemmnisse und den Nutzen von Online-Fachinformation für die Zielgruppe zu erfassen und zu bewerten. Insofern wäre der Modellversuch auch dann als erfolgreich anzusehen, wenn einige Modellvorhaben ihre Arbeit nach Ende der Förderung wieder eingestellt hätten, gleichzeitig aber die Ursachen dafür hätten ermittelt werden können.

Von den insgesamt etwas mehr als 25.000 gemeldeten Online-Retrievalaufträgen haben die 85 privaten IVS mit 11.716 Recherchen ca. 47 % des gesamten Rechercheaufkommens beigetragen. Im Durchschnitt hat demnach jede der IVS, die bei einem privaten Träger eingerichtet wurde (Typ P), 138 Online-Recherchen während der drei Projektjahre durchgeführt.

Die 28 IVS in wirtschaftsnahen, nichtkommerziellen Einrichtungen (Typ W), also IVS bei Kammern und Verbänden, in Innovationsberatungsstellen oder in Technologiezentren, umfassten 21 % aller geförderten Stellen. In diesem Bereich wurden während des Modellversuchs pro IVS fast ein Drittel mehr Recherchen gemeldet als bei den privaten Stellen.

Den kleinsten Anteil von knapp 16 % aller IVS bildeten die 21 geförderten Vermittlungsstellen in den naturwissenschaftlichen Universitätsinstituten, in den vier beteiligten Fachhochschulen und in einigen anderen Einrichtungen, die im weitesten Sinne dem Bereich Forschung zuzurechnen sind (Typ F). Die IVS in diesem Sektor haben in den drei Jahren mit rund 390 Meldungen pro Stelle fast dreimal soviele Recherchen durchgeführt wie eine private Stelle und mehr als doppelt soviele wie eine entsprechende wirtschaftsnahe IVS. Gründe für die höhere Online-Akzeptanz im Forschungs- und Hochschulbereich sind insbesondere in den direkteren Verwertungsmöglichkeiten für wissenschaftliche Fakten und Datenbankreferenzen zu suchen.

Das relativ niedrige, aber gleichbleibende Rechercheaufkommen bei den IVS in privaten Dienstleistungsunternehmen läßt sich auf zwei Ursachen zurückführen: bei den für Beratungszwecke intern genutzten IVS bestand im Rahmen von sporadisch auftretenden Nutzungssituationen ein geringerer Informationsbedarf, während sich die extern anbietenden, auftragsorientiert arbeitenden IVS mit einer unvollkommen ausgebildeten Nachfrage nach online-bezogenen Informationsdiensten konfrontiert sahen. Die IVS in wirtschaftsnah arbeitenden Einrichtungen wiesen aufgrund ihres größeren Zielgruppenpotentials und wegen der besseren Integrationsmöglichkeiten für Informationsrecherchen in andere innovationsunterstützende Serviceleistungen eine etwas höhere Rechercheaktivität auf. Deutlich übertroffen wurden diese Recherchezahlen von den Online-Nutzungsraten in naturwissenschaftlichen Universitätsinstituten und technisch orientierten Fachhochschulen, wo der Bedarf für fachliche Information den Inhalten und den Strukturen des Datenbankangebots besser entsprach.

Marketing und Akquisition

Im Modellversuch Informationsvermittlung wurde dem Informationsmarketing als unterstützende Maßnahme ein wichtiger Stellenwert beigemessen. Marketing für die von den geförderten IVS erbrachten Informationsdienstleistungen war eine unerläßliche Voraussetzung für den wirtschaftlichen Erfolg der einzelnen Modellvorhaben und für den positiven Verlauf des Modellversuchs. Die Rolle von Öffentlichkeitsarbeit, Werbung und Marketing stand im unmittelbaren Zusammenhang mit den zwei Hauptzielen des Modellversuchs:

- Ausweitung und Intensivierung der Nutzung von Online-Datenbanken und
- Intensivierung und Förderung des Bewußtseins für den Wert von Online-Informationsdiensten bei kleinen und mittleren Unternehmen.

Der Erfolg flankierender Maßnahmen zum Informationsmarketing, die den mengenmäßigen Verkauf von Online-Recherchen unterstützen sollen, wurde im allgemeinen überschätzt. Unterschätzt wurde hingegen das Bedürfnis mittelständischer Unternehmer, auch bei der Informationsbeschaffung und -umsetzung nur mit solchen beratend tätigen Institutionen zu kooperieren, zu denen sich ein ausreichendes Vertrauensverhältnis entwickelt.

Probleme der Informationsakzeptanz, des Informationsmarketings oder der Informationsqualität wirken sich auch auf die traditionellen oder neu entstehenden Informationsdienstleistungen nachhaltig aus. So wurden im Modellversuch zum einen die Möglichkeiten, einen neuen Markt für spezielle Informationsdienste zu entwickeln, stark überbewertet. Gleichzeitig wurden manche der neuen Dienstleistungen ohne Rücksichtnahme auf tatsächliche Bedarfs- und Akzeptanzstrukturen entwickelt, angeboten und vermarktet. Demzufolge wurde die Angebotsseite der Informationsdienste oft von anderen Vorstellungen und Kriterien zur Qualität ihrer Leistungen bestimmt als die Seite der Nachfrager. Hinzu kam, daß kommerzielle Informationsdienste mit dem traditionellen Informierungsverhalten von großen Nutzergruppen konkurrieren mußten, die ihren subjektiven Informationsbedarf in der Regel über informelle Informationskanäle und Kommunikationsnetzwerke decken konnten.

Eine Ursache für die zunehmende Orientierung der Modellvorhaben an integrativen Aspekten der Online-Nutzung waren in erster Linie die schlechten Erfahrungen, die mit der externen Strategie des Verkaufs onlinebezogener Dienste an Dritte gemacht wurden. Die Zurückhaltung gegenüber dem neuen Informationsprodukt Online-Recherche zeigte sich insbesondere bei jener Zielgruppe potentieller Abnehmer, denen der Modellversuch den Zugang zur elektronischen Fachinformation erleichtern sollte - den kleinen und mittleren Unternehmen.

Im Modellversuch wurde rund 80 kleinen und mittleren Dienstleistungsunternehmen der Zugang zur elektronisch gespeicherten Fachinformation ermöglicht. Dabei hat sich herausgestellt, daß die Förderung dieser in der Regel beratend wirkenden Unternehmen die beste Voraussetzung für eine Sekundärnutzung der Fachinformation durch andere produzierende Klein- und Mittelbetriebe bietet. Der vorliegenden Recherchestatistik zufolge war der Anteil von durchgeführten Recherchen, die - eher indirekt als direkt - den mittelständischen Wirtschaftssektor erreichten, wesentlich höher als die Nutzung durch andere Gruppen. Drei Fälle müssen dabei unterschieden werden:

- 15,6 % der im Modellversuch registrierten Recherchen wurden an kleine und mittlere Unternehmen aus dem produzierenden Gewerbe direkt vermittelt;

- 13,7 % der Recherchen wurden an private Dienstleistungsbetriebe weitergegegeben, die zum großen Teil auch den KMU zuzurechnen sind;

- 41,4 % der Recherchen wurden für den internen Bedarf der IVS-Träger benötigt (da über 60 % der im Modellversuch geförderten Stellen selbst als kleine oder mittlere Dienstleistungsunternehmen einzustufen sind, kommt somit ein Großteil der innerbetrieblich genutzten Recherchen ebenfalls dem kleinen und mittleren Dienstleistungssektor zugute).

Die Nachfrage von kleinen und mittelständischen Betrieben nach online-recherchierten Datenbankinformationen war deshalb noch sehr zurückhaltend, weil die Qualität und Aufbereitung standardisierter Informationsdienste den tatsächlichen Informationsbedürfnissen der Firmen meistens nicht entsprach. Dienstleistungsangebote zur Vermittlung von Online-Information - die eigentliche Domäne der Information Broker - unterschätzten die anwendungsferne Komplexität wissenschaftlich-technischer Fakten und Ergebnisse, sie ignorierten die informatorischen Rahmenbedingungen unternehmerischen Informationsverhaltens, und sie verkannten allzu oft den tatsächlichen Informationsbedarf von Klein- und Mittelbetrieben.

Als Problemursache, warum die direkte Nutzung elektronischer Fachinformation durch kleine und mittlere Unternehmen auf schwer zu überwindende Akzeptanzbarrieren traf, lassen sich sechs eng miteinander verknüpfte Gründe angeben:

1. Ein Bedarf an elektronisch vermittelter Fachinformation im Bereich des Mittelstandes, der Wirtschaft und des Handwerks ist kaum vorhanden, weil bestehende Informationsmedien und -kanäle in diesem Bereich als ausreichend angesehen werden.

2. Die Situationen, in denen innovative Betriebe ein aktuelles Fachinformationsbedürfnis haben, treten zu selten und zu sporadisch auf, um die Unternehmen an die Nutzung von Informationsvermittlungsdiensten gewöhnen zu können.

3. Die Ergebnisse der Online-Informationsvermittlung können von den Unternehmen oft nicht verwertet werden, da sie wegen der ungeeigneten formalen Gestaltung (EDV-Ausdrucke, bibliographische Nachweise, Datenbankstruktur der Information, Fremdsprache) auf Ablehnung stoßen oder aufgrund unangepaßter inhaltlicher Präsentation (Wissenschaftssprache, fehlender Problembezug) nicht unmittelbar in betriebliche Problemlösungen umgesetzt werden können.

4. Die privaten Anbieter von Informationsdienstleistungen genießen bei den potentiellen Nutzern aus dem KMU-Bereich in der Regel nicht das erforderliche Vertrauen, das den Beratern bei Kammern und Verbänden von den Betrieben entgegengebracht wird.

5. Die Bereitschaft (nicht nur) in der mittelständischen Wirtschaft, die Leistung von Fachinformationsdiensten aufwandsgerecht zu vergüten, ist eher gering, da hier wie in vielen anderen Bereichen auch, der Markt für fachlichen Informationsaustausch traditionellerweise über informationelle Tauschprozesse geregelt wird, bei denen die Steuerung durch Geldmittel kaum eine Rolle spielt.

6. Statt des isolierten Tatsachen- und Faktenwissens, das die derzeitige Fachinformationsvermittlung anzubieten hat, benötigt das innovative Unternehmen zur wettbewerbsorientierten Weiterentwicklung Orientierungswissen, Handlungswissen sowie erfahrungsgeprüfte und bewertete Informationen.

Insgesamt ergibt sich ein ähnliches Bild wie bei vergleichbaren Fördermaßnahmen im KMU-Bereich: Nachhaltige Wirkungen in bezug auf die Nutzung von Online-Recherchen ergaben sich am ehesten bei den ohnehin schon aktiven

Unternehmen, für die eine umfassende und eher systematische Informationsversorgung auch schon vor der Erfahrung mit Online-Recherchen einen hohen unternehmenspolitischen Stellenwert hatte.

Qualitative Effekte der Online-Informationsvermittlung

Im Modellversuch entwickelten sich von Anfang an zwei unterschiedliche Modelle der Informationsvermittlung. Das erklärte Konzept der Förderung war es, den Aufbau innerbetrieblicher Informationskapazitäten im Dienstleistungsbereich zu unterstützen; Datenbankrecherchen sollten für die interne Informationsbeschaffung genutzt werden.

Viele der geförderten IVS setzten sich jedoch das Ziel, reine oder nur gering aufbereitete Online-Recherchen an Dritte weiter zu verkaufen (Information Broker-Konzept). Bei diesen Stellen stand von Anfang an eine marktorientierte Strategie im Vordergrund, weil in diesem Sektor neue lukrative Einnahmequellen erwartet wurden.

32,1 % der IVS haben ihr externes Konzept deutlich geändert. Es hat sich gezeigt, daß zum Ende des Modellversuchs 27 % der Stellen ihre IVS ausschließlich intern, weitere 55 % sowohl intern als auch extern nutzen wollten. Insbesondere die Vermittlungsstellen in den Forschungsinstitutionen und Universitäten waren bei der internen Nutzung stark vertreten. Dort wurden Online-Recherchen fast nur für die Angehörigen der eigenen Hochschule durchgeführt.

Die Gründe dafür, daß sich insgesamt 74 Stellen die beiden Möglichkeiten offenhalten wollten, interne und externe Informationsvermittlung durchzuführen, sind dabei einfach nachzuvollziehen:

1. Es war für diese Stellen nicht zu aufwendig und teuer, Recherchen nach außen zumindest anzubieten, selbst wenn sie nur wenig nachgefragt wurden.

2. Eine Reihe von Unternehmen baute Werbung mit IVS-Diensten in ihre Marketingstrategie ein, um bei den Kunden einen Image-Gewinn zu erzielen.

3. Außerdem hielten sich die externen Modelle damit die Option offen, bei einer zukünftig befriedigenderen Entwicklung des Marktes für Online-Dienste gegenüber potentiellen Mitbewerbern Wettbewerbsvorteile aufgrund ihres langjährigen Know-how-Vorsprungs vorweisen zu können.

Während fast drei Viertel der 134 IVS angaben, sie würden ihre Dienste auch oder nur extern anbieten, so wird diese Aussage durch die absolute Anzahl der ausschließlich intern genutzten Recherchen wieder relativiert. Von den während des Modellversuchs insgesamt registrierten 25.052 Recherchen wurden lediglich 8.963 (35,8 %) im Auftrag externer Nachfrager durchgeführt.

Bei den geförderten Informationsvermittlungsstellen war die Tendenz deutlich zu erkennen, die Nutzung von Online-Datenbankrecherchen mit anderen informations- und beratungsbezogenen Dienstleistungen zu kombinieren. Der Anteil der reinen Informationsvermittlung war naturgemäß dort am größten, wo die IVS in größeren Institutionen und Unternehmen auf die Recherche und Weitergabe von fachlichen Informationen festgelegt war. In den großen wirtschaftnah arbeitenden, nicht kommerziellen Einrichtungen sowie in den Hochschulen und Forschungseinrichtungen war deshalb die Tendenz zur direkten Kopplung der IVS-Arbeit mit anderen Dienstleistungen weniger verbreitet als im Bereich der privaten Dienstleistungsunternehmen.

Hingegen wurde die Nutzung von Online-Recherchen in Zusammenhang mit Ermittlungen zum Stand der Technik von vielen wirtschaftsnahen Einrichtungen positiv beurteilt: Stand-der-Technik-Recherchen werden im Rahmen der Innovationsberatung bei Industrie-und Handelskammern, bei der Beratung junger technologie-orientierter Unternehmen durch das Management von Technologieparks oder auch bei der Beurteilung von technologischen Konzepten durch Innovationsberatungsstellen benötigt.

Daher kann als Ergebnis aus dem Modellversuch festgehalten werden, daß überall dort, wo im innovativen, technologieorientierten Umfeld Beratungsarbeit, Kontaktbemühungen oder Informationsunterstützung eine wesentliche Rolle spielt, die Fachinformationsvermittlung als Teil anderer Dienstleistungen als selbstverständlich und notwendig akzeptiert wird. Als isoliertes nachfrageorientiertes Dienstleistungsangebot hat die Vermittlung von Fachinformation jedoch wenig Erfolgsaussicht.

Im Bereich der privaten Dienstleistung haben sich andere Nutzungs- und Kombinationsmöglichkeiten für Datenbankrecherchen entwickelt: In privaten Forschungsinstituten, Technologieberatungsstellen oder Ingenieurbüros wurden sie zur Erstellung von Berichten und Expertisen gebraucht; Online-Information wurde zur Wissensakquisition in der Unternehmensberatung eingesetzt; Datenbanken waren auch eine wertvolle Hilfe bei der Beschaffung und Vermittlung konventioneller Fachinformation.

Die Integration der Datenbanknutzung in komplexere Aufgabenbereiche der Beratung und Unterstützung hat sich sowohl bei den privaten als auch bei den nicht-kommerziellen Stellen als erfolgversprechendes Modell der Informationsvermittlung erwiesen. Die Nutzung der Online-Recherche als subsidiäres Medium zur Informationsbeschaffung im Rahmen traditioneller Informations- und Know-how-Vermittlung wurde von den meisten im Modellversuch geförderten Organisationen und Unternehmen als positiv bewertetes Rationalisierungs- und Qualifizierungsinstrument eingeschätzt.

Kosten, Preise und Wirtschaftlichkeit

Zu den Analyseaufgaben des ISI zählte auch eine Untersuchung und Bewertung der ökonomischen Aspekte der geförderten Modellvorhaben. Diese mußte die Vielschichtigkeit der ökonomischen Rahmenbedingungen und Effekte berücksichtigen und sollte dabei insbesondere zwischen einer betriebs- und einer volkswirtschaftlichen Betrachtungsweise unterscheiden:

- Bei der Analyse der betriebswirtschaftlichen Effizienz von IVS waren verschiedene Konzepte und Inhalte von Wirtschaftlichkeit zu berücksichtigen, was ein jeweils unterschiedliches Untersuchungsdesign erforderte.

- Neben diesen betriebswirtschaftlichen Aspekten gab es volkswirtschaftliche Aspekte der Informationsvermittlung, die sich vor allem auf die Bedeutung der IVS für den Markt der Online-Fachinformation beziehen.

Um die Wirtschaftlichkeit von Informationsvermittlungskapazitäten bei den einzelnen IVS bewerten zu können, wurden sowohl quantitative Daten zu den Kosten und Preisen der Informationsvermittlung erhoben, aber es wurden auch anhand von standardisierten Einschätzungsfragen die qualitativen Aspekte der Wirtschaftlichkeitsbeurteilung nachgefragt.

Das früher in der Informationsdienstleistung bei Dokumentationsstellen und Informationszentren weit verbreitete System der Staffelpreise für unterschiedliche Grade der Recherchetiefe und des Rechercheumfangs wurde im Modellversuch von nur 10,4 % der externen IVS angewandt. Fast 20 % verlangten für einzelne Recherchedienste unterschiedlich kalkulierte Festpreise und in 62 % der Fälle wurde die Informationsdienstleistung anhand des tatsächlich benötigten Zeit- und Arbeitsaufwands berechnet. Während von den 4 extern anbietenden IVS aus dem öffentlichen Bereich Durchschnittspreise von ca. 202 DM pro Recherche verlangt wurden, nahmen die wirtschaftsnah arbeitenden Einrichtungen bereits über 400 DM und die privaten Broker-Unternehmen im Durchschnitt ca. 600 DM für eine Auftragsrecherche.

Die durchschnittliche Preisgrenze, die für viele potentielle Abnehmer von Informationsdienstleistungen - insbesondere aus dem Bereich der kleinen und mittleren Unternehmen - eine Art Schmerzgrenze darstellte, lag nach den Angaben der befragten IVS bei ca. 800 bis 1.000 DM. Berücksichtigt man jedoch den durchschnittlichen Tagessatz von Rechercheuren einschließlich der Aufwendungen für Hostnutzung, für DFÜ-Gebühren, weiterhin für Gemeinkosten wie Geräte, Miete und Material und zusätzlich den Zeit- und Kostenaufwand für viele vergebliche Akquisitionsbemühungen, dann ist aus einer einfachen Gewinn-Verlust-Rechnung leicht zu schließen, daß die gewerbliche Vermittlung von Fachinformationen im Modellversuch nur in absoluten Ausnahmefällen wirtschaftlich, in kaum einem Fall jedoch lukrativ erfolgen konnte.

Die im Modellversuch beobachteten Strategien zur Kostenabrechnung von internen IVS lieferten erste Hinweise auf den rechnungstechnischen Stellenwert von Informationsabteilungen. 54 % der befragten IVS rechneten die Informationskosten der IVS über einzelne Kostenstellen ab. Dabei wurden die anfallenden Kosten für die Informationsarbeit nur zu einem gewissen Anteil den einzelnen Auftragsprojekten, Arbeitsgruppen oder Fachabteilungen weiterberechnet. Personal- oder Infrastrukturkosten wurden gewöhnlich als Gemeinkosten behandelt. Bei 35 % der IVS wurden die Informationskosten ganz über Gemeinkosten abgerechnet. In diesen Fällen war man zu der Überzeugung gelangt, daß Informationskosten ähnlich wie die notwendigen Ausgaben für technische Kommunikation, für Arbeitsmaterial, für Controlling oder auch für das Management als Infrastrukturaufwendungen für einen Servicebereich IVS anzusehen sind.

Nur 8 IVS in größeren Unternehmen waren als kostenmäßig eigenständiges Profit-Center organisiert. Voraussetzung für diese Art der Kostenabrechnung war jedoch, daß die IVS ihre Dienstleistungen intern und extern anbot, daß die IVS im Vergleich mit anderen externen Informationsunternehmen wettbewerbsfähig blieb, daß Absatzgarantien bei der organisationsinternen Nutzung gegeben waren und daß alle IVS-Leistungen von den internen Auftraggebern kostendeckend abgerechnet wurden. Die Etablierung eines gewinnorientierten, kostendeckend arbeitenden Informations-Profit-Centers konnte in Reinform jedoch nirgends beobachtet werden. Noch wird in vielen Fällen mit der abrechnungstechnischen Einordnung der IVS experimentiert, und es werden Mischlösungen praktiziert.

Bewertung der Online-Information durch die IVS

Im Vergleich zu den nicht ins Gewicht fallenden Gewinnaussichten der reinen Informationsvermittlung scheinen die nur schwer quantifizierbaren Nutzeffekte einer IVS eine besondere Rolle zu spielen. Bei den Auswertungen des Modellversuchs Informationsvermittlung wurden von den zahlreichen qualitativen Merkmalen, die bei den Stellen erhoben wurden, erstens der Einschätzung der Wirkungen des Modellversuchs auf die IVS, zweitens der subjektiven Bewertung des Mediums Online-Information und drittens der Kardinalfrage, ob einzelne Stellen vor oder nach Auslaufen der Förderung die IVS aufgaben, besondere indikatorische Aussagekraft beigemessen.

Die subjektiven Einschätzungen zur Online-Information zeigen, daß bei allen drei Hauptgruppen die Kosten der Online-Information für angemessen gehalten wurden. Lediglich die Hochschulen, denen bei der Recherche in STN besondere Rabatte gewährt wurden, bewerteten die Informationen als relativ preiswert; dafür hielten die Rechercheure in Wissenschaft und Forschung die von ihnen genutzten Datenbanken für besonders zuverlässig. Darüber, daß Online-Datenbanknutzung unkompliziert ist, herrschte in allen drei Hauptgruppen Einigkeit. Die subjektiven Haltungen der befragten Rechercheure zeigten aber auch, daß sich bei der Beschäftigung mit Online-Recherchen ein gewisses Gefühl der Selbstverständlichkeit und der Routine mit einem Rest an Faszination und Begeisterung für das neue Medium paarte.

Aussagekräftiger erscheint die Information, ob und wieviele IVS vor oder nach Auslaufen der Förderung durch den BMFT das Projekt abgebrochen haben. Nach eigenen Angaben werden von den 134 geförderten IVS insgesamt 12 Unternehmen und Institutionen die Vermittlungsstellen in Zukunft voraussichtlich nicht weiter betrieben. Von allen geförderten Modellvorhaben werden 6 Stellen (4,5 %) ihre IVS definitiv nicht weiterführen und ihren Fachinformationsbedarf aus anderen Quellen decken.

Bei weiteren 6 Stellen galt zum Zeitpunkt des Interviews die IVS-Weiterführung entweder als sehr unsicher oder es waren bereits andere Entscheidungen und Pläne in bezug auf den IVS-Betrieb getroffen worden. Zwei dieser 12 Stellen hatten bereits während der Förderphase den Modellversuch vorzeitig abgebrochen. Definitive Entscheidungen gegen eine IVS-Fortführung sind nur von 6 privaten Modellvorhaben gefällt worden, die mit der kommerziellen Informationsvermittlung einen neuen Dienstleistungszweig hatten aufbauen wollen.

Programmgestaltung und -durchführung

Bei dem Modellversuch handelte es sich um eine Art Feldexperiment mit all den damit verbundenen Vorteilen, aber auch mit unvermeidbaren Nachteilen. So konnte vieles lediglich bestätigt werden, was an anderer Stelle bereits als bekannt vorausgesetzt wurde: Reine (private) Informationsvermittlungsstellen haben in der Regel nur eine geringe Chance, auf Dauer erfolgreich zu operieren. Dies gilt insbesondere im Hinblick auf die Zielgruppe kleine und mittlere Unternehmen und unter der Voraussetzung eines noch immer sehr limitierten (Online-)Angebots für diese Klientel. Benötigt wird vielmehr eine umfassende, intensive, auf persönlichem Vertrauen aufgebaute Beratung der KMU, bei der Datenbanken nur eines von vielen Hilfsmitteln zur Problemlösung sein können. Vordringlich ist außerdem eine Verbesserung des auf den Bedarf von KMU zugeschnittenen Datenbankangebotes.

Da die im Modellversuch als vorrangig angesehenen Ziele nicht immer mit den dafür eingesetzten Instrumenten und Methoden in Einklang zu bringen waren, ergaben sich Probleme während der Durchführung des Modellversuchs. Diese Schwierigkeiten resultierten weniger aus einer womöglich unzulänglichen Vorbereitung des Modellversuchs als vielmehr aus den Randbedingungen und Leitlinien aktueller Fachinformationspolitik, wie z. B. die Präferenzfestlegung auf naturwissenschaftlich/technische Fachinformation, die erklärte Absicht zu Beginn des Modellversuchs, die Vermittlung von Wirtschaftsinformationen nicht zu fördern, daraus resultierend nicht geklärte Kompetenzen der einzelnen politischen Ressorts, die im KMU-Bereich für Förderaktiven verantwortlich sind, sowie die Favorisierung informationspolitischer Förderschwerpunkten im Bereich der ausschließlich online verfügbaren Fachinformation.

Die Gefahr, daß staatliche Förderung zu Verzerrungen im Marktgefüge führen kann, war zu Beginn des Modellversuchs in Argumenten und Diskussionen ausgiebig behandelt worden. Doch kann aus ordnungspolitischer Sicht eine Startfinanzierung innovationsunterstützender Vorhaben im Fachinformationssektor ebenso angezeigt sein, wie die laufende Förderung kleiner und mittlerer Unternehmen im Rahmen forschungs- und technologieorientierter Strukturpolitik.

Als bedenklicher wurde während der Durchführung des Modellversuchs allerdings angesehen, daß bereits aus anderen öffentlichen Programmen geförderte Informationsvermittlungsstellen in diesem Programm eine zusätzliche finanzielle Unterstützung erhalten sollten. Diese angenommene Doppelförderung einiger Modellvorhaben widersprach scheinbar dem Ziel, die private Initiative selbständiger Information Broker zu stärken und zu fördern. Doch im Nachhinein erwies sich die Strategie, keine Existenzgründungen im Modellversuch zu fördern, als angemessen, da aufgrund der mangelnden Nachfrage nach Online-Informationsdiensten deren Überlebenschancen nur gering geblieben wären.

Die Wirkungen des Programms

Letztlich muß darüber nachgedacht werden, ob die Ziele und Erfolgskriterien, die für den gesamten Modellversuch aufgestellt worden sind, notwendigerweise auch mit den Zielen und Erfolgskriterien übereinstimmen müssen und können, die für das einzelne Modellvorhaben relevant sind. So muß die Steigerung von Recherchezahlen nicht immer und nicht unmittelbar ein Indikator für die intensivierte Nutzung von Online-Informationen sein. Auf der anderen Seite stellt sich eine Zunahme des Rechercheaufkommens dann ein, wenn ein Modellvorhaben sein individuelles Erfolgskonzept der Informationsvermittlung gefunden und realisiert hat. Die Gesamtheit des individuellen Erfolgs schlägt sich für diesen Fall kumuliert in einer positiven Entwicklung des gesamten Modellversuchs nieder, ohne daß einzelne Stellen mit unterdurchschnittlicher Rechercheleistung ohne weiteres als weniger erfolgreich bezeichnet werden könnten.

Auch darf der Modellversuch Informationsvermittlung nicht nur als Einzelmaßnahme zur Förderung des Informationssektors gesehen werden; vor dem viel umfassenderen Hintergrund des Innovations- und Technologietransfers, in Zusammenhang mit der Unterstützung innovationsorientierter Dienstleistungen kann man dem Modellversuch auch eine weitere Funktion zuweisen: durch die Intensivierung nicht nur der Nutzung von Online-Datenbanken, sondern auch des darüber hinaus weisenden Wissenstransfers zwischen Wirtschaft, Wissenschaft und Gesellschaft könnte der Modellversuch dazu beigetragen haben, fachliche Kommunikation, transdisziplinäre Kooperation, technische Innovation und wirtschaftliche Initiative anzuregen, zu fördern und zu stärken.

Die Effekte, die sich durch die Teilnahme am Modellversuch für ein Unternehmen oder eine Institution ergeben haben, werden unterschiedlich gewichtet.

Danach war für 105 der 134 befragten IVS die jetzt rationellere Informationsbeschaffung der wichtigste Effekt aus dem Modellversuch. Gleichzeitig gaben über 70 % der Unternehmen und Institutionen an, die Nutzung einer IVS habe die anderen Dienstleistungen und Funktionen der Stelle eindeutig verbessert. Dieser Effekt wurde von den geförderten wirtschaftsnahen Einrichtungen mit Beratungsfunktion überdurchschnittlich oft genannt. Auch die Verbesserung des innerbetrieblichen informationstechnischen Know-how wurde durch die Teilnahme am Modellversuch deutlich mitbeeinflußt. Für 57 % der Stellen spielten auch Effekte der Marketing- und Imageunterstützung durch die IVS eine nicht unbedeutende Rolle. Die Primärwirkungen, die der Modellversuch auf die teilnehmenden Informationsvermittler, auf deren Kunden, Klienten, Mandanten und auf die interessierte Fachöffentlichkeit ausgeübt hat, sind unübersehbar. Von ebenso großer Bedeutung sind jedoch auch die Sekundärwirkungen, die eine intensivierte Informationsvermittlung nachsichzieht, und die Synergieeffekte, die durch die Nutzung neuer technischer Möglichkeiten der Informationsbeschaffung und Problemlösung hervorgerufen werden.

Zusammenfassend lassen sich die Lerneffekte aus dem Modellversuch folgendermaßen beschreiben: Der Modellversuch Informationsvermittlung

- hat dazu beigetragen, Konzepte der medien-, problem- und bedarfsgerechten Nutzung von Datenbankinformation zu erkennen, zu entwickeln, zu bewerten und zu verbreiten;
- er hat zu einem Erfahrungszuwachs im Bereich der elektronisch gestützten Informationsbeschaffung und deren Marktfähigkeit geführt;
- er hat die realistische Einschätzung zu Möglichkeiten und Grenzen der Fachinformationsnutzung gefördert;
- er bewirkte eine positive Anpassung und Gewöhnung der beteiligten Dienstleistungsunternehmen an die Nutzung von Online-Information im Rahmen der üblichen geschäftlichen Informations- und Beratungsabläufe;

- und er hat dabei geholfen, die oft unkritischen, nicht selten euphorisch gefärbten Erwartungen zur Vermarktbarkeit von Online-Informationsdiensten in sachgerechte, realitätsbezogene und vor allem praktikable Handlungsstrategien der Informationsvermittlung zu verwandeln.

Literaturverzeichnis

AHREND 1990
Ahrend, Wolf-M.: Die Nutzung von externen Informationsdatenbanken durch kleine und mittlere Unternehmen : Ergebnisse einer empirischen Untersuchung. In: Herget, Josef (Hrsg.) ; Kuhlen, Rainer (Hrsg.): *Pragmatische Aspekte beim Entwurf von Informationssystemen : Proceedings des 1. Internationalen Symposiums für Informationswissenschaft (Konstanz 1990).* Konstanz : Universitätsverlag Konstanz, 1990 (Konstanzer Schriften zur Informationswissenschaft, Bd. 1), S. 553-566

ALLESCH / PREISS-ALLESCH / SPENGLER 1988
Allesch, Jürgen ; Preiß-Allesch, D. ; Spengler, Ulrich: *Hochschule und Wirtschaft : Bestandsaufnahme und Modelle der Zusammenarbeit.* Köln : TÜV Rheinland, 1988 (Technologie-Transfer; Bd. 12)

BALLWIESER / BERGER 1985
Ballwieser, Wolfgang ; Berger, Karl-H.: Information und Wirtschaftlichkeit : Hintergrund, Erwartungen und Ergebnisse. In: Ballwieser, Wolfgang (Hrsg.) ; Berger, Karl-H. (Hrsg.): *Information und Wirtschaftlichkeit (Wissenschaftliche Tagung des Verbandes der Hochschullehrer für Betriebswirtschaft Hannover 1985).* Wiesbaden : Gabler, 1985, S. 11-36

BECKER u.a. 1980
Becker, Jörg ; Mettler-Meibom, Barbara ; Matheisen, Jost ; Sommer-Becker, Ingeborg: Die Kenntnis der individuellen Informationsstrategien : Voraussetzung erfolgreicher Informationsvermittlung. In: *NfD* 31 (1980), Nr. 4/5, S. 165-168

BELKIN 1986
Belkin, Nicholas J.: User/intermediary interaction analysis : a foundation for designing intelligent information systems. In: Varlejs, Jana (Ed.): *Information seeking : Basing services on users' behaviours (Twenty-fourth Annual Symposium of the Graduate Alumni and Faculty of the R. Rutgers School of Communication, Information and Library Studies 1986).* Jefferson, N.C., 1986, S. 4-23

BELLOMY 1979
Bellomy, Fred O.: Die privatwirtschaftliche Informationsversorgungsszene (information brokerage) in den USA. In: *NfD* 30 (1979), Nr. 1, S. 17-20

BERNHARDT 1980
Bernhardt, Ursula: *Bestandsaufnahme der in der Bundesrepublik Deutschland existierenden Stellen mit Informationsvermittlungs- und -beratungsfunktion.* Karlsruhe : FIZ Energie, Physik, Mathematik, 1980 (BMFT-FB-ID 80-011)

BEYER 1982
Beyer, Wolfgang: *Informationsvermittlung in der Bundesrepublik Deutschland : ein Überblick.* Frankfurt am Main : GID, 1982 (Aktuelle Beiträge und Berichte der GID 12)

BIGGS 1982
Biggs, Barbara R.: Information brokering. In: Warnken, Kelly (Ed.) ; Felicetti, Barbara W. (Ed.): *So you want to be an information broker?* Chicago, Il : Information Alternative, 1982, S. 81-89

BIS MACKINTOSH 1988a
BIS Mackintosh: *Electronic information in Europe : Summary of the first survey.* Luton : Mackintosh, 1988

BIS MACKINTOSH 1988b
BIS Mackintosh: *Electronic information in Europe : Second survey report.* Luton : Mackintosh, 1988

BMFT 1985
Bundesministerium für Forschung und Technologie (BMFT): *Fachinformationsprogramm 1985-88 der Bundesregierung.* Bonn : BMFT, 1985

BMFT 1986

Bundesministerium für Forschung und Technologie (BMFT): Bekanntmachung über die Förderung eines Modellversuchs Informationsvermittlung. In: *Cogito* 2 (1986), Nr. 1, S. 2-3

BMFT 1991

Bundesministerium für Forschung und Technologie (BMFT): *Fachinformationsprogramm der Bundesregierung 1990-1994.* Bonn : BMFT, 1991

BRÄUNLING 1982

Bräunling, Gerhard: Datenbankrecherchen als Hilfsmittel bei der Innovationsberatung. In: *NfD* 33 (1982), Nr. 4/5, S. 152-157

BRÄUNLING / HEMBERGER / TRAXEL 1984

Bräunling, Gerhard ; Hemberger, Fritz ; Traxel, Helga: *Ansatzpunkte und Maßnahmen zur Förderung der Nachfrage nach Online-Datenbankdiensten : Zwischenbericht zum Projekt "Untersuchung der Tätigkeiten und Wirkungen von Informationsvermittlungsstellen".* Karlsruhe : ISI, 1984

BRÄUNLING u.a. 1986

Bräunling, Gerhard ; Hauer, Manfred ; Hemberger, Fritz ; Mayer, Michael ; Traxel, Helga: *Nutzung und Nutzen der Datenbankdienste von Informationsvermittlungsstellen.* Karlsruhe : ISI, 1986

BRINK / HOENE 1987

Brink, Hans-J. ; Hoene, Christoph: *Der Informationsbedarf im Auslandsgeschäft mittelständischer industrieller Unternehmungen und seine Deckung durch Datenbanken : Eine empirische Analyse in der Region der Industrie- und Handelskammer Südlicher Oberrhein.* Freiburg : Albert-Ludwigs-Universität, Wirtschaftswissenschaftliche Fakultät, Lehrstuhl für Unternehmensführung, Controlling und Organisation, 1987

BRITISH LIBRARY RESEARCH AND DEVELOPMENT DEPARTMENT 1982

The British Library Research and Development Department: *Information and the small manufacturing firm : Report of a study of information use and needs in small manufacturing firms in the UK and the current pattern of information provision.* Edinburgh : Capital Planning Information Ltd., 1982

BULPITT 1988

Bulpitt, Graham: "HERTIS" : the information service of the Hatfield Polytechnic for Trade and Industry. In: Babbage, Angela (Ed.) ; Marloth, Heinz (Ed.) ; Segbert, Monika (Ed.) ; Simon, Elisabeth (Ed.): *Library Services to Industry : Proceedings of an Anglo-German conference, Cologne 1988.* London : Anglo-German Foundation for the Study of Industrial Society, 1988, S. 46-50

CHAKRABARTI 1979

Chakrabarti, Alok K.: Marketing of information services : strategic considerations in channel selection. In: King, W.R. et al. (Eds.): *Marketing scientific and technical information.* Pittsburgh : Boulder, 1979, S. 153-160

COENEN / PASCHEN 1978

Coenen, Reinhard ; Paschen, Herbert: Information für Innovation und Technology Assessment. In: Werner Kunz (Hrsg.): *Informationswissenschaft : Stand, Entwicklung, Perspektiven : Förderung im IuD-Programm der Bundesregierung.* / erg. und erweit. Bericht der 1. Fachtagung Heidelberg 1976. München : Oldenbourg, 1978, S. 140-149

CRAWFORD 1988

Crawford, Marshall: Information Broking in Great Britain. In: Babbage, Angela (Ed.) ; Marloth, Heinz (Ed.) ; Segbert, Monika (Ed.) ; Simon, Elisabeth (Ed.): *Library Services to Industry : Proceedings of an Anglo-German conference, Cologne 1988.* London : Anglo-German Foundation for the Study of Industrial Society, 1988, S. 98-104

CRONIN 1985

Cronin, Blaise: Marketing : Prinzipien und Praxis. In: Ernestus, Horst (Hrsg.) ; Weger, Hans-D. (Hrsg.): *Öffentliche Bibliotheken heute und morgen : Neue Ansätze für Zielsetzungen und Management (Internationales Bibliotheks-Kolloquium der Bertelsmann Stiftung Gütersloh 1985).* Gütersloh : Bertelsmann, 1985, S. 82-93

DETTE 1984
Dette, Klaus: Datenbanken, Technologie-Transfer und die besonderen Anforderungen an die In-
formationsvermittlung. In: *NfD* 35 (1984), Nr. 2, S. 107-109
DODD 1976
Dodd, Julia B.: Information Brokers. In: *Special Libraries* 67 (1976), Nr. 516, S. 243-250
DONHAUSER 1980
Donhauser, Rainer: Die regionale Informationsvermittlung beim Ostbayerischen Technologie-
Transfer-Institut e.V. In: *NfD* 31 (1980), Nr. 4/5, S. 183-184

EINSPORN 1991
Einsporn, Thomas: Modellversuch zur Unterstützung der Informationsbeschaffung aus Datenban-
ken in kleinen und mittleren Unternehmen. In: Neubauer, Wolfram (Hrsg.) ; Meier, Karl-Heinz
(Hrsg.): *13. Frühjahrstagung der Online-Benutzergruppe in der DGD* (Frankfurt am Main 1991).
Frankfurt am Main : DGD, 1991 (DGD-Schrift 3/91) (OLBG-12), S. 195-198
EMMERICH 1988
Emmerich, Carmina: *A feasibility study on the introduction of an information brokerage business
in several European countries (UK, France and Germany)*. Oxford : EAP, 1988
ETTEL 1980
Ettel, Wolfgang: Informationsvermittlung in den Vereinigten Staaten. In: *NfD* 31 (1980), Nr. 4/5,
S. 185-189
EVERS 1982
Evers, H.: Information brokerage in Switzerland. In: *Proceedings of the 1st European Symposium
of Regional Industrial Information Transfer*. Luxembourg : CEC, 1982, S. 343-351

FREEMAN / KATZ 1978
Freeman, James E. ; Katz, Ruth M.: Information marketing. In: *Annual Review of Information
Science and Technology* 13 (1978), S. 37-59

GARVIN 1983
Garvin, Andrew P.: Re-use and re-packaging of information : the information intermediary view-
point. In: *Information Services & Use* 3 (1983), Nr. 1/2, S. 7-9
GATH 1987
Gath, Hans R.: Auf vollen Touren: Modellversuch Informationsvermittlung. In: *Cogito* 3 (1987),
Nr. 1, S. 14-17
GATI 1989
Gati, Andreas: Markterschließung privater Informationsvermittler : Von der Produktion zur
Kundenakquisition. In: Schmidt, Ralph (Hrsg.) ; Müller, Raymund (Hrsg.): *Strategien des
Informationsmarketings : Praxis, Probleme, Perspektiven*. Essen : Klaes, 1989, S. 217-223
GEHMACHER 1982
Gehmacher, Ernst: Unbequeme Gedanken zur IVS-Nutzerforschung. Begleitende Sozialforschung
nur in Ansätzen. In: *NfD* 33 (1982), Nr. 2, S. 75-78
GEORGY 1988
Georgy, Ursula: Informationsdienstleistungen in den Bereichen Biotechnologie und Umweltschutz.
In: Deutsche Gesellschaft für Dokumentation (DGD): *10. Frühjahrstagung der Online-Benutzer-
gruppe der DGD* (Frankfurt am Main 1988). Frankfurt am Main : DGD, 1988 (DGD-Schrift 1/88)
(OLBG-9), S. 85-92. - Vorträge
GESCHÄFTSIDEE 1985
Unternehmenskonzept Nr. 114; Informations-Makler. In: *Die Geschäftsidee* (1985), Nr. 5, S. 27-52
GEWIPLAN 1990
Gesellschaft für Wirtschaftsförderung und Marktplanung (GEWIPLAN): Nutzung elektronischer
Fachinformation in Hochschulen / Kurzfassung. Frankfurt am Main : GEWIPLAN, 1990.

GOKL 1988

Gokl, Reinhold: Nutzung von Informationsvermittlungsstellen durch das Handwerk : dargestellt am Beispiel der Technologie-Vermittlungs-Agentur Berlin (TVA). In: *Probleme und Chancen des Technologietransfers (Praxisseminar zu Innovationsfragen im Handwerk im Berufsbildungs- und Technologiezentrum der Handwerkskammer für Oberfranken 1988)*. Hannover : Heinz-Piest-Institut für Handwerkstechnik, 1988, S. 47-66

GRAUMANN 1986

Graumann, Sabine: Management als Management von Informationen. In: *Cogito* 2 (1986), Nr. 4, S. 6-7

GRAUMANN 1989

Graumann, Sabine: Wirtschaftlichkeitsgesichtspunkte beim Einsatz von Informationstechnik in der Informationsvermittlungsstelle eines Sozialforschungsinstituts. In: Deutsche Gesellschaft für Dokumentation (DGD): *Wirtschaftlichkeit von Informationstechniken* (5. Internationale Fachkonferenz Garmisch-Partenkirchen 1989). Frankfurt am Main : DGD, 1989 (DGD-Schrift 2/89) (KWID-7), S. 74-90. - Vortragsmanuskripte, unvollst. Ausgabe

HAUER 1984

Hauer, Manfred: *Die Lage privater Informationsvermittler und deren Methoden der Akquisition*. Konstanz : AGI, 1984

HAUER / WEIGEL / HERRMANN 1985

Hauer, Manfred ; Weigel, Ulrich ; Herrmann, Hans J.: *Marketingstrategien von Informationsberatungsagenturen mit Blick auf mittelständische Unternehmen*. 2. überarb. Aufl. Konstanz : AGI, 1985 (AGI-Forschung)

HAUSCHILDT 1989

Hauschildt, Jürgen: Informationsverhalten bei innovativen Problemstellungen : Nachlese zu einem Forschungsprojekt. In: *Zeitschrift für Betriebswirtschaft* 59 (1989), Nr. 4, S. 377-396

HEEGE 1989

Heege, Rainer: Informationsvermittlung als Marketinginstrument : Neue Dienstleistungsformen im Beratungsbereich. In: Schmidt, Ralph (Hrsg.) ; Müller, Raymund (Hrsg.): *Strategien des Informationsmarketings : Praxis, Probleme, Perspektiven*. Essen : Klaes, 1989, S. 225-231

HENRICHS 1988

Henrichs, Norbert: Informationsvermittlung durch Wissenschaftliche Bibliotheken : Ein Erfahrungsbericht aus einem DFG-Förderungsprogramm. In: *ABI-Technik* 8 (1988), Nr. 2, S. 123-136

HERGET / HENSLER 1991

Herget, Josef ; Hensler, Siegfried: Erfolgsfaktoren der Informationsvermittlung. Tl. 1: Theoretische Grundlagen und methodische Konzepte. Konstanz : Universität Konstanz, Informationswissenschaft, 1991 (Bericht 4/91)

HILF 1991

Hilf, Eberhard R.: Dezentrale Online-Nutzung im Hochschulbereich am Beispiel der Physik : Erfahrungen und Erwartungen. In: Neubauer, Wolfram (Hrsg.) ; Meier, Karl-Heinz (Hrsg.): *13. Frühjahrstagung der Online-Benutzergruppe in der DGD* (Frankfurt am Main 1991). Frankfurt am Main : DGD, 1991 (DGD-Schrift 3/91) (OLBG-12), S. 174-193. - Proceedings

HÖRING 1980

Höring, Klaus: Organisation der Informationsdienstleistungsbetriebe. In: Grochla, Erwin (Hrsg.): *Handwörterbuch der Organisation*. 2. völlig neu gestaltete Aufl. Stuttgart : Poeschel, 1980 (Enzyklopädie der Betriebswirtschaftslehre, Bd. II), S. 914-934

HÖTH 1989

Höth, Harald: Informationsberatung für kleine und mittlere Unternehmen. In: Deutsche Gesellschaft für Dokumentation (DGD): *40 Jahre DGD : Perspektive Information* (Deutscher Dokumentartag Aachen 1988). Frankfurt am Main : DGD, 1989 (DGD-Schrift 4/89) (Doktag 1), S. 455-459

HURT 1983

Hurt, C.D.: Intermediaries, self-searching and satisfaction. In: *National Online Meeting* (London 1983). Medford : Learned Information, 1983, S. 231-237

INFORMATIONSDIENSTLEISTUNG 1990
Moderne Informationsdienstleistungen : Trends und Aspekte, Entwicklungen und Probleme in Bibliotheken, Informationszentren und Dokumentationseinrichtungen der Bundesrepublik Deutschland (Referate eines Seminars für Bibliothekare und Informationsfachleute aus Osteuropäischen Ländern Hohenroda (Hessen) 1989. Berlin : DBI, 1990

INFRATEST 1975
Infratest Industria: *Informationsbedarf und Informationsversorgung der mittelständischen Industrie in Bayern.* München : Infratest, 1975

INFRATEST 1977
Infratest Sozialforschung: *Bericht zur Untersuchung "Markt für wissenschaftliche und technische Information".* 2. veränd. Aufl. München : Infratest, 1977

JAMES 1988
James, Elisabeth S.: Online-Recherchieren durch den Endbenutzer? : Die Situation bei Mittel- und Kleinbetrieben in den USA. In: *NfD* 39 (1988), Nr. 2, S. 83-86

JOHNSON 1991
Johnson, Alice: Information brokers. In: Kent, Allen (Ed.): *Encyclopedia of library and information science,* vol. 46: Supplement 11. New York : Marcel Dekker, 1991

KÄMPER 1991
Kämper, Ulrich: Informationsdienstleistungen : Diversifizierung contra Spezialisierung. In: Neubauer, Wolfram (Hrsg.) ; Meier, Karl-Heinz (Hrsg.): *13. Frühjahrstagung der Online-Benutzergruppe in der DGD* (Frankfurt am Main 1991). Frankfurt am Main : DGD, 1991 (DGD-Schrift 3/91) (OLBG-12), S. 107-115. - Proceedings

KALTWASSER 1988
Kaltwasser, Franz G.: Das Förderprogramm der Deutschen Forschungsgemeinschaft von 1980-1987 zur Einrichtung von Informationsvermittlungsstellen in wissenschaftlichen Bibliotheken. In: *Zeitschrift für Bibliothekswesen und Bibliographie* 35 (1988), Nr. 1, S. 61-65

KAMINSKY 1983
Kaminsky, Reiner: Erfahrungen eines privaten Informationsbrokers. In: *NfD* 34 (1983), Nr. 4/5, S. 195-200

KAMINSKY 1989
Kaminsky, Reiner: Förderung moderner Informationsvermittlung. In: *NfD* 40 (1989), Nr. 2, S. 83-86

KEENAN u.a. 1980
Keenan, S. ; Hargreaves, P. ; Vickery, A. ; Brooks, H.: A profile of the online intermediary. In: Learned Information: *4th International Online Information Meeting* (London 1980). Abingdon : Learned Information, 1980, S. 181-186. - Proceedings

KEMMLER / KRÜGER / RASCHKE 1979
Kemmler, Heinz W. ; Krüger, Manfred W. ; Raschke, Nikolaus: *Bedarfsanalyse für Informationsdienstleistungen im Fachbereich Wirtschaft* / Arbeitsbericht. Frankfurt am Main : KL-Team, 1979

KIND 1976
Kind, Joachim: Erfahrungen eines IuD-Beraters aus den Besuchen kleiner und mittlerer Firmen. In: Deutsche Gesellschaft für Dokumentation (DGD) ; von der Laake, Mathilde (Bearb.) ; Port, Peter (Bearb.): *Information und Dokumentation in der Wirtschaft* (Deutscher Dokumentartag Bad Kreuznach 1975). München : Verlag Dokumentation, 1976, S. 160-168

KLAUS / SCHMIDT 1989a
Klaus, Hans G. ; Schmidt, Ralph: Marketing von Informationsvermittlern in den USA. In: *NfD* 40 (1989), Nr. 2, S. 87-92

KLAUS / SCHMIDT 1989b
Klaus, Hans G. ; Schmidt, Ralph: Broker Face : Marketing von Informationsvermittlern in den USA. In: Schmidt, Ralph (Hrsg.) ; Müller, Raymund (Hrsg.): *Strategien des Informationsmarketings : Praxis, Probleme, Perspektiven.* Essen : Klaes, 1989, S. 117-134

KLINTOE 1979

Klintoe, Kjeld: Die Absichten, Ziele und Programme von Informationsmarketing- und Beratungsdiensten für die Wirtschaft auf subnationaler, nationaler und gemeinschaftlicher Ebene : unter besonderer Berücksichtigung der Klein- und Mittelbetriebe. In: Kommission der Europäischen Gemeinschaften: *Informationsmanagement : Schlußfolgerungen und Empfehlungen, die der AWTID, Ad-hoc-Arbeitsgruppe "Information für die Wirtschaft", zur Frage der weiteren erforderlichen Maßnahmen erarbeitet hat.* Brüssel : EGKS-EWG-EAG, 1979, S. 23-29. - Bericht erarbeitet auf die Anfrage vom Committee for Information and Documentation on Science and Technology

KOCH 1990

Koch, Wolfgang: Informationsversorgung für kleine und mittlere Unternehmen : Ein Markt für neue Dienstleistungen? In: Neubauer, Wolfram (Hrsg.) ; Schneider-Briehn, Uta (Hrsg.): *12. Frühjahrstagung der Online-Benutzergruppe in der DGD* (Frankfurt am Main 1990). Frankfurt am Main : DGD, 1990 (DGD-Schrift 3/90) (OLBG-11), S. 433-436. - Proceedings

KÖTHER 1989

Köther, Hans: Grundlagen des Informationsmarketings. In: Schmidt, Ralph (Hrsg.) ; Müller, Raymund (Hrsg.): *Strategien des Informationsmarketings : Praxis, Probleme, Perspektiven.* Essen : Klaes, 1989, S. 35-99

KOTLER 1978

Kotler, Philip: *Marketing für Nonprofit-Organisationen.* Stuttgart : Poeschel, 1978

KRAAK 1985

Kraak, Bernhard: Wissenschaftstransfer ist nicht nur ein Marktproblem. In: *Transfer-Information* 2 (1985), S. 13-17

KRUPP 1982

Krupp, Helmar: Economic and societal consequences of informatization. In: Stern, Barrie T. (Ed.): *Information and innovation. (Proceedings of a seminar of ICSU-AB on the role of information in the innovative process, Amsterdam 1982).* Amsterdam : North-Holland Publishing, 1982 (Contemporary topics in information transfer, Vol. 1), S. 27-43.

KÜBEL 1989

Kübel, Eberhard: Informationsvermittlung im Verbund : Informationskooperationen in der Bundesrepublik. In: Schmidt, Ralph (Hrsg.) ; Müller, Raymund (Hrsg.): *Strategien des Informationsmarketings : Praxis, Probleme, Perspektiven.* Essen : Klaes, 1989, S. 203-207

KÜCHLIN / SCHMIDT / THOMALLA 1990

Küchlin, Gabriele ; Schmidt, Ralph ; Thomalla, Ingrid: *Ergebnisse des Experten-Erfahrungsaustauschs "Informationstransfer für das Handwerk : Modelle und Strategien" Berlin 1989.* Karlsruhe : ISI, 1990 (Arbeitspapiere zum Modellversuch Nr. 67)

KUHLEN / FINKE 1988

Kuhlen, Rainer ; Finke, Wolfgang F.: Informationsressourcen-Management. Informations- und Technologiepotentiale professionell für die Organisation verwerten. Tl. 1 ; Tl. 2. In: *Zeitschrift Führung und Organisation* 7 (1988), Nr. 5, S. 314-323 ; 7 (1988), Nr. 6, S. 399-403

LANDGREBE 1976

Landgrebe, Klaus P.: Informationsdienstleistungen aus der Sicht der Marketingberatung. In: Deutsche Gesellschaft für Dokumentation (DGD) ; von der Laake, Mathilde (Bearb.) ; Port, Peter (Bearb.): *Information und Dokumentation in der Wirtschaft* (Deutscher Dokumentartag Bad Kreuznach 1975). München : Verlag Dokumentation, 1976, S. 309-334

LANGHEIN 1982a

Langhein, Joachim E.: *Studie über Informationsvermittlung in den Ländern der EG : Länderbericht Bundesrepublik Deutschland.* Heidelberg : IFW, 1982 (Project SISP4 ; Study on Information Intermediaries, Appendix 7: Country Survey West Germany)

LANGHEIN 1982b

Langhein, Joachim E.: *Studie über Informationsvermittlung in den Ländern der EG : Länderbericht Italien.* Heidelberg : IFW, 1982 (Project SISP4 ; Study on Information Intermediaries, Appendix 6: Country Survey Italy)

LENK 1984

Lenk, Klaus: Staat oder Markt in der Fachinformationsversorgung : eine irreführende und wenig durchdachte Alternative. In: *Das Inforum* 5 (1984), Nr. 18, S. 1-2

LIEBERAM 1991

Lieberam, Günther: Vom Wissen der Welt profitieren. In: *Brennpunkte* 2 (1991), Nr. 3, S. 15-16

LÜSTORFF 1988

Lüstorff, Joachim: Informationsvermittlung : keine Aufgabe für Hochschulbibliotheken? Anmerkungen zum "Modellversuch Informationsvermittlung". In: *77. Deutscher Bibliothekarstag in Augsburg 1987*. Frankfurt am Main : Klostermann, 1988 (Zeitschrift für Bibliothekswesen und Bibliographie, Sonderheft 46), S. 269-278

LUKOSCHIK 1989

Lukoschik, Andreas (Leo): Marketingunterstützung für Informationsagenturen : Die Kunst der vertrauensbildenden Maßnahme. In: Schmidt, Ralph (Hrsg.) ; Müller, Raymund (Hrsg.): *Strategien des Informationsmarketings : Praxis, Probleme, Perspektiven*. Essen : Klaes, 1989, S. 153-160

MACKAY 1989

Mackay, Renate: Marktstrategien bei Information Brokern. In: Schmidt, Ralph (Hrsg.) ; Müller, Raymund (Hrsg.): *Strategien des Informationsmarketings : Praxis, Probleme, Perspektiven*. Essen : Klaes, 1989, S. 177-187

MARLOTH 1976

Marloth, Heinz: Untersuchungen über den Informationsbedarf von Klein- und Mittelbetrieben. In: Deutsche Gesellschaft für Dokumentation (DGD) ; von der Laake, Mathilde (Bearb.) ; Port, Peter (Bearb.): *Information und Dokumentation in der Wirtschaft* (Deutscher Dokumentartag Bad Kreuznach 1975). München : Verlag Dokumentation, 1976, S. 145-151

MARLOTH 1977

Marloth, Heinz (Intervt.): Chancen für Information Broker. In: *Diebold Management Report* (1977), Nr. 1, S. 12-14

MICHELSON 1990

Michelson, Martin: Entwicklung der Informationsvermittlung in der Kreditwirtschaft. In: Herget, Josef (Hrsg.) ; Kuhlen, Rainer (Hrsg.): *Pragmatische Aspekte beim Entwurf von Informationssystemen : Proceedings des 1. Internationalen Symposiums für Informationswissenschaft (Konstanz 1990)*. Konstanz : Universitätsverlag Konstanz, 1990 (Konstanzer Schriften zur Informationswissenschaft, Bd. 1), S. 525-529

MÜLLER 1989

Müller, Raymund: Strategisches Marketing Schritt für Schritt. In: Schmidt, Ralph (Hrsg.) ; Müller, Raymund (Hrsg.): *Strategien des Informationsmarketings : Praxis, Probleme, Perspektiven*. Essen : Klaes, 1989, S. 163-175

MÜLLER-BADER 1989

Müller-Bader, Peter: Strategisches Informationsmarketing : Wie verkauft man Wissen. In: Schmidt, Ralph (Hrsg.) ; Müller, Raymund (Hrsg.): *Strategien des Informationsmarketings : Praxis, Probleme, Perspektiven*. Essen : Klaes, 1989, S. 141-151

MÜLLER-MERBACH 1985

Müller-Merbach, Heiner: Ansätze zu einer informationsorientierten Betriebswirtschaftslehre. In: Ballwieser, Wolfgang (Hrsg.) ; Berger, Karl-H. (Hrsg.): *Information und Wirtschaftlichkeit (Wissenschaftliche Tagung des Verbandes der Hochschullehrer für Betriebswirtschaft Hannover 1985)*. Wiesbaden : Gabler, 1985, S. 117-144

MÜLLER / SCHMIDT / SCHWUCHOW 1990

Müller, Raymund ; Schmidt, Ralph ; Schwuchow, Werner: Qualitative und quantitative Aspekte der Wirtschaftlichkeit von Informationsdienstleistungen. In: *NfD* 41 (1990), Nr. 3, S. 175-183

NICOLAS 1990

Nicolas, Hans-Joachim: *Kleine und mittlere Unternehmen : eine besondere Zielgruppe für staatliche Fördermaßnahmen im Bereich Fachinformation.* Bonn : BMFT, 1990. - Vortrag beim First European Information Brokers Meeting am 16. Mai 1990 auf der Infobase '90 in Frankfurt am Main. Typoskript

NICOLAS 1991

Nicolas, Hans-Joachim: Nutzungssteigerung von Datenbanken in Hochschulen und in der mittelständischen Wirtschaft. In: Neubauer, Wolfram (Hrsg.) ; Meier, Karl-Heinz (Hrsg.): *13. Frühjahrstagung der Online-Benutzergruppe in der DGD* (Frankfurt am Main 1991). Frankfurt am Main : DGD, 1991 (DGD-Schrift 3/91) (OLBG-12), S. 163-173. - Proceedings

NINK 1984

Nink, Hermann.: *Privatwirtschaftliche Informationsdienstleistung : Aufgaben, Möglichkeiten und Probleme : Unter besonderer Berücksichtigung der Informationsvermittlung.* Köln : Greven, 1984 (Kölner Arbeiten zum Bibliotheks- und Dokumentationswesen, H. 5)

O'LEARY 1987

O'Leary, Mick: The information broker : a modern profile. In: *Online* 11 (1987), Nr. 4, S. 24-30

PIEPER 1986

Pieper, Antje: *Produktivkraft Information.* Köln : Deutscher Instituts-Verlag, 1986 (Beiträge zur Gesellschafts- und Bildungspolitik 119)

POTTER 1980

Potter, Anne R.: Information brokers and their role in the online industry. In: Learned Information: *4th International Online Information Meeting* (London 1980). Abingdon : Learned Information, 1980, S. 295-301. - Proceedings

PUGSLEY / LENNON 1990

Pugsley, William ; Lennon, Rickye: A report on the status of fee-based information brokering in the United States of America. In: *Infomediary* 4 (1990), Nr. 1, S. 13-32

RATZEK 1989

Ratzek, Wolfgang: Information und Innovation : Spannungsfeld zwischen Theorie und Praxis. In: *Cogito* 5 (1989), S. 18-22

REUTER 1989

Reuter, Kurt: Sind Informationen käuflich? : Anmerkungen eines öffentlich geförderten Vermittlers. In: Schmidt, Ralph (Hrsg.) ; Müller, Raymund (Hrsg.): *Strategien des Informationsmarketings : Praxis, Probleme, Perspektiven.* Essen : Klaes, 1989, S. 249-260

REUTER 1990

Reuter, Kurt: Informationsversorgung für kleine und mittlere Unternehmen : Ein Markt für neue Dienstleistungen? In: Neubauer, Wolfram (Hrsg.) ; Schneider-Briehn, Uta (Hrsg.): *12. Frühjahrstagung der Online-Benutzergruppe in der DGD* (Frankfurt am Main 1990). Frankfurt am Main : DGD, 1990 (DGD-Schrift 3/90) (OLBG-11), S. 437-439. - Proceedings

REYES 1989

Reyes, Gloria: Ansatzpunkte für Kosten-Nutzen-Analysen im Bereich der innerbetrieblichen Informationsvermittlung. In: Deutsche Gesellschaft für Dokumentation (DGD): *Wirtschaftlichkeit von Informationstechniken* (5. Internationale Fachkonferenz Garmisch-Partenkirchen 1989). Frankfurt am Main : DGD, 1989 (DGD-Schrift 2/89) (KWID-7), S. 66-73. - Vortragsmanuskripte, unvollst. Ausgabe

REYES 1991

Reyes, Gloria: Die Informationsvermittlung eines internationalen Unternehmens : Auf dem Weg zur Globalisierung der Information. In: Neubauer, Wolfram (Hrsg.) ; Schneider-Briehn, Uta (Hrsg.): *1. Deutsch-Deutscher Dokumentartag* (Deutscher Dokumentartag Fulda 1990). Frankfurt am Main : DGD, 1991 (DGD-Schrift 1/91) (DOK-3), S. 281-289. - Proceedings

RODWELL 1987
Rodwell, Daphne: Information brokers : a future in the information market place? In: *Information and Library Manager* 6 (1987), Nr. 4, S. 87-107

ROSEN 1988
Rosen, Brenda C.: The age of the information broker. In: *The reference librarian* (1988), Nr. 22, S. 5-16

SAMULOWITZ 1989
Samulowitz, Hansjoachim: Information für das Handwerk : Modelle und Strategien. In: *NfD* 40 (1989), Nr. 4, S. 208

SCHÄUBLE 1982
Schäuble, Ingegerd: *Sozialwissenschaftliche Methoden zur Analyse und Bewertung von IuD-Dienstleistungen. Forschungsbericht Nr. 2/79 des Projektes "Wirtschaftlichkeit von Information und Dokumentation II" (WID II-Projekt).* / redakt. überarb. Fassung. Frankfurt am Main : IDD, 1982 (GID, Aktuelle Beiträge und Berichte 10)

SCHLIEKER 1988
Schlieker, Joan: *Entwicklung von Nachfrage und Angebot für Mehrwertdienste für kleine und mittlere Unternehmen sowie Handwerksbetriebe.* Karlsruhe : ISI, 1988

SCHMIDT 1987
Schmidt, Ralph: The Broker Always Rings Twice : Informationsmarketing zwischen Euphorie und Enttäuschung. In: *Cogito* 3 (1987), Nr. 3, S. 56-60

SCHMIDT 1988a
Schmidt, Ralph: Der Modellversuch Informationsvermittlung : Erwartungen, Ergebnisse, Erfahrungen. In: *Deutsche Gesellschaft für Dokumentation (DGD) ; Strohl-Goebel, Hilde (Hrsg.): Von der Information zum Wissen, vom Wissen zur Information* (Deutscher Dokumentartag Bad Dürkheim 1987). Weinheim : VCH, 1988, S. 273-291

SCHMIDT 1988b
Schmidt, Ralph: Informationsvermittlung im Zeichen des Wissenstransfers : Thesen und Tendenzen im BMFT-Modellversuch. In: Deutsche Gesellschaft für Dokumentation (DGD): *10. Frühjahrstagung der Online-Benutzergruppe der DGD* (Frankfurt am Main 1988). Frankfurt am Main : DGD, 1988 (DGD-Schrift 1/88) (OLBG-9), S. 65-75. - Vorträge

SCHMIDT 1989a
Schmidt, Ralph: Die Modelle verlassen den Laufsteg : Der BMFT-Versuch 'Informationsvermittlung' nähert sich seinem Ende. In: *Cogito* 5 (1989), Nr. 2, S. 28-32

SCHMIDT 1989b
Schmidt, Ralph: Informationsberatung und Auskunftsagentur : neue Konzepte des Wissenstransfers. In: Deutsche Gesellschaft für Dokumentation (DGD): *40 Jahre DGD : Perspektive Information* (Deutscher Dokumentartag Aachen 1988). Frankfurt am Main : DGD, 1989 (DGD-Schrift 4/89) (Doktag 1), S. 439-454

SCHMIDT 1989c
Schmidt, Ralph: Informationsvermittlung, ein Beruf? : Zur Zukunft von Wissensspezialisten. In: Deutsche Gesellschaft für Dokumentation (DGD): *40 Jahre DGD : Perspektive Information* (Deutscher Dokumentartag Aachen 1988) : Frankfurt am Main : DGD, 1989 (DGD-Schrift 4/89) (Doktag 1), S. 527-531

SCHMIDT 1989d
Schmidt, Ralph: Strategien des Informationsmarketings : eine Einführung. In: Schmidt, Ralph (Hrsg.) ; Müller, Raymund (Hrsg.): *Strategien des Informationsmarketings : Praxis, Probleme, Perspektiven.* Essen : Klaes, 1989, S. 13-29

SCHMIDT 1990a
Schmidt, Ralph: Libraries as a New Service Center : Point of Intersection in an European Network. In: *Informationsspezialisten für Europa : Die Konsequenzen des europäischen Binnenmarktes für die Ausbildung von Informationsfachleuten Hannover 1989* / Proceedings. Hannover : FH Hannover, Fachbereich BID, 1990, S. 376-397

SCHMIDT 1990b
Schmidt, Ralph: Bibliothekarische Informationsdienstleistung in den neunziger Jahren. In: *ARBIDO-R* 5 (1990), Nr. 1, S. 8-18
SCHMIDT 1990c
Schmidt, Ralph: Informationssysteme und Datenbanken als Hilfsmittel des Wissenschaftstransfers. In: Schuster, Hermann J. (Hrsg.): *Handbuch des Wissenschaftstransfers.* Berlin : Springer, 1990, S. 539-551
SCHMIDT 1990d
Schmidt, Ralph: Funktionale Dienste: In: Buder, Marianne (Hrsg.) ; Rehfeld, Werner (Hrsg.) ; Seeger, Thomas (Hrsg.): *Grundlagen der praktischen Information und Dokumentation : Ein Handbuch zur Einführung in die fachliche Informationsarbeit.* 3. völlig neu gefaßte Ausg. München : Saur, 1990 (DGD-Schriftenreihe, Bd. 9), S. 341-359.
SCHMIDT 1990e
Schmidt, Ralph: Berater, Bearbeiter, Broker : Beiträge zur Systematisierung der Informationsdienstleistung. In: Herget, Josef (Hrsg.) ; Kuhlen, Rainer (Hrsg.): *Pragmatische Aspekte beim Entwurf von Informationssystemen : Proceedings des 1. Internationalen Symposiums für Informationswissenschaft (Konstanz 1990).* Konstanz : Universitätsverlag Konstanz, 1990 (Konstanzer Schriften zur Informationswissenschaft, Bd. 1), S. 530-545
SCHMIDT 1991
Schmidt, Ralph: Konzept Auskunftsagentur : Zur Vernetzung innovationsorientierter Dienstleistungen. In: *NfD* 42 (1991), Nr. 2, S. 131-139
SCHMIDT / MÜLLER 1989
Schmidt, Ralph ; Müller, Raymund (Hrsg.): *Strategien des Informationsmarketings : Praxis, Probleme, Perspektiven.* Essen : Klaes, 1989
SCHMIDT / WELLEMS 1990
Schmidt, Ralph ; Wellems, Christine: Wer hat? Wer kann? Wer weiß? Wer hilft? : Auskunftsdienste für den Mittelstand. In: *Cogito* 6 (1990), Nr. 6, S. 28-31
SCHMIDT / WELLEMS 1991
Schmidt, Ralph ; Wellems, Christine: Der Modellversuch Informationsvermittlung : eine Bilanz. Tl. 1: Ziele, Konzepte, Methoden. In: *NfD* 42 (1991), Nr. 6, S. 413-419
SCHMIDT / WELLEMS 1992
Schmidt, Ralph ; Wellems, Christine: Der Modellversuch Informationsvermittlung : eine Bilanz. Tl. 2: Ergebnisse, Bewertungen, Folgerungen. In: *NfD* 43 (1992), Nr. 1, S. 3-10
SCHMIDT-BOGATZKY 1988
Schmidt-Bogatzky, Jürgen: Daten für den Patentanwalt : Für und Wider elektronischer Informationen in der Kanzlei. In: *Cogito* 4 (1988), Nr. 2, S. 51-52
SCHUBERT-SCHEINMANN 1990a
Schubert-Scheinmann, Petra: Zwei Jahre dezentrale Fachinformation : Der Modellversuch 'Informationsvermittlung' am Fachbereich Physik der FU Berlin. In: *NfD* 41 (1990), Nr. 2, S. 122
SCHUBERT-SCHEINMANN 1990b
Schubert-Scheinmann, Petra: Zur Vermittlung fachlicher Kommunikation in der Hochschule : Informationsservice am Fachbereich Physik der Freien Universität Berlin. In: Neubauer, Wolfram (Hrsg.) ; Schneider-Briehn, Uta (Hrsg.): *12. Frühjahrstagung der Online-Benutzergruppe in der DGD* (Frankfurt am Main 1990). Frankfurt am Main : DGD, 1990 (DGD-Schrift 3/90) (OLBG-11), S. 427-432. - Proceedings
SCHÜTTE 1990
Schütte, Christoph-H.: Informationsvermittlung aus der Sicht der Universitätsbibliothek. In: Neubauer, Wolfram (Hrsg.) ; Schneider-Briehn, Uta (Hrsg.): *12. Frühjahrstagung der Online-Benutzergruppe in der DGD* (Frankfurt am Main 1990). Frankfurt am Main : DGD, 1990 (DGD-Schrift 3/90) (OLBG-11), S. 66-80. - Proceedings
SCHUMACHER 1982
Schumacher, Dieter: Informationsvermittler in der Bundesrepublik Deutschland. In: AMK Berlin (Hrsg.): *Technologieforum '82.* / Proceedings. Berlin : VDE-Verlag, 1982, S. 343-349

SCHUMACHER 1989

Schumacher, Dieter: Small is beautiful. Die Rückkehr zu einer bedarfsgerechten Informationsversorgung. In: Deutsche Gesellschaft für Dokumentation (DGD): *Wirtschaftlichkeit von Informationstechniken* (5. Internationale Fachkonferenz Garmisch-Partenkirchen 1989). Frankfurt am Main : DGD, 1989 (DGD-Schrift 2/89) (KWID-7), S. 113-120. - Vortr.manuskripte, unvollst. Ausg.

SEEGER / STRAUCH 1979

Seeger, Thomas ; Strauch, Dietmar: Aufgaben und Möglichkeiten von Informationsunternehmen. In: *NfD* 30 (1979), Nr. 1, S. 5-11

SIMMLER 1983

Simmler, Otto A.: *Betriebs- und Nutzungsanalyse eines Informationsvermittlungsmodells für Forschung und Wirtschaft.* Wien : LIT, 1983

SPENGLER 1989

Spengler, U.: Informationstransfer für kleine und mittlere Unternehmen : durch eine Industrie- und Handelskammer. In: Deutsche Gesellschaft für Dokumentation (DGD): *40 Jahre DGD : Perspektive Information* (Deutscher Dokumentartag Aachen 1988). Frankfurt am Main : DGD, 1989 (DGD-Schrift 4/89) (Doktag 1), S. 460-465

STEGEMANN 1979

Stegemann, Hagen: Thesen zur Finanzierung von IuD-Dienstleistungen über Preise. In: Deutsche Gesellschaft für Dokumentation (DGD): *30 Jahre DGD 1948 - 1978* (Deutscher Dokumentartag Frankfurt am Main 1978). München : Saur, 1979, S. 141-154

STERN / DORÉ / DEGOUL 1982

Stern ; Doré ; Degoul: *The future of information brokers in Europe : On behalf of ANVAR between 1981 and 1982.* Paris : CIBD, 1982

STOLZ-WILLIG 1989

Stolz-Willig, Brigitte: Wieviel Informationen braucht die Bundesrepublik? : Datenbanken zwischen Markt und Subventionen. In: *WSI Mitteilungen* (1989), Nr. 1, S. 32-39

STREIT 1986

Streit, Manfred E.: Wissenstransfer Hochschule Wirtschaft. In: *Transfer-Information* 3 (1986), Nr. 1, S. 62-68

STRIZICH 1988

Strizich, Martha: Information consulting : the tools of the trade. In: *Online* 12 (1988), Nr. 3, S. 27-31

STROETMANN 1989

Stroetmann, Karl A.: Modellversuch Informationsvermittlung für kleine und mittlere Unternehmen : Einschätzung und kritische Anmerkungen. In: Deutsche Gesellschaft für Dokumentation (DGD): *40 Jahre DGD : Perspektive Information* (Deutscher Dokumentartag Aachen 1988). Frankfurt am Main : DGD, 1989 (DGD-Schrift 4/89) (Doktag 1), S. 466-477

STUBBE 1989

Stubbe, Heidrun: Informationskunden in der mittelständischen Wirtschaft. Der Informationsvermittler als Entwicklungshelfer. In: Schmidt, Ralph (Hrsg.) ; Müller, Raymund (Hrsg.): *Strategien des Informationsmarketings : Praxis, Probleme, Perspektiven.* Essen : Klaes, 1989, S. 189-198

SZYPERSKI u.a. 1982

Szyperski, Norbert ; Windler, Albrecht ; Wolff, Matthias ; Eckey, Klaus ; Tüschen, Norbert: *Die Informationsversorgung von kleinen und mittleren Unternehmen : Analysen und Konzeptionen.* Köln : BIFOA, 1982

TANGHE 1988

Tanghe, Patrick: Hat der externe Informationsbroker auf lange Sicht eine Chance gegenüber den unternehmensinternen Vermittlungsstellen? : Eine ökonomische Betrachtung. In: *Informationsbrief zum Modellversuch Informationsvermittlung* (1988), Nr. 3, S. 13-15

TANGHE 1989

Tanghe, Patrick: Kostenführer oder Produktinnovator : Zwei alternative Leitbilder für den Informationsvermittler. In: *Cogito* 5 (1989), Nr. 2, S. 33-40

TAYLOR 1986
    Taylor, Robert S.: *Value-added processes in information systems.* Norwood, N.J. : Ablex Publishing Corporation, 1986 (Communication and Information Science)
THOMALLA 1991
    Thomalla, Ingrid: Informationstransfer im Handwerk. Praxis, Probleme, Perspektiven. In: Neubauer, Wolfram (Hrsg.) ; Schneider-Briehn, Uta (Hrsg.): *1. Deutsch-Deutscher Dokumentartag* (Deutscher Dokumentartag Fulda 1990). Frankfurt am Main : DGD, 1991 (DGD-Schrift 1/91) (DOK-3), S. 529-557. - Proceedings
THOSS / WEIRES 1989a
    Thoß, Joachim ; Weires, Ernst: Elektronische Information : ein Thema fürs Handwerk? Tl. I: Eine empirische Befragung bringt Aufschluß. In: *Cogito* 5 (1989), Nr. 1, S. 46-54
THOSS / WEIRES 1989b
    Thoß, Joachim ; Weires, Ernst: Elektronische Information : ein Thema fürs Handwerk? Tl. II: Datenbankangebot und Segmentierung des Handwerkermarktes. In: *Cogito* 5 (1989), Nr. 3, S. 37-41

VAHLGREN WALL 1986
    Vahlgren Wall, Maria: Offering commercial information services in Sweden. In: *Infomediary* 2 (1986), S. 1-6
VICKERS 1988
    Vickers, Peter: Information consultancy in the UK : a growing profession. In: *Online* 12 (1988), Nr. 4, S. 42-46
VIETZE / DRESEL 1991
    Vietze Helga ; Dresel, Hermann: Das Fachinformationsprogramm der Bundesregierung 1990-1994 : Einige Bemerkungen aus der Sicht der neuen Bundesländer. In: Neubauer, Wolfram (Hrsg.) ; Meier, Karl-Heinz (Hrsg.): *13. Frühjahrstagung der Online-Benutzergruppe in der DGD* (Frankfurt am Main 1991). Frankfurt am Main : DGD, 1991 (DGD-Schrift 3/91) (OLBG-12), S. 199-211.- Proceedings
VOGEL 1988
    Vogel, Horst: Wissenstransfer : Informationsberatung oder Rechercheverkauf. Ein Konzept der Informationsvermittlung. In: Deutsche Gesellschaft für Dokumentation (DGD): *10. Frühjahrstagung der Online-Benutzergruppe der DGD* (Frankfurt am Main 1988). Frankfurt am Main : DGD, 1988 (DGD-Schrift 1/88) (OLBG-9), S. 76-84. - Vorträge

WARNER 1981
    Warner, A.S.: *Mind your own business : A guide for the information entrepreneur.* New York : Neal-Schuman, 1981
WARNKEN 1981
    Warnken, Kelly: *The information brokers : How to start and operate your own fee-based service.* New York : Bowker, 1981
WARNKEN / FELICETTI 1982
    Warnken, Kelly (Ed.) ; Felicetti, Barbara W. (Ed.): *So you want to be an information broker?* Chicago, Il : Information Alternative, 1982
WARREN 1988
    Warren, Lois: Information brokering in Canada : small firms prevail. In: *Online* 12 (1988), Nr. 4, S. 47-48
WEBBER 1990
    Webber, Sheila: The information broker scene in the UK. In: *Infomediary* 4 (1990), Nr. 1, S. 43-50
WELLEMS 1990
    Wellems, Christine: Strukturen der Informationsvermittlung : Der Modellversuch in Daten und Resultaten. In: Neubauer, Wolfram (Hrsg.) ; Schneider-Briehn, Uta (Hrsg.): *12. Frühjahrstagung der Online-Benutzergruppe in der DGD* (Frankfurt am Main 1990). Frankfurt am Main : DGD, 1990 (DGD-Schrift 3/90) (OLBG-11), S. 406-426. - Proceedings

WELLEMS 1992
Wellems, Christine: Information Service Controlling : Beispiele und Erfahrungen aus den USA. In: Neubauer, Wolfram (Hrsg.) ; Plagemann, Susanne (Hrsg.): *14. Online-Tagung der DGD* (Frankfurt am Main 1992). Frankfurt am Main : DGD, 1992 (DGD-Schrift 2/92) (OLBG-13), S. 85-95. - Proceedings

WELLEMS / JACQUET 1992
Wellems, Christine ; Jacquet, Sylvie: L'information en ligne dans les PME : bilan d'une expérience allemande. In: *Documentaliste - Sciences de l'information* 29 (1992) Nr. 1, S. 19-25

WELLEMS / SCHMIDT 1990
Wellems, Christine ; Schmidt, Ralph: Die Vorteile der neuen Dienstleistung müssen erst noch mühsam erklärt werden. Ergebnisse des Modellversuchs Informationsvermittlung. In: *Handelsblatt* (1990-10-2/3) Nr. 190/191, S. 28

WELLEMS / SCHMIDT 1991
Wellems, Christine ; Schmidt, Ralph: Datenbankrecherchen für die mittelständische Wirtschaft? : Ergebnisse aus dem Modellversuch Informationsvermittlung. In: *Informatik-Berlin* 38 (1991), Nr. 3, S. 93-98

WERSIG 1980
Wersig, Gernot: Neue Dienstleistungen und Informationsvermittlung : Gedanken zum Modischen in der Information und Dokumentation. In: *NfD* 31 (1980), Nr. 4/5, S. 169-171

WERSIG 1982
Wersig, Gernot: *Information und Handeln : Orientierungsmuster zur Funktion der Informationstätigkeit für individuelle und gesellschaftliche Problembewältigung.* Berlin : FU, 1982 (Informationswissenschaftliche Forschungsberichte aus der Freien Universität Berlin; FUB-IFB 7/82)

WERSIG 1989
Wersig, Gernot: Kann Marketing die Informationsvermittlung retten : Perspektiven eines überschätzten Hobbies? In: Schmidt, Ralph (Hrsg.) ; Müller, Raymund (Hrsg.): *Strategien des Informationsmarketings : Praxis, Probleme, Perspektiven.* Essen : Klaes, 1989; S. 239-247

WHITE 1980
White, Martin S.: Information brokers; their role in the provision of information to industry. In: *The nationwide provision and use of information.* Sheffield : Aslib, 1981, S. 257-264

WHITE 1981
White, Martin S.: *Profit from information : A guide to the establishment, operation and use of an information consultancy.* London : André Deutsch Grafton, 1981

WIECK 1990
Wieck, Hans-A.: Informationsvermittlung in der Unternehmensberatung : Ein Bericht aus der Consulting-Praxis. In: *Cogito* 6 (1990), Nr. 2, S. 68-71

WILLIAMS / MILLS / HARRISON 1980
Williams, Monika ; Mills, Susan ; Harrison, D.J.: Information brokers international: British Council experiences in Germany and Austria. In: Learned Information: *4th International Online Information Meeting* (London 1980). Abingdon : Learned Information, 1980, S. 169-179. - Proceedings

WOLF / HENSLER 1988
Wolf, M.F. ; Hensler, S.G.: Informationsprobleme technologieorientierter Unternehmensgründungen in Technologieparks : Bestandsaufnahme und Lösungsmöglichkeiten. In: Dose, N. (Hrsg.) ; Drexler, A. (Hrsg.): *Technologieparks : Voraussetzungen, Bestandsaufnahme und Kritik.* Opladen : Westdeutscher Verlag, 1988, S. 110-127

ZELEWSKI 1987
Zelewski, Stephan: Der Informationsbroker. In: *Die Betriebswirtschaft* 47 (1987), Nr. 6, S. 745-748

ZURWEHME 1989
Zurwehme, Andreas: Der Vermittler im Informationsnetz. Konventionelle Informationsquellen in der Beratung. In: Schmidt, Ralph (Hrsg.) ; Müller, Raymund (Hrsg.): *Strategien des Informationsmarketings : Praxis, Probleme, Perspektiven.* Essen: Klaes, 1989, S. 209-213

<table>
<tr><td></td><td>MODELLVERSUCH INFORMATIONSVERMITTLUNG - STRUKTURFRAGEBOGEN 1</td><td><u>Anhang 1</u></td></tr>
</table>

Kontaktadresse: Ralph Schmidt, Fraunhofer-Institut ISI, Breslauer Straße 48, 7500 Karlsruhe 1, Tel: 0721 / 6807-29

Dieser Fragebogen hat zum Ziel, die am Modellversuch beteiligten Informationsvermittlungsstellen nach ihren institutionellen, organisatorischen, technischen und leistungsbezogenen Merkmalen zu charakterisieren. Außerdem sollen Erfahrungswerte und Einschätzungen zur Informationsvermittlung strukturiert erhoben werden. Die Ergebnisse der Befragung sollen dazu dienen, die einzelnen IVS anhand der Angaben zu beschreiben, zu typisieren und zu vergleichen.

<u>Hinweise zum Fragebogen:</u>

a) Wir versichern Ihnen, daß bei der Erhebung und Auswertung Ihrer Angaben alle Belange des Datenschutzes gewahrt bleiben. Insbesondere sichern wir zu, daß alle erhobenen Daten nur zu wissenschaftlichen Zwecken genutzt und nicht an Dritte außerhalb des ISI weitergegeben werden. Die Antworten werden zwar auf Datenträgern gespeichert, dennoch werden die Angaben anonymisiert verarbeitet und nur in aggregierter Form ausgewertet und verbreitet.

b) Einige formale Angaben und ihre aggregierten Recherchewerte aus der Quartalsstatistik 1987 sind bereits eingetragen worden. Bitte korrigieren Sie bei Bedarf unsere Vorgaben oder fügen Sie Kommentare an, wenn unsere Auswertungen nicht richtig sein können.

c) Kreuzen Sie bitte in den Kästchen die zutreffenden Antwortvorgaben an. Mehrfachnennungen sind möglich. Benutzen Sie bitte die Punktreihen und -felder für selbst formulierte Einträge. Bei Fragen nach Einschätzungen und Wertungen markieren Sie bitte eine Position auf der vorgegebenen Polaritätsskala.

<u>Für Ihre Mitarbeit bedanken wir uns recht herzlich.</u>

1. Bitte korrigieren Sie, wenn erforderlich, Ihre Postadresse und Ihre Telefonnummer:

2. Bitte kreuzen Sie an, wer den Fragebogen bearbeitet. Korrigieren Sie gegebenenfalls die angegebenen Namen.
       [ ] (Projekt-)Leiter/in:
       [ ] zuständige/r Rechercheur/in:

3. Welchem institutionellen Typ ist Ihre IVS zuzuordnen? Stimmt unsere Antwortvorgabe?
                F - Forschung, Wissenschaft, öffentliche Informationseinrichtung
                W - wirtschaftsnah arbeitende Organisationen ohne kommerziellen Charakter
                P - private, kommerziell arbeitende Dienstleistungsunternehmen

4. Sind die geographischen Angaben zum Standort Ihrer IVS richtig?
       Postleitzahl:
       Bundesland:

5. Ist die hier angegebene institutionelle Zuordnung des Trägers der IVS richtig? Wir bitten Sie gegebenenfalls um einen Korrekturvorschlag:

6. Ist die hier eingetragene fachliche Spezialisierung Ihrer IVS (noch) korrekt?

7. Sind die angegebenen Daten zum Förderzeitraum und zu ursprünglich bewilligten Fördermitteln richtig?
       Förderzeitraum: Gesamtfördermittel in DM:

8. Bitte tragen Sie Angaben zur Größe und (nur bei privaten Unternehmen) zum Umsatz der IVS-Trägerinstitution ein:
         Anzahl der Beschäftigten 1987:
         Umsatz bei Privatunternehmen für 1987 in TDM:
   Wieviele Mitarbeiter der Trägerinstitution / des Unternehmens haben die Leistungen der IVS bisher genutzt?
       Die Dienste der IVS wurden seit Beginn des Förderung an ca. ..... im Haus arbeitende Nutzer vermittelt.

9. Handelt es sich bei Ihrer IVS um:
       [ ] eine Ausweitung oder   [ ] Neueinrichtung einer IVS   [ ] oder um eine Existenzgründung?

MODELLVERSUCH INFORMATIONSVERMITTLUNG - STRUKTURFRAGEBOGEN 2

Die folgenden Angaben sind Auszüge und Berechnungen aus Ihrer Recherchestatistik für 1987. Bitte fügen Sie an den Stellen kurze Kommentare ein, wo einzelne Werte unrichtig oder nicht plausibel sind.

10. Gesamtanzahl der bei Ihrer IVS registrierten Recherchen im Jahr 1987:

11. Mittlere Anschalt- bzw. Rechenzeiten bei Hosts in Minuten/Recherche:
    Mittlere Bearbeitungszeit von Recherchen in Minuten/Rechercheauftrag:

12. Verteilung der Recherchetypen in Prozent
    - bibliographische Recherche:
    - Faktenrecherche:
    - Referralrecherche:
    - gemischte Recherche:

13. Verteilung der Recherchearten in Prozent
    - Recherche im externen Kundenauftrag:
    - Nutzung für betriebsinterne Informationsverwendung:
    - Recherche als Teil einer informationsbezogenen Dienstleistung:
    - Übungsrecherche, Demonstrationsrecherche oder andere:

14. Verteilung der thematischen Recherchearten
    - überwiegend technische Recherche:
    - überwiegend naturwissenschaftliche Recherche:
    - überwiegend Patentrecherche:
    - überwiegend Markt- und Wirtschaftsrecherche:
    - Anteil gemischter Informationsrecherchen:

15. Anteil konventioneller Informationsmittel zur Bearbeitung von Rechercheaufträgen
    - Aufträge mit hohem Anteil konventioneller Informationsbeschaffung
    - Aufträge mit mittlerem Anteil konventioneller Informationsbeschaffung
    - Aufträge mit geringem Anteil konventioneller Informationsbeschaffung
    - Aufträge mit auschließlicher Online-Informationsbeschaffung

16. Verteilung der Typen von Auftraggebern für Recherchen
    - Großunternehmen:
    - produzierende kleine und mittlere Unternehmen:
    - private Dienstleistungsbetriebe:
    - nicht-kommerzielle Einrichtungen und Organisationen:
    - Institutionen aus Forschung und Wissenschaft:
    - Behörden, Verwaltung:
    - Einzelpersonen ohne Erwerbszweck:
    - Eigenbedarf der IVS oder der Trägerinstitution:

17. Aufbereitungsgrad des Informationsprodukts
    - Versand von Ausdrucken:
    - themenkritische Selektion:
    - zusätzliche Beschaffung von Originalliteratur:
    - Zusammenfassung der Recherche:
    - Nutzung zusätzlicher Informationsquellen:
    - Erstellen von Expertisen und bewertenden Dossiers:

18. Bitte kreuzen Sie an, ob Ihr Unternehmen, Ihre Institution bereits vor der Förderung aus dem Modellversuch über die folgenden technischen Informations- und Kommunikationsmittel verfügt hat.
    [ ] Telefax, Teletex
    [ ] Bildschirmtext
    [ ] Personalcomputer, Textsysteme
    [ ] Großrechner bzw. mittlere Datentechnik
    [ ] Anschluß an externe Datennetze (z.B. Mailbox-Anschluß)
    [ ] Online-Recherchestation

Die folgenden Angaben beziehen sich auf die technische Ausstattung, die Sie für Ihre Recherchetätigkeit nutzen. Bitte beziehen Sie Ihre Antworten nur auf Geräte, die aus Fördermitteln des Modellversuchs finanziert worden sind.

19. Welchen Microcomputer bzw. welches Terminal benutzen Sie für die Recherchen?

<u>Fabrikat</u>   <u>Typenbezeichnung</u>

[ ] Atari   [ ] Nixdorf

[ ] Commodore   [ ] Olivetti

[ ] Compaq   [ ] RC Partner

[ ] Computron   [ ] Tandon   ....

[ ] Epson   [ ] Toshiba

[ ] IBM   [ ] Siemens

[ ] MacIntosh   [ ] Zenith

[ ] anderes Fabrikat: ....

20. Welches Druckerfabrikat nutzen Sie für die Ausgabe von Rechercheergebnissen?

<u>Fabrikat</u>   <u>Typenbezeichnung</u>   <u>System</u>

[ ] Binder   [ ] Nec

[ ] Brother   [ ] Nixdorf   [ ] Matrix-Drucker

[ ] Commodore   [ ] Olivetti

[ ] Epson   [ ] Oki   ....   [ ] Laser-Drucker

[ ] Hewlett Packard   [ ] RC Partner

[ ] IBM   [ ] Star

[ ] Kyocera   [ ] Taxan   [ ] anderes System:

[ ] andere Drucker: ....

21. Mit welcher Software realisieren Sie bzw. unterstützen Sie die Recherchetätigkeit?

<u>Kommunikationssoftware</u>   <u>Software zur Rechercheaufbereitung</u>

[ ] Crosstalk   [ ] Framework

[ ] Framework   [ ] Lotus 1-2-3

[ ] Genesys   [ ] Open Access

[ ] Infolog   [ ] Symphony

[ ] Kermit   [ ] Word

[ ] andere Kommunikationssoftware: [ ] andere Software:

    ....

22. Welche DATEX-Typen oder andere DFÜ-Möglichkeiten nutzen Sie zur Zeit für die Recherchezwecke?

<u>DFÜ-Schnittstelle</u>   <u>DFÜ-Dienst</u>

[ ] Modem   [ ] DATEX-P-20

[ ] Akustikkoppler   [ ] DATEX-P-10

[ ] andere Schnittstelle: [ ] anderer Dienst:

    ....

23. Können Sie die im Modellversuch angeschafften Geräte auch für zusätzliche Zwecke einsetzen?

        [ ] nein, die Geräte werden ausschließlich für Recherchen genutzt

        [ ] ja, die Geräte können auch für weitere Zwecke der Büroautomatisierung genutzt; nämlich für:

            [ ] Textverarbeitung;   [ ] Graphik, Konstruktion

            [ ] Buchhaltung, Verwaltung;   [ ] Datenverwaltung;

            [ ] wissenschaftliche Analysen;   [ ] sonstige EDV-Aufgaben: ....

24. Gab es nennenswerte zeitliche Verzögerungen bei der Anschaffung und Installation der Online-Ausstattung?

        [ ] nein, Anschaffung und Inbetriebnahme konnten ohne wesentliche Verzögerungen vorgenommen werden

        [ ] ja, es gab Verzögerungen durch Schwierigkeiten bei der Anschaffung, nämlich mit:

            [ ] Auswahl der Geräte   [ ] Lieferung   [ ] Vertragsbedingungen [ ] Sonstiges: ....

        [ ] ja, es gab Verzögerungen durch Probleme bei der Installation, nämlich mit:

            [ ] Hardware   [ ] Software   [ ] Postanschluß   [ ] Sonstiges: ....

Auf dieser Seite fragen wir nach den Qualifikationen von IVS-Mitarbeitern sowie nach Problemen bei der Mitarbeitersuche, um daraus Aussagen über Anforderungen an Ausbildung und an Kenntnisse in Informationsberufen abzuleiten.

25. Hatten Sie Schwierigkeiten, geeignete Mitarbeiter für die IVS-Retrievaltätigkeit zu finden?

   [ ] nein, es gab keine Probleme, weil entsprechende Mitarbeiter intern gefunden wurden

   [ ] nein, es gab keine Probleme, weil die externe Personalsuche schnell zum Erfolg geführt hat

   [ ] ja, die Gehaltsforderungen waren zu hoch

   [ ] ja, die fachlichen Qualifikationen der Bewerber waren ungenügend

   [ ] ja, die methodischen Qualifikationen der Bewerber waren nicht ausreichend

   [ ] ja, man wußte nicht, wo man mit der Personalsuche anfangen sollte

   [ ] ja, es gab andere Probleme bei der Suche

      nach geeigneten IVS-Mitarbeitern: ....

   Wie lange hat es ab dem Bewilligungzeitpunkt Ihres IVS-Projekts gedauert, geeignete IVS-Mitarbeiter zu finden?

   IVS-Personal stand ca. ...... Monate nach der Projektbewilligung zur Verfügung

Bitte geben Sie hier die Merkmale jener Mitarbeiter/innen an, die in Ihrer IVS recherchieren oder mit anderen Aufgaben der Informationsvermittlung betraut sind.

26. Welche Ausbildung haben die IVS-Mitarbeiter?	1. Mitarbeiter/in (Projektleitung)	2. Mitarbeiter/in	3. Mitarbeiter/in
Ausbildung			
- Fachhochschulabschluß	[ ]	[ ]	[ ]
- Universitätsstudium	[ ]	[ ]	[ ]
- sonstige Ausbildung	[ ]	[ ]	[ ]
27. Wo wurden Retrieval-Kenntnisse erworben?			
- IuD-Studiengang an einer Fachhochschule	[ ]	[ ]	[ ]
- im Fachstudium an einer Hochschule	[ ]	[ ]	[ ]
- informationswissenschaftl. Aufbaustudiengang	[ ]	[ ]	[ ]
- Ausbildung am Lehrinstitut für Dokumentation	[ ]	[ ]	[ ]
- Retrieval-Kurse bei anderen Stellen	[ ]	[ ]	[ ]
- Fortbildungsveranstaltungen bei Hosts	[ ]	[ ]	[ ]
- autodidaktisches Lernen mit Lehrmaterialien	[ ]	[ ]	[ ]
- sonstige Quellen für Online-Erfahrungen	[ ]:	[ ]:	[ ]: ....
28. Wie hoch ist der Anteil der IVS-Tätigkeit an der gesamten Arbeitszeit pro Mitarbeiter/in	.... %	.... %	.... %

   Wieviele Mitarbeiter in Ihrem Unternehmen / in Ihrer Institution recherchieren regelmäßig selbst?

      .... Mitarbeiter führen regelmäßig selbst Recherchen durch.

29. In welchen anderen Bereichen arbeiten IVS-Rechercheure mit, wenn Sie nicht mit IVS-Aufgaben ausgelastet sind?

   [ ] die Mitarbeiter sind ausschließlich in der Informationsvermittlung tätig

   [ ] die Mitarbeiter werden für andere Tätigkeiten eingesetzt, nämlich ...

      [ ] für wissenschaftliche Arbeiten

      [ ] für Aufgaben in der Beratungsdienstleistung

      [ ] für organisatorisch-technische Aufgaben

      [ ] für Aufgaben in Dokumentation oder Bibliothek

      [ ] für andere Tätigkeiten und Aufgaben: ....

30. Welche Möglichkeiten bietet die Arbeit in Ihrer IVS, die Retrievalkenntnisse durch regelmäßiges Recherchieren zu trainieren und zu pflegen?

   [ ] Retrievalkenntnisse können durch ständige Recherchetätigkeit laufend trainiert und verbessert werden

   [ ] das aktuelle Rechercheaufkommen reicht zum ständigen Training der Retrievalfähigkeiten aus

   [ ] in einzelnen Fachinformationsbereichen gibt es gute Möglichkeiten zur Pflege der Retrievalkenntnisse

   [ ] im Allgemeinen fehlt es an den nötigen Training und an Rechercheroutine

   [ ] es gibt kaum eine Gelegenheit, die Retrievalkenntnisse ausreichend zu trainieren

Die folgenden Fragen sind ausgearbeitet worden, um etwas über Ihr Interesse am Informationsaustausch innerhalb der Online-Anwender zu erfahren und um zu ermitteln, ob Sie überwiegend intern oder extern Informationen vermitteln.

31. Hatten Sie bzw. Mitarbeiter Ihrer Stelle schon vor dem Modellversuch Kenntnisse im Online-Bereich?

[ ] ja, wir haben schon vorher online recherchiert

[ ] Recherchen in Datenbanken waren zwar bekannt, wurden jedoch nicht durchgeführt

[ ] nein, Online-Recherchen waren für uns neu

32. Sind Sie selbst oder ist Ihr Unternehmen, Ihre Institution Mitglied in einem IuD-Fachverband?

[ ] nein

[ ] ja, in der DGD (Deutsche Gesellschaft für Dokumentation)

[ ] ja, im VDD (Verein Deutscher Dokumentare)

[ ] ja, in einer anderen fachinformationsbezogenen Vereinigung: ....

Würden Sie in einem Verband der Informationsvermittler Mitglied werden, wenn es einen solchen Verband gäbe?

[ ] ja   [ ] das hängt von den Umständen ab   [ ] nein

33. Welche der folgenden IVS-relevanten Fachzeitschriften haben Sie abonniert?

[ ] Cogito   [ ] Nachrichten für Dokumentation

[ ] Password   [ ] OLBG-Info der DGD

[ ] Online   [ ] sonstige Zeitschriften: ....

34. Welche der folgenden formellen oder informellen Kooperationen sind Sie im Rahmen Ihrer IVS-Arbeit eingegangen?

[ ] Kooperation mit anderen IVS, mit denen bei Bedarf Rechercheaufträge ausgetauscht werden

[ ] Kooperation mit einem Vertriebs- bzw. Kooperationspartner (z.B. Host, IHK oder Bank): ....

[ ] regelmäßige Kontakte zu anderen IVS, um Hilfestellungen bei der Recherchedurchführung zu geben

[ ] regelmäßiges Zusammentreffen und Erfahrungsaustausch mit Online-Mitarbeitern anderer IVS

[ ] sonstige Kooperationsformen im IVS-Bereich: ....

35. Bei der Nutzung von Online-Fachinformation durch die geförderten Informationsvermittlungsstellen lassen sich zwei Hauptvarianten unterscheiden. Bitte kreuzen Sie bei den folgenden zweigeteilten Fragen Ihre Antworten links an, wenn Ihre IVS hauptsächlich <u>intern</u> genutzt wird. Bitte antworten Sie auf der rechten Seite, wenn Sie mit Ihrer IVS schwerpunktmäßig ein <u>externes</u> Vermittlungskonzept verfolgen. Wenn Sie beide Nutzungsvarianten parallel anwenden, dann kreuzen Sie bitte die entsprechenden Antwortmöglichkeiten auf beiden Seiten an.

Eine vorwiegend <u>interne</u> Nutzung liegt vor, wenn die Recherchen der IVS innerbetrieblich für die Informationsbeschaffung genutzt werden bzw. wenn die Ergebnisse der Online-Recherchen in andere informationsbezogene Dienstleistungen einfließen: [ ]

Wenn Sie sowohl <u>interne</u> als auch <u>externe</u> Informationsvermittlungsfunktionen ausüben, dann beantworten Sie die zweigeteilten Fragen bitte auf beiden Seiten; sowohl links für das interne IVS-Konzept als auch rechts für das externe Konzept: [ ]

Das Konzept der <u>externen</u> Informationsvermittlung zielt darauf ab, im Auftrag von Kunden und Klienten in Online-Datenbanken zu recherchieren und die Ergebnisse in Form von Rechercheausdrucken oder Expertisen dem Kunden zur Verfügung zu stellen.   [ ]

<u>intern</u>   <-- <u>intern & extern</u> -->   <u>extern</u>

36. Wie verrechnen Sie betriebsintern die anfallenden Kosten der Informationsvermittlungsstelle?

[ ] Abrechnung über Gemeinkosten

[ ] über Kostenstellen (in Auftragsprojekten)

[ ] Abrechnung in Form eines Profit-Centers

[ ] sonstige Abrechnungsform

....

Wieviel kalkulieren Sie im Durchschnitt bei einer Recherche für Post- und Hostnutzungsgebühren?

ca. .... DM pro Recherche

Welche Preisstruktur legen Sie den erbrachten Informationsdienstleistungen zugrunde?

[ ] Festpreise

[ ] Staffelpreise

[ ] nach Aufwandsberechnung und Absprache

[ ] über Mitgliedsbeiträge abgegolten

[ ] andere Abrechnungsart: ....

Wieviel verlangen Sie im Schnitt für eine Recherche?

ca. .... DM; mindestens: .... DM

höchstens: .... DM

MODELLVERSUCH INFORMATIONSVERMITTLUNG - STRUKTURFRAGEBOGEN 6

Die Antworten zur Integration Ihrer Informationsvermittlung in andere Dienstleistungen und Ihre Angaben zu Maßnahmen des Informationsmarketing werden entscheidend zur Auswertung und Evaluierung des Modellversuchs beitragen.

37. Im Modellversuch deutet sich an, daß Online-Recherchen insbesondere in Kombination mit anderen Dienstleistungen und Informationsfunktionen die Informationsvermittlung unterstützen. In welche anderen Informationsdienst-
stungen werden bei Ihrer Stelle die Online-Recherchen hauptsächlich integriert?

[ ] reine im (externen oder internen) Auftrag durchgeführte Online-Informationsbeschaffung

[ ] Vermittlung von herkömmlichen Informationen und Kontakten (z.B. Lizenzvermittlung)

[ ] Hilfestellung bei der Interpretation und Anwendung von Fachinformation

[ ] Recherchen und Dossiers zum Stand-der-Technik (z.B. Patentberichterstattung)

[ ] Bearbeitung und Erstellung von Berichten, Auftragsstudien und Expertisen

[ ] gutachterliche Tätigkeit

[ ] Beurteilung und Bewertung von Anträgen, F/E-Vorhaben oder Fördermaßnahmen

[ ] Nutzung von Recherchen im Rahmen von Projekten der Auftragsforschung

[ ] Intensivberatung, die Fragen der technischen Durchführung, Finanzierung und Organisation umfaßt

[ ] sonstige Funktionen: ....

38. Enthält das Angebotsspektrum Ihrer IVS außer der Online-Recherche weitere Dienstleistungen mit Online-Bezug?

[ ] nein, keine weiteren online-bezogenen Dienstleistungen

[ ] Analyse von Informationsbedarf und Beratung im Informationsmanagement

[ ] Beschaffung und Installation von EDV-Lösungen zur Informationsrecherche

[ ] statistische Sekundäranalysen aus Online-Datenbank-Beständen

[ ] Entwicklung und Bereitstellung kommunikationstechnischer Infrastruktur (z.B. Mailbox-Service)

[ ] online-bezogene Schulung und Seminartätigkeit

[ ] andere und womöglich neue Dienstleistungen mit Online-Bezug: ....

39. Bitte geben Sie an, ob Sie für Ihre IVS außenwirksame Marketingmaßnahmen durchgeführt haben und welchen Erfolg
diese Aktionen Ihrer Meinung nach hatten. Werden Sie in Zukunft noch weitere Werbemaßnahmen einleiten?

[ ] im Rahmen unseres IVS-Konzepts sind außenwirksame Marketingmaßnahmen unnötig --> weiter mit Frage 40

bisherige Marketingmaßnahmen	Resonanz war: gut	gering	schlecht	... sind geplant
[ ] Anzeigenschaltung in Tages- und Fachpresse	[ ]	[ ]	[ ]	[ ]
[ ] Versandaktionen mit Info-Blättern und Broschüren	[ ]	[ ]	[ ]	[ ]
[ ] Telefonwerbung für Online-Dienste	[ ]	[ ]	[ ]	[ ]
[ ] Redaktionelle Beiträge über IVS in Tages- und Fachpresse	[ ]	[ ]	[ ]	[ ]
[ ] Präsentation der IVS auf Messen und Ausstellungen	[ ]	[ ]	[ ]	[ ]
[ ] gezielte Besuche von neuen potentiellen IVS-Kunden	[ ]	[ ]	[ ]	[ ]
[ ] Durchführung von Informationsveranstaltungen und Seminaren	[ ]	[ ]	[ ]	[ ]
[ ] Informationsgespräche mit bestehenden Kunden und Klienten	[ ]	[ ]	[ ]	[ ]
[ ] sonstige Maßnahmen:	[ ]	[ ]	[ ]	[ ]

[ ] es wurden keinerlei Marketingmaßnahmen ergriffen

Benutzen Sie bei den Marketingmaßnahmen für Ihre Dienstleistungen Online-Datenbanken als werbendes Argument?

[ ] ja, immer;   [ ] von Fall zu Fall;   [ ] fast nie

40. Auch innerbetriebliche IVS - z. B. in Hochschulen und Forschungsinstitutionen - werben für ihre Dienste. Bitte kreuzen Sie an, welche Werbeaktionen Sie intern durchführen oder planen.

[ ] diese Möglichkeit trifft für unsere Stelle nicht zu --> weiter mit Frage 41

bisherige Maßnahmen der Öffentlichkeitsarbeit	Resonanz war: gut	gering	schlecht	... sind geplant
[ ] Bekanntmachung und Information mittels Informationsblättern und Aushängen	[ ]	[ ]	[ ]	[ ]
[ ] Darstellung der Online-Informationsbeschaffung in Lehrveranstaltungen und Seminaren	[ ]	[ ]	[ ]	[ ]
[ ] spezifische Lehrveranstaltungen zum Thema Informationsbeschaffung und Online-Nutzung	[ ]	[ ]	[ ]	[ ]
[ ] persönliche Ansprache	[ ]	[ ]	[ ]	[ ]
[ ] sonstige Maßnahmen:	[ ]	[ ]	[ ]	[ ]

Da Sie im Lauf des Modellversuchs als Online-Anwender Erfahrungen mit Informationsnutzern und Online-Kunden gesammelt haben, fragen wir nach Ihren Einschätzungen zu Effekten, zur Akzeptanz und zu Barrieren der Online-Nutzung.

41. Welche Effekte ergeben sich durch die Teilnahme am Modellversuch für Ihr Unternehmen / Ihre Institution?

[ ] neue Nutzeffekte und Wirkungen haben durch den Betrieb der IVS nicht ergeben

[ ] die Informationsbeschaffung kann jetzt rationeller und kostengünstiger durchgeführt werden

[ ] die Erwähnung der IVS in der Außendarstellung unterstützt das Marketing und fördert das Image

[ ] durch Hinweise auf die IVS können für traditionelle Dienstleistungen neue Kunden gewonnen werden

[ ] das informationstechnische Know-how der Firma / der Institution wird entscheidend verbessert

[ ] durch den Umgang mit der EDV können unter anderem bestimmte Bürotätigkeiten automatisiert werden

[ ] Dienstleistungen des Unternehmens / der Institution können qualitativ verbessert werden

[ ] sonstige Effekte aufgrund der Online-Nutzung: ....

42. Welche Gründe sind Ihrer Meinung dafür verantwortlich, daß die Nachfrage nach Online-Dienste bei kleinen und mittleren Unternehmen oft nicht den ursprünglichen Erwartungen der geförderten IVS entspricht? Welche Rolle spielen dabei Ihrer Meinung nach die folgenden Nutzungsbarrieren?

	ausschlag-gebend	von Bedeutung	weniger wichtig	gänzlich unbedeutend
Ich glaube, der folgende Grund ist in diesem Zusammenhang ...				
die IVS und die Datenbanken sind nicht bekannt genug	[ ]	[ ]	[ ]	[ ]
bestehende Informationsquellen werden als ausreichend empfunden	[ ]	[ ]	[ ]	[ ]
potentielle Online-Nutzer geben Informationsdefizite nicht zu	[ ]	[ ]	[ ]	[ ]
potentielle Online-Nutzer wollen ihre Probleme nicht preisgeben	[ ]	[ ]	[ ]	[ ]
Online-Rechercheergebnisse lassen sich nicht direkt verwerten	[ ]	[ ]	[ ]	[ ]
die Online-Dienste sind im Verhältnis zur Leistung zu teuer	[ ]	[ ]	[ ]	[ ]
KMU denken in ihrem Betriebsalltag nicht strategisch genug	[ ]	[ ]	[ ]	[ ]
Rechercheergebnisse sind unübersichtlich und kaum verständlich	[ ]	[ ]	[ ]	[ ]

andere Nutzungsbarrieren, die Sie für relevant halten: [ ]: ....

43. Bestimmt haben Sie als Anwender von Online-Datenbanken auch subjektive Einstellungen zur Nutzung und zum Nutzen von Online-Informationen. Bitte charakterisieren Sie Ihre persönliche Einschätzung zur Online-Information anhand der angegebenen Gegensatzpaare, indem Sie auf der Skala die Intensität Ihrer Einschätzung markieren.

Online-Information aus Datenbanken und deren Nutzung empfinde ich als ...

1 2 3 4 5 6 7

preiswert - - - - - - teuer

zuverlässig - - - - - - fehlerbehaftet

kompliziert - - - - - - unkompliziert

faszinierend - - - - - - selbstverständlich

44. Wie beurteilen Sie vor dem Hintergrund Ihrer Erfahrungen mit der Informationsvermittlung folgende Aussagen?

Die folgende Aussage ...

"Es ist zu erwarten, daß bei einer qualitativen und quantitativen Erweiterung des Angebots an Informationsbanken (Fakten- und Volltextbanken, Wirtschaftsinformationsbanken) der Markt für Recherchen kräftig wachsen wird."

[ ] trifft zu; [ ] kann stimmen; [ ] ist nicht entscheidbar; [ ] ist eher falsch; [ ] ist unrichtig

"Eine flexible Anpassung des Fachinformationsangebotes an die Informationsnachfrage kann nur dann dauerhaft gewährleistet werden, wenn Fachinformation grundsätzlich über den Markt bzw. gegen eine marktgerechte Vergütung angeboten wird."

[ ] trifft zu; [ ] kann stimmen; [ ] ist nicht entscheidbar; [ ] ist eher falsch; [ ] ist unrichtig

"Ein Hindernis bei der Ausweitung der Fachinformationsnutzung besteht in der Behinderung privatwirtschaftlicher Informationsvermittler, z. B. wenn Recherchen bei staatlich geförderten Technologietransferstellen kostenlos oder verbilligt erhältlich sind."

[ ] trifft zu; [ ] kann stimmen; [ ] ist nicht entscheidbar; [ ] ist eher falsch; [ ] ist unrichtig

Zum Schluß erbitten wir noch einige Bewertungen und Aussagen darüber, welche Ursachen und Auswirkungen die Teilnahme am Modellversuch in Ihrem Unternehmen / Ihrer Institution gehabt haben.

45. Haben Sie das im Antrag formulierte IVS-Konzept im Lauf des Modellversuchs geändert? Was waren die Ursachen?

[ ] das ursprüngliche Konzept der Vorhabensbeschreibung wurde kaum abgeändert -----> **weiter mit Frage 46**

[ ] es wurden deutliche Änderungen des ursprünglichen Konzepts vorgenommen

bitte charakterisieren Sie kurz diese Änderung: ....

46. Wie beurteilen Sie den administrativen Aufwand, der durch die Teilnahme am Modellversuch entstanden ist (Berichtspflichten, Abrechnungsmodalitäten beim Projektträger, Aufwand für Seminare und Besuche des ISI)?

[ ] der administrative Aufwand hielt sich in Grenzen und war akzeptierbar

[ ] der administrative Aufwand war zwar als Belastung spürbar, aber erträglich

[ ] der administrative Aufwand wurde als starke Belastung empfunden

47. Werden Sie die IVS nach Auslaufen der BMFT-Förderung weiter betreiben?

[ ] ganz bestimmt; auf das neue Informationsmedium kann nicht mehr verzichtet werden

[ ] ja, trotz der organisatorischen bzw. finanziellen Belastung überwiegt der Nutzen der IVS

[ ] ja, aber nur mit Reduzierung des personellen Einsatzes

[ ] nein; ohne Förderung kann der Betrieb einer IVS nicht aufrecht erhalten werden

[ ] wir werden in Zukunft die nötigen Fachinformationen aus anderen Quellen beschaffen

[ ] auf die Informationen aus Datenbanken können wir in Zukunft gut verzichten

[ ] andere Entscheidungen und Pläne: ....

48. Zum Schluß bitten wir noch um einen kurzen Kommentar zum Modellversuch oder zu wichtigen Punkten, die wir zu fragen vergessen haben:

Noch einmal **recht herzlichen Dank** für Ihre Mitwirkung!

Ihr IVS-Team

Interviewpartner: .... Ort: .... Datenkontrolle: ..../............

Interviewer: .... Datum: .... Datenerfassung: ....

Liste der im Modellversuch geförderten Informationsvermittlungsstellen Anhang 2

Den Informationsvermittlern und Informationsvermittlerinnen in den genannten IVS sei an dieser Stelle noch einmal herzlich für ihre entgegenkommende und hilfreiche Zusammenarbeit gedankt.

1000 Berlin	Freie Universität Berlin Abt. Forschungsförderung und Forschungsvermittlung Informationsvermittlung am Fachbereich Physik Petra Schubert-Scheinmann
	Labor für Umweltanalytik GmbH Dr. Dieter Debus
	TVA Technologie-Vermittlungs-Agentur Berlin e.V. Jürgen Allesch Karl-Heinz Klose
2000 Hamburg	deutsche mailbox gmbh Thomas Esher Jörg Isenbiel
	Institut für Physikalische Chemie der Universität Hamburg Dr. Klaus Zietlow
2059 Gülzow	chemie + technik + information Dr. Karl H. Reinhardt
2100 Hamburg	HIT Hamburger Institut für Technologieförderung Sylvie Jacquet
	Patentanwalt Dr. Jürgen Schmidt-Bogatzky
	Technologie-Vermittlung Technische Universität Hamburg-Harburg Dr. Helmut Thamer Holger Nisius
2102 Hamburg	Handels- und Umweltschutzlaboratorium Dr. Wiertz GmbH Matthias Christelsohn
2210 Itzehoe	Technologie-Beratung Dr. Jochen R. Wangermann
2300 Kiel	BITT Schleswig-Holstein Beratungsstelle für Innovation und Technologie-Transfer e.V. Dieter Rathje

2350 Neumünster	FIRST bei N.U.-Tech GmbH Rainer Ueth Axel Grychta
2400 Lübeck	Fachhochschule Lübeck Präsidium - IVS - Beatrix-Karena Landes
2800 Bremen	Bremer Gesellschaft für Angewandte Umwelttechnologie mbH Marina Rücker Bremer Datenbank-Service im Bremer Innovation und Technologiezentrum (BITZ) Burkhard Fischer Hans Robert Gath Hochschule Bremen Patent- und Normen-Zentrum Joachim Ries
2808 Syke	Technologie-Park Syke GmbH Susanne Schreier Dr. Hans Hermann Schreier
2850 Bremerhaven	Alfred-Wegener-Institut für Polar- und Meeresforschung (AWI) - Bibliothek - Michael J. Gómez
2900 Oldenburg	TechnoPartner Technische Beratungsgesellschaft mbH & Co. KG Dieter Meyer Universität Oldenburg, IVS Fachbereich Chemie, Prof. Dr. Gerd Kaupp Fachbereich Physik, Prof. Dr. Eberhard Hilf Bernd Dieckmann
3000 Hannover	Informationsvermittlungsstelle der Fachhochschule Hannover (IVSt-FHH) Margit Faßbender Joachim Lüstorff Erfinderzentrum Norddeutschland GmbH Dr. Jörg Schrader Werner Ranzau Institut für die Industrialisierung des Bauens Prof. Dr. Helmut Weber Dr. Heinz Hullmann MUT Datenbankdienste GmbH Jörg Schwinn Frau U. Henning-Hager

3000 Hannover	Stelle für Informationsvermittlung bei der Industrie- und Handelskammer Hannover-Hildesheim Dr. Bruno Wahl Matthias Günther
	Technologie-Centrum Hannover (TCH) Dirk-W. Morche
3060 Stadthagen	Gläve & Partner GmbH Günter Battermann
3167 Burgdorf	TMT Technologie-Marketing-Transfer Infobase Harald Emmé
3400 Göttingen	Technologie Informationszentrum Göttingen GmbH Isolde Peinemann Christine Reinemann
	Universität Göttingen Inst. für Physikalische Chemie am Fachbereich Chemie Dr. E. Puschmann
3500 Kassel	Industrie- und Handelskammer Kassel Technologieberatung Ulrich Spengler
3550 Marburg	Universität Marburg Informationsvermittlungsstelle am Fachbereich Chemie Prof. Dr. Stefan Berger Volker Giesen
3551 Lahntal-Sterzhausen	WARTIG-Chemieberatung GmbH Dr. Michael Berstermann Stefan Fischer
4000 Düsseldorf	BAU CONSULT Düsseldorf (BCD) E. Menke Burkard Freisen
	Contec Consult GmbH Wolfgang Porada
4005 Meerbusch	T.I.P.S. International Technologie & Informations Produkte Service Doris Eva Wolf
4100 Duisburg	Stadtbibliothek Duisburg Uwe Holler
	IVS Chemie der Universität Duisburg FB 6 - Instrumentelle Analytik Gerd Fischer

4175 Wachtendonk	Planenergie Wirtschaftsberatung Hegmans GmbH Johannes Hegmans
4270 Dorsten	POLITEC W. Leonhard Poley
4350 Recklinghausen	OPUS 3 - Dienstleistungen in Stadt- und Bauplanung GmbH Diethelm Thielemann
4358 Haltern	Chemisches Laboratorium Dr. Michael Betz
4438 Heek	Ingenieurbüro (BW&P) Bernd Walkenfort
4500 Osnabrück	Informationsvermittlung Heidrun Stubbe
4503 Dissen	B & B Marketing Thomas Buddemeyer
4600 Dortmund	GfD - Informations Management Service im Technologiezentrum Dortmund Dr. habil. Rainer Heege Thomas Palinkas
4690 Herne	IVS Bauwesen - Wallmeier, Schindler + Partner Prof. Wallmeier Wolfgang Stummbillig
4800 Bielefeld	EXIT Datenbankdienste GmbH Dietmar Krause
5000 Köln	Technopart Dr. Joachim Hiebel Technischer Überwachungsverein Rheinland e.V. Zentralbibliothek/IVS Renate Kretschmann-Busch M.A. Elisabeth Freitag Wissenschaftlicher Informationsdienst WIND GmbH Ulrich Kämper Dr. Ursula Georgy KATALYSE Inst. für angewandte Umweltforschung - Informationsdienst - Horst Becker SCIENTIFIC CONSULTING Dr. Schulte-Hillen BDU Beatrix von Wietersheim Hartmut Koch

5064 Rösrath-Hoffnungsthal	Infoplan Gesellschaft für Informations- und Bürosystemplanung mbH Dr. Hans-Jürgen Walbrück
5068 Odenthal	Technische Unternehmensberatung Dr. Otto W. Madelung
5093 Burscheid	L.A.R.S. Literatur - Auswertung - Recherchen - Schreibbüro Wolfgang Cichy
5100 Aachen	Gepro - Gesellschaft für Produktionstechnik und Organisation mbH Harald Höth
	Informationsvermittlungsstelle am Forschungsinstitut für Rationalisierung Norbert Krenzel
	Gesellschaft für Technische Thermochemie und -physik mbH GTT - Datenbankdienste Dr. Münstermann
	IRTA Ingenieurbüro für Rechnertechnologie in Aachen GmbH Dr. Igelmund
	Lehrstuhl und Institut für Technische Chemie und Petrochemie der RWTH Aachen Michael Esser
5340 Bad Honnef	Deutsche Keramische Gesellschaft e.V. Dr. Dagmar Hennicke
5400 Koblenz	Informationsvermittlungsstelle an der Fachhochschule Rheinland-Pfalz Abteilung Koblenz Hans-Peter Müller
	Handwerkskammer Koblenz Metall- und Technologiezentrum Michael Schmidt
5410 Höhr-Grenzhausen	IBS Engineering + Consulting Ingenieurbüro Dr. Klaus J. Schröder
5500 Trier	ttt Informationsdienst Technologie Transfer Trier GmbH Ralf Maxheim
5900 Siegen	IFAS Institut für arbeitswissenschaftliche Studien H.-F. Lingemann
5974 Herscheid	Märkische Wirtschaftsberatung GmbH Alfred Müller

6078 Zeppelinheim   IMA Institut für Molekularbiologie und Analytik GmbH
IVS BIOTECHNOLOGIE
Ulrike Paukner

6000 Frankfurt   itp Institut für technische Beratung und Produktentwicklung
Ludwig Scondo

LAHMEYER INTERNATIONAL GmbH
Zentralabteilung Systemtechnik
Informationsvermittlungsstelle
Margarete Dahlem

tec tra GmbH
Technology Transfer Commerce
Abteilung IVS
Andreas Gati

Deutsche Glastechnische Gesellschaft e.V. (DGG)
Dr. Dieter Kaboth

6100 Darmstadt   Technische Hochschule Darmstadt
Physikalische Chemie I
Prof. Dr. Jürgen Brickmann

6200 Wiesbaden   Arthur D. Little International Inc.
Abteilung Dokumentation
Patrick V. Drotos
Franz-Josef Gasterich

HLT Hessische Landesentwicklungs- und Treuhandgesellschaft
Projektleitung IVS
Dr. Toni Talmon
Wolf-Martin Ahrend

6236 Eschborn   Rationalisierungs-Kuratorium
der Deutschen Wirtschaft (RKW) e.V.
- Bundesgeschäftsstelle -
Heinz-Günter Kusch
Wolfgang Röschlau

6246 Glashütten   Meteorologie Consult GmbH
Dr. Rainer Schmitt

6419 Haunetal-Stärklos   GeoNet Mailbox Systems
Dr. Helmut Hehmann

6450 Hanau   NIS Nuclear Ingenieur-Service GmbH

6500 Mainz   Johannes-Gutenberg-Universität Mainz
Fachbereich Chemie und Pharmazie
Institut für Organische Chemie
Dr. Isabella Adams
Dr. Ch. Antony-Mayer

6500 Mainz	Johannes-Gutenberg-Universität Mainz Institut für Physik Prof. Beckmann Norbert Kozielski
6600 Saarbrücken	Gesellschaft zur Förderung der Angewandten Informationsforschung e.V. (GFAI) an der Universität des Saarlandes Dr. Jens-Peter Peters
6750 Kaiserslautern	Universität Kaiserslautern Informationsvermittlungsstelle KIT-IVS Thomas Schwing
6900 Heidelberg	technoma GmbH Timo Moutsis Michael Augsburger WEC Wirtschafts- und Energie-Consulting GmbH Peter Kany Anorganisch-Chemisches Institut der Universität Heidelberg Dr. D. Nöthe
6950 Mosbach	Patentanwalt Dr. Hans K. Hach
6990 Bad Mergentheim	PROMIT e.V. Freundes- und Förderkreis für das Zentrum für Mittelstandsleistung Wolfgang Vosseler Gert Weix
7000 Stuttgart	Büro für Entscheidungsvorbereitung und Bauforschung (BEB) Achim Linhardt Gesellschaft für Umweltplanung Stuttgart Thomas Schloz Achim Schöller Informationsvermittlungsstelle Kommunalentwicklung Baden-Württemberg GmbH (KE IVS) Reinhard Geyer Prof. Richard Reschl Universität Stuttgart Institut für Organische Chemie, Biochemie und Isotopenforschung Dr. Siegfried Förster
7012 Fellbach	SLV Fellbach GmbH Schweißtechnische Lehr- und Versuchsanstalt Sybille Weller

7070 Schwäbisch Gmünd   Forschungsinstitut für Edelmetalle und Metallchemie
Dieter Ott

7129 Talheim   Gesellschaft für Mittelstandsberatung mbH
Roland Lachmann

7100 Heilbronn   tds, tele-daten-service GmbH
Daniela Siodlaczek

7250 Leonberg   HOLINGER GmbH
Informationsvermittlung
Dr. Rainer Schützle
Susanne Horn

7400 Tübingen   Universität Tübingen
Institut für Physikalische und Theoretische Chemie
Johannes Riedt

7410 Reutlingen   Innovationsberatungsstelle der
Industrie- und Handelskammer Reutlingen
Informationsvermittlung
Wolfgang Koch

7480 Sigmaringen   Fachhochschule für Technik Sigmaringen
Informationsvermittlungsstelle
Frau G. Miehle

7500 Karlsruhe   AGIPLAN AG Geschäftsstelle Karlsruhe
Peter Pinnow

ibek GmbH
Hans-Jürgen Wilde

Lichti + Lempert Patentanwälte
Dr. Jost Lempert

7600 Offenburg   ONLINE GmbH Niederlassung Offenburg
Dr. Dieter Schumacher

7614 Gengenbach   Moser & Spitzmüller GmbH
Fachinformationsvermittlung
Rudolf Spitzmüller
Robert Moser

7630 Lahr   Entwicklungszentrum für Zerspanungstechnik GmbH & Co. KG
Fachinformationsstelle Technik + Wirtschaft
Werner Schmidt

7700 Singen   Patentanwaltskanzlei
Dr. Peter Weiss

7730 Villingen-Schwenningen   Industrie- und Handelskammer Schwarzwald-Baar-Heuberg
Ulrich Häsler

7800 Freiburg im Breisgau	G.UT. Gesellschaft für Umwelttechnologie mbH & Co. KG Dr. Michael Harder
	Physikalisch-Technische Studien GmbH (PTS) Claus Wita
7801 Au	Information + Kommunikation Dietrich Rieth
8000 München	IMU Institut für Medienforschung und Urbanistik Susanne Brandner
	Infratest Forschung GmbH & Co. KG Abteilung Information und Dokumentation Sabine Graumann
	Unternehmensberatung Franz G. Mösl Informationsvermittlungsstelle Dr. Martin Seidl
	Patentberichterstattung Johannes Puff
	Patent- und Ingenieurdienst A. Samios VDI Werner Hellmold
	Ingenieurbüro für Patentrecherchen Wagner & Sölch K. Wagner Günter Sölch
	WILA Verlag für Wirtschaftswerbung, Wilhelm Lampl KG Dr. Wolfgang Wegmann Dr. Klaus Becker-Berke
	Patentanwälte Wilhelms, Kilian & Partner Eckart Pohlmann
	Handwerkskammer für München und Oberbayern Hanjer Semrau
8032 Gräfelfing	SOFTRON Gesellschaft für technisch-wissenschaftliche Software mbH Herr Rehekampff Dr. Maier
8034 Germering	SOFTEK Gesellschaft für Softwaretechnologie mbH Klaus-J. Zschaage
8043 München-Unterföhring	GBI Gesellschaft für Betriebswirtschaftliche Information mbH Dr. Peter Müller-Bader Isa Hoppenstedt

8263 Burghausen	ZAM Zentrum für Angewandte Mikroelektronik e.V. - Datenbankdienst - Renate von Ammon
8400 Regensburg	Ostbayerisches Technologie-Transfer Institut e.V. OTTI Rainer Donhauser
8500 Nürnberg	PHYSIK + DATENTECHNIK GmbH Dr. Kurt Reuter Technologie-orientierter Recherchen- und Informationsdienst TORI Dr. Horst Vogel
8520 Erlangen	Institut für Organische Chemie der Universität Erlangen-Nürnberg Dr. Rainer Herges
8640 Kronach	Patentanwalt Wolfgang Maryniok
8700 Würzburg	Vogel Verlag und Druck KG Dr. Hans Windrich
8730 Bad Kissingen	Technisches Informationszentrum BAU (TIZ-BAU) Doris Frisch Walter Rellig
8924 Steingaden-Urspring	EPI Gesellschaft für Wärmetechnik und Wasser Recycling mbH A. Werner

Verzeichnis der Abbildungen

Verzeichnis der Tabellen

Sachregister

Fett gedruckte Seitenverweise beziehen sich auf die Inhalte der Tabellen, *kursiv gesetzte* Seiten-
angaben beziehen sich auf Informationen in den Abbildungen.

Wirtschaftswissenschaftliche Beiträge

Band 1: Ch. Aignesberger, Die Innovationsbörse als Instrument zur Risikokapitalversorgung innovativer mittelständischer Unternehmen, XVIII/308 Seiten, 1987

Band 2: U. Neuerburg, Werbung im Privatfernsehen, XIII/302 Seiten, 1988

Band 3: J. Peters, Entwicklungsländerorientierte Internationalisierung von Industrieunternehmen, IX/155 Seiten, 1988

Band 4: G. Chaloupek, J. Lamel, J. Richter (Hrsg.), Bevölkerungsrückgang und Wirtschaft, VIII/470 Seiten, 1988

Band 5: P. J. J. Welfens, L. Balcerowicz (Hrsg.), Innovationsdynamik im Systemvergleich, XIX/446 Seiten, 1988

Band 6: K. Fischer, Oligopolistische Marktprozesse, XI/169 Seiten, 1988

Band 7: M. Laker, Das Mehrproduktunternehmen in einer sich ändernden unsicheren Umwelt, IX/209 Seiten, 1988

Band 8: I. von Bülow, Systemgrenzen im Management von Institutionen, XII/278 Seiten, 1989

Band 9: H. Neubauer, Lebenswegorientierte Planung technischer Systeme XII/171 Seiten, 1989

Band 10: P. M. Sälter, Externe Effekte: „Marktversagen" oder Systemmerkmal? VII/188 Seiten, 1989

Band 11: P. Ockenfels, Informationsbeschaffung auf homogenen Oligopolmärkten, X/163 Seiten, 1989

Band 12: O. Jacob, Aufgabenintegrierte Büroinformationssysteme, VII/177 Seiten, 1989

Band 13: J. Walter, Innovationsorientierte Umweltpolitik bei komplexen Umweltproblemen, IX/208 Seiten, 1989

Band 14: D. Bonneval, Kostenoptimale Verfahren in der statistischen Prozeßkontrolle, V/180 Seiten, 1989

Band 15: T. Rüdel, Kointegration und Fehlerkorrekturmodelle, VIII/138 Seiten, 1989

Band 16: K. Rentrup, Heinrich von Storch, das „Handbuch der Nationalwirthschaftslehre" und die Konzeption der „inneren Güter", X/146 Seiten, 1989

Band 17: M. A. Schöner: Überbetriebliche Vermögensbeteiligung, XVI/417 Seiten, 1989

Band 18: P. Haufs, DV-Controlling, IX/166 Seiten, 1989

Band 19: R. Völker, Innovationsentscheidungen und Marktstruktur, XI/221 Seiten, 1990

Band 20: P. Bollmann, Technischer Fortschritt und wirtschaftlicher Wandel, VIII/184 Seiten, 1990

Band 21: F. Hörmann, Das Automatisierte, Integrierte Rechnungswesen, XI/408 Seiten, 1990

Band 22: W. Böing, Interne Budgetierung im Krankenhaus, XIV/274 Seiten, 1990

Band 23: G. Nakhaeizadeh, K.-H. Vollmer (Hrsg.), Neuere Entwicklungen in der Angewandten Ökonometrie, X/248 Seiten, 1990

Band 24: T. Braun, Hedging mit fixen Termingeschäften und Optionen, VII/167 Seiten, 1990

Band 25: G. Inderst, P. Mooslechner, B. Unger, Das System der Sparförderung in Österreich, VIII/126 Seiten, 1990

Band 26: Th. Apolte, M. Kessler (Hrsg.), Regulierung und Deregulierung im Systemvergleich, XIII/313 Seiten, 1990

Band 27: J. Lamel, M. Mesch, J. Skolka (Hrsg.), Österreichs Außenhandel mit Dienstleistungen, X/335 Seiten, 1990

Band 28: I. Heinz, R. Klaaßen-Mielke, Krankheitskosten durch Luftverschmutzung, XVI/147 Seiten, 1990

Band 29: B. Kalkofen, Gleichgewichtsauswahl in strategischen Spielen, XIII/214 Seiten, 1990

Band 30: K. G. Grunert, Kognitive Strukturen in der Konsumforschung, X/290 Seiten, 1990

Band 31: S. Felder, Eine neo-österreichische Theorie des Vermögens, X/118 Seiten, 1990

Band 32: G. Uebe (Hrsg.), Zwei Festreden Joseph Langs, VII/116 Seiten, 1990

Band 33: U. Cantner, Technischer Fortschritt, neue Güter und internationaler Handel, XVI/289 Seiten, 1990

Band 34: W. Rosenthal, Der erweiterte Maskengenerator eines Software-Entwicklungs- Systems, XIV/275 Seiten, 1990

Band 35: U. Nessmayr, Die Kapitalsituation im Handwerk, XII/177 Seiten, 1990

Band 36: H. Wüster, Die sektorale Allokation von Arbeitskräften bei strukturellem Wandel, IV/148 Seiten, 1990

Band 37: R. Hammerschmid, Entwicklung technisch-wirtschaftlich optimierter regionaler Entsorgungsalternativen, X/239 Seiten, 1990

Band 38: P. Mitter, A. Wörgötter (Hrsg.), Austro-Keynesianismus, V/102 Seiten, 1990

Band 39: A. Katterl, K. Kratena, Reale Input-Output Tabelle und ökologischer Kreislauf, VIII/114 Seiten, 1990

Band 40: A. Gehrig, Strategischer Handel und seine Implikationen für Zollunionen, XII/174 Seiten, 1990

Band 41: G. Nakhaeizadeh, K.-H. Vollmer (Hrsg.), Anwendungsaspekte von Prognoseverfahren, IX/169 Seiten, 1991

Band 42: C. Fantapié Altobelli, Die Diffusion neuer Kommunikationstechniken in der Bundesrepublik Deutschland, XXIV/319 Seiten, 1991

Band 43: J. Richter, Aktualisierung und Prognose technischer Koeffizienten in gesamtwirtschaftlichen Input-Output Modellen, VII/376 Seiten, 1991

Band 44: E. Spranger, Expertensystem für Bilanzpolitik, VIII/228 Seiten, 1991

Band 45: F. Schneider, Corporate-Identity-orientierte Unternehmenspolitik, XXI/295 Seiten, 1991

Band 46: B. Gygi, Internationale Organisationen aus der Sicht der Neuen Politischen Ökonomie, XI/258 Seiten, 1991

Band 47: L. Hennicke, Wissensbasierte Erweiterung der Netzplantechnik, VII/194 Seiten, 1991

Band 48: T. Knappe, DV-Konzepte operativer Früherkennungssysteme, VII/176 Seiten, 1991

Band 49: P. Welzel, Strategische Handelspolitik, XIII/207 Seiten, 1991

Band 50: H. Wiethoff, Risk Management auf spekulativen Märkten, XIV/202 Seiten, 1991

Band 51: R. Riedl, Strategische Planung von Informationssystemen, XII/227 Seiten, 1991

Band 52: K. Sandmann, Arbitrage und die Bewertung von Zinssatzoptionen, VIII/172 Seiten, 1991

Band 53: P. Engelke, Integration von Forschung und Entwicklung in die unternehmerische Planung und Steuerung, XVII/352 Seiten, 1991

Band 54: F. Blumberg, Wissensbasierte Systeme in Produktionsplanung und -steuerung, XVII/268 Seiten, 1991

Fortsetzung auf Seite 321

Wirtschaftswissenschaftliche Beiträge